“中国银行业从业人员资格认证”简称 CCBP(Certification of China Banking Professional)。它由中国银行业从业人员资格认证办公室负责组织和实施银行业从业人员资格考试。该考试认证制度由四个基本的环节组成，即资格标准、考试制度、资格审核和继续教育。建立中国银行业从业人员资格认证制度，目的是建立银行业从业标准和用人规范，确立银行业从业人员从业的起点标准，为银行业金融机构和客户鉴别从业者能力提供识别标杆，同时也为银行业从业人员提供继续教育的支持。

建立银行业从业人员资格认证制度是依法从事银行业专业岗位的学识、技术和能力的基本要求。在西方市场经济发达国家，银行业从业资格认证制度已有上百年的历史，成为发达国家长期拥有领先的核心战略竞争力和不竭的金融创新力在人力资源管理制度上的保障。

银行业竞争的核心归根到底是人才的竞争。对中国银行业而言，只有拥有高素质的人才，才会出现高水平的管理，才能有较强的市场竞争力。因此，建立中国银行业从业人员资格认证制度，制定符合中国银行业改革与发展需要的从业人员行业标准，建立科学的从业人员考试、培训、认证体系，为银行和客户提供鉴别从业人员职业操守和专业技能的参照，对于提高中国银行业从业人员的整体素质、提高银行竞争力，具有非常重要的意义。

为了满足广大考生的迫切需求，我们特别组织了一批有丰富教学、辅导及培训经验的专家和教授，花费大量的时间精心编写了这本《风险管理同步辅导与强化训练1000题》。

本书特色如下：

一、鲜明的创新特色，编写体例非常符合考生的需要

本书全面吸收了同类图书的优点，结合作者丰富的辅导经验，博采众长，推陈出新，使书中的结构和内容具有鲜明的特色。编写者都是多年从事中国银

行业从业人员资格认证考试命题研究和考试辅导的专家、学者，他们熟悉考试的大纲、教材，了解考生的需要和考试技巧，深谙命题原则、思路和最新考试动态，经过精心研究，认真组织，编写出了这本高水平的辅导书。

二、配套练习丰富

本书是北大中国银行业从业人员资格认证考试辅导教师及原考试命题组的专家、教授智慧和劳动的结晶，是一份宝贵的资料。其中的每一道试题，既反映了中国银行业从业人员资格认证考试大纲对考生基础知识、能力和水平的要求，又蕴涵着命题的指导思想、基本原则和趋势。因此，对照考试大纲分析、研究这些试题，考生不仅可以了解考试的全貌，而且可以方便地了解有关试题和信息，从中发现规律，归纳出各部分内容的重点、难点，以及常考的题型，进一步把握考试的特点及命题的思路和规律，从而从容应考，轻取高分。

总之，本书一定会成为广大立志参加中国银行业从业人员资格认证考试的莘莘学子的良师益友。好的学习方法、好的辅导老师、好的辅导教材以及好的学习热情，是必不可少的成功要素。我们的精益求精和热情付出，恰恰是广大考生迫切需要和殷切期待的。

本书在编写过程中曾几易其稿，希望能尽量满足读者的需求。然而由于作者才疏学浅，纰漏之处在所难免，敬请同行和读者批评指正。

编　者

于北大燕园

中国银行业从业人员资格认证考试辅导丛书

2015 最新版

风险管理

同步辅导与强化训练1000题

北京大学 黄艳　北京科技大学 王洪侠◎主编

8年总结
10项专项训练

■经典、实战、权威

原命题组成员、阅卷组组长亲自把脉

■深挖命题规律

让考生全面了解历年考试的命题依据和解题方法

■全方位、多角度

聚焦专项训练中的重点、难点

中国石化出版社
HTTP://WWW.SINOPEC-PRESS.COM
教·育·出·版·中·心

图书在版编目(CIP)数据

风险管理同步辅导与强化训练1000题／黄艳主编．—北京：中国石化出版社，2015．4
ISBN 978-7-5114-3269-8

Ⅰ．①风… Ⅱ．①黄… Ⅲ．①银行风险-风险管理-中国-资格考试-自学参考资料 Ⅳ．①F832．1

中国版本图书馆CIP数据核字(2015)第071187号

中国石化出版社出版发行
地址：北京市东城区安定门外大街58号
邮编：100011　电话：(010)84271850
读者服务部电话：(010)84289974
http://www.sinopec-press.com
E-mail：press@sinopec.com
北京柏力行彩印有限公司印刷
全国各地新华书店经销
*
787×1092毫米16开本13.75印张389千字
2015年5月第1版　2015年5月第1次印刷
定价：30.00元

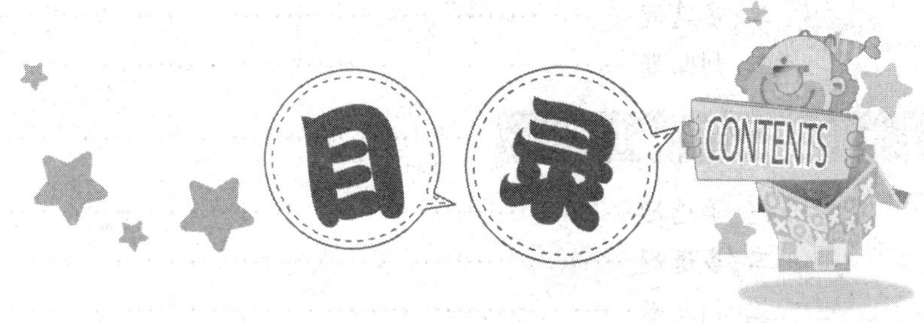

第一篇　同步辅导与强化训练

第二篇　参考答案及详细解析

第一篇　同步辅导与强化训练

第一章　风险管理基础强化训练题

一、单选题(以下各小题所给出的四个选项中，只有一项符合题目要求，请选择相应选项。不选、错选均不得分。)

1. 根据巴塞尔协议Ⅲ，以下选项中不属于核心一级资本的是哪一个？(　　)
   A. 普通股　　B. 未分配利润　　C. 盈余公积　　D. 优先股及其溢价
2. (　　)已经成为商业银行经营管理的核心内容之一。
   A. 经营管理　　B. 风险管理　　C. 风险定价　　D. 资产盈利
3. 巴塞尔委员会以(　　)方式把商业银行面临的风险分为八大类。
   A. 风险事故　　B. 损失结果
   C. 业务特征及诱发风险的原因　　D. 风险发生的范围
4. 下列属于按风险诱发原因分类的是(　　)。
   A. 系统性风险和非系统性风险　　B. 政治风险和社会风险
   C. 纯粹风险和投机风险　　D. 信用风险和市场风险
5. 以下选项是四种不同的市场风险，请问哪一种风险最重要(　　)。
   A. 利率风险　　B. 股票风险　　C. 汇率风险　　D. 商品风险
6. 在日益复杂、多变的市场环境中，存款人、贷款人乃至整个市场对商业银行的态度和信心至关重要，(　　)也因此被认为对商业银行经济价值的威胁最大。
   A. 市场风险　　B. 国别风险　　C. 操作风险　　D. 声誉风险
7. (　　)与其他风险相比，形成的原因更加复杂，涉及的范围更广，通常被视为一种多维风险。
   A. 信用风险　　B. 市场风险　　C. 操作风险　　D. 流动性风险
8. 下列属于商业银行风险管理的主要策略的有(　　)。
   A. 风险分散　　B. 风险对换　　C. 风险集中　　D. 风险转出
9. 以下几种商业银行通常运用的风险管理策略中，哪一个在管理利率风险、汇率风险、股票风险和商品风险上是非常有效的办法？(　　)
   A. 风险分散　　B. 风险对冲　　C. 风险转移　　D. 风险补偿

10. 风险对冲是指通过投资或购买与标的资产收益波动(　　)的某种资产或衍生品来冲销标的资产潜在损失的一种策略性选择。

A. 正相关　B. 负相关　C. 不相关　D. 想独立

11. 商业银行通常将声誉风险看做是对其经济价值最大的威胁。管理声誉风险的最好的办法的说法不正确的是(　　)。

A. 其他主要风险是比声誉风险次要的风险

B. 改善公司的治理

C. 预先做好应对声誉危机的准备

D. 强化全面风险管理意识

12. 假设某商业银行当期一笔贷款收入为800万元，其相关费用合计为90万，该笔贷款的预期损失为60万元，为该笔配置的经济资本为9000万元，则该笔贷款的经风险调整的收益率为(　　)。

A. 7.2%　B. 6.25%　C. 5.85%　D. 5.75%

13. 下列关于国家风险的表述，正确的是(　　)。

A. 资产被国有化不会引发国家风险

B. 社会风险是国家风险的主要类型之一

C. 国家风险仅存在于国际资本市场业务中

D. 在风险管理实践中，国家风险管理属于操作风险管理的范畴

14. 银行跨国经营、与外国代理行进行业务往来，都要与非本国事务打交道。因此，在关系到两个或者两个以上主权地区的业务时，会受到下面哪一种类别的风险影响？(　　)

A. 信用风险　B. 市场风险　C. 国家风险　D. 声誉风险

15. (　　)代表了国际先进银行风险管理的最佳实践，符合巴塞尔新资本协议和各国监管机构的要求，已经成为现代商业银行谋求发展和保持竞争优势的重要基石。

A. 全面风险管理　B. 资产风险管理

C. 资产负债风险管理　D. 负债风险管理

16. 下面关于商业银行风险表述正确的是(　　)。

A. 对大多数商业银行来说，贷款是最大、最明显的信用风险来源

B. 结算风险是一种市场风险

C. 市场风险是指交易双方在结算过程中，一方支付了合同资金但另一方发生违约的风险

D. 信用风险具有明显的系统性风险特征

17. 在商业银行的经营过程中，(　　)决定其风险承担能力。

A. 资产规模和商业银行的风险管理水平

B. 资本金规模和商业银行的风险管理水平

C. 资本规模和商业银行的盈利水平

D. 资本金规模和商业银行的盈利水平

18. 目前，我国商业银行的资本充足率是以(　　)为基础计算的。

A. 监管资本　B. 经济资本　C. 会计资本　D. 实收资本

19. 商业银行的风险管理模式的四个发展阶段依次为(　　)。

A. 资产风险管理模式阶段→负债风险管理模式阶段→资产负债风险管理模式阶段→全面风险管理模式阶段

B. 资产风险管理模式阶段→资产负债风险管理模式阶段→负债风险管理模式阶段→全面风险管理模式阶段

C. 资产负债风险管理模式阶段→资产风险管理模式阶段→负债风险管理模式阶段→全面风险管理模式阶段

D. 负债风险管理模式阶段→资产风险管理模式阶段→资产负债风险管理模式阶段→全面风险管理模式阶段

20. 某部门具有 A、B、C 三种资产，占总资产的比例分别为 35%、35%、30%，三种资产对应的百分比收益率分别为 15%、22%、12%，则该部门总的资产百分比收益率是(　　)。

A. 14.5%　　B. 15.55%　　C. 16.55%　　D. 12%

21. 关于理解风险与收益的关系，下列说法错误的是(　　)。

A. 有利于商业银行对损失可能性和盈利可能性的管理

B. 有利于银行在经营管理活动中利用经济资本配置、经风险调整的业绩评估等现代风险管理办法

C. 有利于商业银行在经营管理活动中主动承担风险

D. 在风险和收益匹配的原则下，需要利用现在承担风险的水平调整已经实现的盈利

22. 金融学、数学、概率统计等一系列知识技术逐渐应用于商业银行的风险管理，这属于商业银行(　　)。

A. 资产风险管理模式阶段　　B. 负债风险管理模式阶段

C. 资产负债风险管理模式阶段　　D. 全面风险管理模式阶段

23. 下列关于风险管理与商业银行经营的关系，说法不正确的是(　　)。

A. 风险管理能够为商业银行风险定价提供依据，并有效管理金融资产和业务组合

B. 风险管理水平体现了商业银行的核心竞争力，不仅是商业银行生存发展的需要，也是现代金融监管的迫切要求

C. 承担和管理风险是商业银行的基本职能，也是商业银行业务不断创新发展的原动力

D. 风险管理不能从根本上改变商业银行的经营模式，即从传统上片面追求扩大规模、增加利润的粗放经营模式，向风险与收益相匹配的精细化管理模式转变等

24. 全面风险管理模式体现了很多先进的风险管理理念和方法，下列选项没有体现的是(　　)。

A. 全新的风险管理办法　　B. 完全的风险规避制度

C. 全程的风险管理过程　　D. 全面的风险管理范围

25. 以下不属于市场风险的是(　　)。

A. 商品风险　　B. 股票风险　　C. 法律风险　　D. 利率风险

26. 我国商业银行核心一级资本充足率不得低于(　　)。

A. 4%　　B. 5%　　C. 6%　　D. 8%

27. 以下关于资本收益率的计算公式，正确的是(　　)。

A. RAROC = (NI - EL)/UL　　B. RAROC = (EL - UL)/NI

C. RAROC = (EL - NI)/UL　　D. RAROC = (UL - NI)/EL

28. 以下关于经风险调整的资本收益率在经营管理活动中的作用，说法错误的是(　　)。

A. 在单笔业务层面上，RAROC 可用于衡量一笔业务的风险与收益是否匹配

B. 使用经风险调整的业绩评估方法，不利于在银行内部建立正确的激励机制

C. 在资产组合层面上，商业银行在考虑单笔业务的风险和资产组合效应之后，可依据RAROC衡量资产组合的风险与收益是否匹配

D. 在商业银行总体层面上，RAROC指标可用于目标设定、业务决策、资本配置和绩效考核等

29. (　　)是指商业银行业务发展中基于历史数据分析可以预见的损失，通常为一定历史时期内损失的平均值(有时也采用中间值)。

A. 已造成损失　B. 预期损失　C. 非预期损失　D. 灾难性损失

30. 对于规模巨大的灾难性损失，商业银行可以通过(　　)的方式来转移风险。

A. 提取损失准备金　B. 冲减利润

C. 购买商业保险　D. 资本金

31. 对于因衍生产品交易等过度投机行为所造成的灾难性损失应当采取(　　)的做法加以规避。

A. 严格限制高风险业务　B. 提取损失准备金

C. 保险手段　D. 购买商业保险

32. 根据商业银行的业务特征及诱发风险的原因，巴塞尔委员会将商业银行面临的风险划分为八大类。以下不属于其中分类的是(　　)。

A. 信用风险　B. 市场风险　C. 操作风险　D. 流动性风险

33. 根据所给出的结果和对应到实数空间的函数取值范围，可以把随机变量分为(　　)。

A. 集中型随机变量和连续型随机变量

B. 离散型随机变量和连续型随机变量

C. 集中型随机变量和间隔型随机变量

D. 离散型随机变量和间隔型随机变量

34. 20世纪70年代，资产负债风险管理理论产生于(　　)阶段。

A. 资产负债风险管理模式　B. 资产风险管理模式

C. 负债风险管理模式　D. 全面风险管理模式

35. 从金融机构的发展历史可以看出，很多银行倒闭案例由(　　)引发。

A. 国家风险　B. 信用风险　C. 市场风险　D. 声誉风险

36. 下列关于风险对冲的说法不正确的是(　　)。

A. 风险对冲关键在于对冲比率的确定

B. 风险对冲中市场对冲又称为残余风险

C. 风险对冲可以管理系统性风险，也能管理非系统性风险

D. 风险对冲不能被用于管理信用风险

37. 下列关于事件的说法，错误的是(　　)。

A. 概率是对不确定事件进行描述的最有效的数学工具

B. 不确定性事件是指，在相同的条件下重复一个行为或试验，所出现的结果有多种，但具体是哪种结果事前不可预知

C. 确定性事件是指在相同的条件下重复同一行为或试验，出现的结果是不同的

D. 在每次随机试验中可能出现，也可能不出现的结果称为随机事件

38. 下列关于国家风险的说法不正确的是(　　)。
A. 国家风险分为政治风险、社会风险和经济风险
B. 在同一个国家范围内的经济金融活动存在国家风险
C. 不论是政府、商业银行、企业，还是个人，都可能遭受国家风险所带来的损失
D. 国家风险通常是由债务人所在国家的行为引起的

39. 国家风险是由(　　)引起的，超出了(　　)的控制范围。
A. 国家 债权人　　B. 债权人所在国的行为 国家
C. 债务人 债权人　　D. 债务人所在国的行为 债权人

40. 关于风险管理与商业银行的关系，说法不正确的是(　　)。
A. 风险管理能够为商业银行风险管理技术提供依据，并有效管理商业银行的业务模式
B. 风险管理水平直接体现了商业银行的核心竞争力，不仅是商业银行生存发展的需要，也是现代金融监管的迫切需求
C. 承担和管理风险是商业银行的基本职能，也是商业银行业务不断创新发展的原动力
D. 风险管理能够作为商业银行实施经营战略的手段，极大地改变了商业银行经营管理模式

41. 凡是涉及到两个或者两个以上主权地区的业务，就难免会受到(　　)的影响。
A. 国家风险　　B. 声誉风险　　C. 流动性风险　　D. 法律风险

42. 下列各种方法中，(　　)是国际先进银行用来综合考量商业银行的盈利能力和风险水平普遍使用的方法。
A. 股本收益率(ROE)　　B. 资产收益率(ROA)
C. 经风险调整的资本收益率(RAROC)　　D. 杠杆率

43. 目前，我国商业银行的资本充足率是以(　　)为基础计算的。
A. 监管资本　　B. 经济资本　　C. 会计资本　　D. 实收资本

44. 商业银行在发放贷款时，通常会要求借款人提供第三方信用担保作为还款保证，若借款人到期不能如约偿还贷款本息，则由担保人代为清偿。这是风险管理技术和措施的(　　)方法。
A. 风险分散　　B. 风险对冲　　C. 风险转移　　D. 风险规避

45. 在现代商业银行的风险管理体系中，商业银行进行风险管理最根本的驱动力是(　　)。
A. 资本　　B. 客户利益　　C. 股东利益　　D. 客户利益

46. 假设客户从银行贷款10万元，期限为一年，年利率为8%。若银行分布按半年复利计息和一年计息两种方式，则客户支付的利息相差(　　)元。
A. 120　　B. 140　　C. 160　　D. 180

47. 资产组合的预期收益率等于各资产预期收益率的(　　)。
A. 移动平均　　B. 加权平均　　C. 几何平均　　D. 简单平均

48. (　　)并不消灭风险源，只是改变了风险承担的主体。
A. 风险转移　　B. 风险分散　　C. 风险对冲　　D. 风险补偿

49. 1年期理财产品X的百分比收益率为5%，6个月期理财产品Y的百分比收益率为2.46%，3个月期理财产品Z的百分比收益率为1.23%，下列根据3种理财产品按复利计算的年化收益率的 高低排序，正确的是(　　)。

A. Y > X > Z　B. X > Z = Y　C. X > Y > Z　D. Z > X > Y

50. “不要将所有的鸡蛋放在一个篮子里”的古老投资格言形象地说明了(　　)风险管理策略?

A. 风险分散　B. 风险对冲　C. 风险转移　D. 风险补偿

51. 商业银行可以通过资产组合管理或与其他商业银行组成银团贷款的方式，使自己的授信对象多样化。这体现了什么风险管理策略?(　　)

A. 风险补偿　B. 风险转移　C. 风险对冲　D. 风险分散

52. 下列商业银行面临的风险中，不能采用风险对冲策略进行管理的是(　　)。

A. 汇率风险　B. 操作风险　C. 商品价格风险　D. 利率风险

53. 某商业银行董事会明确定位银行为一家积极进取、以利润最大化为首要经营目标的银行。2002~2007年间，其信贷资产主要投向房地产行业，其资金交易业务主要集中于高收益的次级债券。2008年起因受到金融危机的冲击，该银行面对的流动性风险是其(　　)长期积累、恶化的综合作用结果。

A. 声誉风险、市场风险和操作风险　B. 信用风险、市场风险和战略风险

C. 信用风险、声誉风险和战略风险　D. 市场风险、战略风险和操作风险

54. 假如商业银行提供的产品或服务存在缺陷，引发公众抗议活动或言论，则首先造成的是(　　)损失。

A. 市场风险　B. 操作风险　C. 流动性风险　D. 声誉风险

55. 下面的商业银行风险中，(　　)应当重视和加强跨风险种类的风险管理，其管理水平体现了商业银行的整体经营管理水平。

A. 信用风险　B. 市场风险　C. 操作风险　D. 流动性风险

56. 经济资本是商业银行为了应对未来一定期限内(　　)而持有的资本，其规模取决于自身的(　　)和风险管理策略。

A. 预期损失；实际风险水平　B. 非预期损失；实际风险水平

C. 灾难性损失；预期风险水平　D. 非预期损失；预期风险水平

57. 下列商业银行降低贷款组合信用风险最有效的办法是(　　)。

A. 将贷款集中到个别高收入行业

B. 将贷款分散到收益正相关行业

C. 将贷款分散到不同的行业和区域

D. 将贷款集中到少数低风险的行业

58. 与市场风险和信用风险相比，商业银行的操作风险具有(　　)。

A. 特殊性、营利性　B. 特殊性、非营利性

C. 普遍性、非营利性　D. 普遍性、营利性

59. 下面关于商业银行资本的作用，叙述不正确的是(　　)。

A. 维持市场信心　B. 为商业银行提供融资

C. 为风险管理提供最根本的驱动力　D. 使银行免遭损失

60. 某人酷爱骑行，在一次远途骑行前，特意为自己投了一份意外保险伤害，这种行为应用于商业银行风险管理中属于(　　)?

A. 风险规避　B. 风险转移　C. 风险分散　D. 风险对冲

二、多选题（以下各小题所给出的五个选项中，有两项或两项以上符合题目的要求，请选择相应选项，多选、少选、错选均不得分。）

1. 下述商业银行常见的风险管理策略中，属于风险转移的有（　　）。
   A. 将贷款资产证券化后出售
   B. 银行对信用等级较低的客户提高贷款利率
   C. 对于不擅长承担风险的业务，银行对其配置有限的经济资本
   D. 要求借款人提供第三方担保
   E. 为营业场所购买财产保险
2. 商业银行通常采用（　　）的方式来应对和吸收预期损失。
   A. 风险分散　B. 风险对冲　C. 风险规避　D. 冲减利润
   E. 提取损失准备金
3. 商业银行积极、主动地承担和管理风险的益处主要有（　　）。
   A. 有利于商业银行改善资本结构　B. 有利于商业银行更加有效地配置资本
   C. 降低现金流的波动性　D. 有助于获得更多收益
   E. 有助于金融产品的开发
4. 关于全面风险管理模式的先进理念和方法，下列说法正确的有（　　）。
   A. 全球的风险管理体系　B. 全面的风险管理范围
   C. 全程的风险管理过程　D. 全新的风险管理办法
   E. 全员的风险管理文化
5. 下列关于风险分散化的论述正确的有（　　）。
   A. 如果资产之间的风险不存在相关性，那么分散化策略将不会有风险分散的效果
   B. 如果资产之间的相关性为负，风险分散化效果较差
   C. 如果资产之间的相关性为正，风险分散化效果较差
   D. 如果资产之间的相关性为正，风险分散化效果较好
   E. 如果资产之间的相关性为负，风险分散化效果较好
6. 根据《巴塞尔新资本协议》，操作风险可以分为由人员、系统、流程和外部事件所引发的四类风险，并由此分为的表现形式包括（　　）。
   A. 就业制度和工作场所安全事件　B. 客户、产品和业务活动事件
   C. 实物资产损坏　D. 信息科技系统事件
   E. 执行、交割和流程管理事件
7. 以经济资本配置为基础的经风险调整的业绩评估方法克服了传统绩效考核中盈利目标未充分反映风险成本的缺陷，表现为（　　）。
   A. 促使商业银行将收益与风险直接挂钩
   B. 无法从根本上改变商业银行忽视风险、盲目追求利润的经营方式
   C. 有利于在商业银行内部建立正确的激励机制
   D. 体现业务发展与风险管理的内在平衡
   E. 实现经营目标与绩效考核的协调一致

8. 下列关于风险的概念说法不正确的有(　　)。
   A. 风险是一个事前的概念
   B. 风险是一个无法确定的概念
   C. 风险是一个事后的概念
   D. 风险是一个贯穿于事前和事后的概念
   E. 风险是一个与损失等同的概念
9. 下列关于风险的说法正确的有(　　)。
   A. 市场风险中利率风险尤为重要
   B. 信用风险是指债务人或交易对手未能履行合同所规定的义务或信用质量
   C. 操作风险包括法律风险，声誉风险和战略风险
   D. 流动性风险管理水平体现了商业银行的整体经营管理水平
   E. 国家风险发生在国际经济金融活动中，在同一个国家范围内的经济金融活动不存在国家风险
10. 下列关于风险管理策略的说法，正确的有(　　)。
   A. 风险对冲分为自我对冲和市场对冲
   B. 商业银行的信贷业务应是全面的，不应集中于同一业务、同一性质甚至同一国家的借款人
   C. 风险补偿主要是指事后(损失发生以后)对风险承担的价格补偿
   D. 不做业务，不承担风险
   E. 风险分散既可降低系统性风险也可降低非系统性风险
11. 下列说法正确的有(　　)。
   A. 期望值是随机变量的概率加权和
   B. 随机变量的方差描述了随机变量偏离其期望值的程度
   C. 二项分布是描述只有两种可能结果的多次重复事件的离散型随机变量的概率分布
   D. 正态分布是描述连续型随机变量的一种重要概率分布
   E. 百分比收益率是对期初投资额的一个单位化调整；对数收益率是针对复利而言
12. 下列关于信用风险说法正确的有(　　)。
   A. 信用风险既对基础金融产品产生影响，又对衍生产品产生影响
   B. 信用风险通常包括违约风险、结算风险
   C. 违约风险既可以针对个人，也可以针对企业
   D. 结算风险在外汇交易中较为常见
   E. 信用风险存在于表内外业务以及衍生产品交易中
13. 下列描述信用风险、市场风险与操作风险的关系，正确的有(　　)。
   A. 信用风险主要存在于银行账户
   B. 市场风险存在于交易类业务
   C. 操作风险普遍存在于商业银行业务和管理的各个方面
   D. 操作风险具有营利性，能为商业银行带来盈利
   E. 操作风险与市场风险、信用风险存在内在的联系
14. 下列关于经济资本、会计资本和监管资本，说法不正确的有(　　)。
   A. 会计资本可以小于经济资本的数量
   B. 经济资本与商业银行的整体风险水平成正比

C. 经济资本是为了应对一定期限内资产的预期损失
D. 监管资本被区分为核心资本和附属资本
E. 经济资本可作为一种媒介

15. 经风险调整的资本收益率(RAROC)与股本收益率(ROE)和资产收益率(ROA)相比，其优越性有(　　)。
A. RAROC 可以用于衡量一笔业务的风险与收益是否匹配
B. RAROC 可用于目标设定、资本配置和绩效考核
C. RAROC 克服了传统绩效考核中盈利目标未充分反映风险成本的缺陷
D. 使用 RAROC 不利于在银行内部建立激励机制
E. 使用 RAROC 可以改变银行盲目追求利润的经营方式

16. 以下对风险的理解正确的有(　　)。
A. 风险是收益的概率分布
B. 风险就相当于损失
C. 风险是一个明确的事前概念，反映的是损失发生前的事物发展状态
D. 风险可以采用概率和统计方法计算出可能的损失规模和发生的可能性
E. 金融风险可能造成预期损失、非预期损失和灾难性损失

17. 风险管理与商业银行经营的关系有(　　)。
A. 承担和管理风险是商业银行的基本职能
B. 风险管理从根本上改变了商业银行的经营模式
C. 风险管理能够为商业银行风险定价提供依据
D. 健全的风险管理体系能够为商业银行创造价值
E. 风险管理水平体现了商业银行的核心竞争力

18. 信用风险被认为是最为复杂的风险种类，它的主要形式包括(　　)。
A. 违约风险　B. 利率风险　C. 结算风险　D. 股票风险
E. 汇率风险

19. 依据《巴塞尔新资本协议》相关规定，下列属于商业银行核心资本的有(　　)。
A. 股本　B. 盈余公积　C. 重估储备　D. 未分配利润
E. 未公开储备

20. 下列属于相对收益计量方法的有(　　)。
A. 百分比收益率　B. 对数收益率　C. 预期收益率　D. 标准差
E. 方差

21. 国家风险通常是由债务人所在国家的行为引起的，已超出了债权人的控制范围。国家风险可分为(　　)?
A. 政治风险　B. 对外关系风险　C. 社会风险　D. 法律风险
E. 经济风险

22. 政治风险是指商业银行受特定国家的政治动荡等不利因素影响，无法正常收回在该国的金融资产而遭受损失的风险。政治风险包括(　　)。
A. 政权风险　B. 政局风险　C. 法律风险　D. 政策风险
E. 对外关系风险

23. 从狭义上讲，法律风险主要关注商业银行所签署的各类合同、承诺等法律文件的有效性和可执行力。从广义上讲，与法律风险密切相关的还有(　　)。
A. 操作风险　B. 违规风险　C. 交易风险　D. 战略风险
E. 监管风险

24. 市场风险是指金融资产价格和商品价格的波动给商业银行表内头寸、表外头寸造成损失的风险。市场风险包括(　　)?
A. 利率风险　B. 结算风险　C. 汇率风险　D. 股票风险
E. 商品风险

25. 如果房地产市场发展过热，一方面居民大量提取存款买房，另一方面房地产企业和个人向银行借款，这种情况下，如果由于房地产市场严重下跌，大量个人住房贷款无法偿还，房地产企业也由于倒闭无力偿还贷款，这时商业银行所面临的主要风险主要包括(　　)。
A. 战略风险　B. 信用风险　C. 流动性风险　D. 操作风险
E. 国家风险

26. 商业银行风险管理的主要策略中，可降低系统风险的有(　　)。
A. 风险转移　B. 投资组合　C. 风险分散　D. 风险规避
E. 风险补偿

27. 在商业银行总体层面上，经风险调整的资本收益率RAROC指标可用于(　　)方面的管理。
A. 绩效考核　B. 资本配置　C. 目标设定　D. 业务决策
E. 计量损失

28. 在商业银行全面风险管理的实践中，经济资本的计量应该考虑以下哪些因素?(　　)。
A. 置信水平　B. 不同金融资产之间的相关性
C. 基于单笔资产或组合计量的预期损失　D. 违约频率
E. 基于单笔资产或组合计量的非预期损失

29. 商业银行在风险管理中引入经济资本及经风险调整的资本收益率RAROC，有利于(　　)。
A. 优化经济资本在各类业务间的配置
B. 揭示商业银行在盈利的同时所承担的风险水平
C. 有效控制商业银行总体风险水平
D. 反映盈利的长期稳定性
E. 完全代替股本收益率(ROE)和资产收益率(ROA)

30. 商业银行为了避免信贷资产在某些地区、行业和客户过度集中，可以采取(　　)等方法，控制信用风险。
A. 信用衍生品　B. 限额管理　C. 资产证券化　D. 资产组合管理
E. 统一授信管理

三、判断题(请对以下各项的描述做出判断，正确的为A，错误的为B。)

1.《巴塞尔新资本协议》的出台，标志着国际银行业的全面风险管理原则体系基本形成。(　　)
A. 正确　B. 错误

2. 结算风险既可以针对个人，也可以针对企业。(　　)

A. 正确　　B. 错误

3. 市场风险相对于信用风险来说，具有数据优势和易于计量的特点，可供选择的金融产品种类丰富。(　　)

A. 正确　　B. 错误

4. 既存在于表内业务，又存在于表外业务，还存在于衍生产品交易中的风险是信用风险。(　　)

A. 正确　　B. 错误

5. 会计资本是经济资本和监管资本的媒介。(　　)

A. 正确　　B. 错误

6. 随机变量的方差描述了随机变量偏离其期望值的程度。(　　)

A. 正确　　B. 错误

7. 当出现大量存款人的挤兑行为，商业银行就可能面临市场风险危机。(　　)

A. 正确　　B. 错误

8. 马柯维茨的资产组合管理理论体现了风险管理的风险对冲策略。(　　)

A. 正确　　B. 错误

9. 期望值是随机变量的概率加权和，方差描述随机变量偏离其期望值的程度。(　　)

A. 正确　　B. 错误

10. 全面风险管理体系的三个维度依次为全面风险管理要素、企业目标、企业的各个层级。(　　)

A. 正确　　B. 错误

11. 操作风险可以分为由人员、系统、流程和外部事件所引发的风险。(　　)

A. 正确　　B. 错误

12. 商业银行风险管理的主要策略是风险分离、风险缓解、风险转嫁、风险规避、风险赔偿。(　　)

A. 正确　　B. 错误

13. 信用风险和市场风险比更具有数据充分和易于计量的特点，更适于采用量化技术加以控制。(　　)

A. 正确　　B. 错误

14. 对于因衍生产品交易等过度投机行为所造成的灾难性损失，商业银行应当通过风险补偿的做法加以规避。(　　)

A. 正确　　B. 错误

15. 与信用风险相比，市场风险具有观察数据小且不易获取的特点。(　　)

A. 正确　　B. 错误

16. 战略风险是一个简单的风险体系。(　　)

A. 正确　　B. 错误

17. 风险对冲对于利率风险、汇率风险、股票风险和商品风险的管理是行之有效的。(　　)

A. 正确　　B. 错误

18. 监管资本是商业银行用于弥补非预期损失的资本。(　　)

A. 正确　　B. 错误

19. 绝对收益是对投资成果的直接衡量，反映投资行为得到的增值部分的绝对量。它是最常用的投资成果表示方式。(　　)

A. 正确　　B. 错误

20. 资产组合和分散化投资的基本目的在于降低预期损失。(　　)

A. 正确　　B. 错误

21. 经济资本是指商业银行在一定的置信水平下，为了应对未来一定期限内资产的非预期损失而应该持有的资本金。(　　)

A. 正确　　B. 错误

22. 信用风险通常会影响商业银行资产的流动性，声誉风险通常会影响商业银行负债的流动性。(　　)

A. 正确　　B. 错误

23. 商业银行经风险调整的收益率通常情况下应当小于其资本成本。(　　)

A. 正确　　B. 错误

24. 与操作风险主要存在于交易账户和信用风险主要存在于银行账户不同，市场风险广泛存在于商业银行业务和管理的各个领域，具有普遍性。(　　)

A. 正确　　B. 错误

25. 商业银行因未能及时根据市场变化和客户需求创新产品和服务，丧失了宝贵的客户资源，从而失去在传统业务领域的竞争优势。此类风险属于市场风险。(　　)

A. 正确　　B. 错误

26. 在资产组合管理中，如果各项资产的相关性为负，则风险分散效果差；如果相关性为正，则风险分散效果好。(　　)

A. 正确　　B. 错误

27. 最低资本充足率要求、监管部门的监督检查以及市场约束，是《巴塞尔新资本协议》的三大支柱。(　　)

A. 正确　　B. 错误

28. 商业银行的经济资本就是账面资本。(　　)

A. 正确　　B. 错误

29. 经济资本是外部监管当局要求商业银行根据自身业务及风险特征，按照统一的风险资本计量方法计算得出的，是商业银行必须在账面上实际持有的最低资本。(　　)

A. 正确　　B. 错误

30. 根据《巴塞尔新资本协议》，法律风险是一种特殊类型的市场风险。(　　)

A. 正确　　B. 错误

第二章　商业银行风险管理基本架构强化训练题

一、单选题(以下各小题所给出的四个选项中，只有一项符合题目要求，请选择相应选项。不选、错选均不得分。)

1. 商业银行公司治理的主要内容不包括(　　)。
   A. 完善股东大会、董事会、监事会、高级管理层的议事制度和决策程序
   B. 明确股东、董事、监事和高级管理层人员的权利、义务
   C. 建立、健全以董事会为核心的监督机制
   D. 建立合理的薪酬制度，强化激励约束机制
2. 以下不属于良好的银行公司治理特征的是(　　)。
   A. 银行内部有效的制衡关系和清晰的职责边界
   B. 先进的管理信息系统
   C. 科学的激励约束机制
   D. 与董事会价值相挂钩的有效监督考核机制
3. 内部控制是对风险进行(　　)的动态过程和机制。
   A. 事前控制、事中防范、事后监督和纠正
   B. 事前防范、事中控制、事后监督和纠正
   C. 事前防范、事中监督和纠正、事后控制
   D. 事前监督和纠正、事中控制、事后防范
4. (　　)是商业银行的最高风险管理/决策机构。
   A. 董事会　　B. 监事会　　C. 高级经理　　D. 股东大会
5. 商业银行的风险管理流程是风险(　　)。
   A. 计量—识别—监测—控制　　B. 识别—计量—监测—控制
   C. 监测—识别—控制—计量　　D. 识别—计量—控制—监测
6. 下列关于商业银行内部控制的描述正确的是(　　)。
   A. 商业银行的经营管理应当体现“效益优先、内控为辅”的要求
   B. 内部控制的建设、执行部门同时负责内部控制的监督、评价
   C. 内部控制应当渗透到商业银行的各项业务过程和各个操作环节，并由全体人员参与
   D. 内部控制须有高度的权威性，除董事会和高层管理者外任何人不得拥有不受内部控制的权力
7. 商业银行最基本、最常用的风险识别方法是(　　)。
   A. 财产财务状况分析法　　B. 情景分析法
   C. 专家调查列举法　　D. 制作风险清单

8. 关于风险识别/分析，下列说法不正确的是(   )。
   A. 风险识别包括感知风险和分析风险
   B. 制作风险清单是商业银行识别风险的最基本、最常用的方法
   C. 感知风险指深入理解各种风险的成因及变化规律
   D. 适时、准确地识别风险是风险管理的最基本要求
9. 常用的风险识别与分析方法不包括(   )。
   A. 风险规避分析法　　B. 资产财务状况分析法
   C. 失误树分析法　　D. 情景分析法
10. 集中型风险管理部门所需的主要专业技能中，(   )是商业银行核心竞争力的重要体现。
   A. 模型创建能力　　B. 风险监控和分析能力
   C. 价格核准能力　　D. 数量分析能力
11. 参照国际最佳实践，在日常风险管理操作中，具体的风险管理/控制措施可以采取(   )，最终到达高级管理层的三级管理方式。
   A. 从高级管理层到基层业务领域
   B. 从业务风险管理委员会领域到基层业务单位
   C. 从基层业务单位到高级管理层领域
   D. 从基层业务单位到业务领域风险管理委员会
12. (   )切实承担起政策制定、政策实施以及监督合规操作的职能，是商业银行实施有效风险管理的关键。
   A. 董事会和高级管理层　　B. 董事会和监事会
   C. 高级管理层和监事会　　D. 董事会和风险管理委员会
13. 下列关于商业银行在完善内部控制体系的理解不正确的是(   )。
   A. 董事会负责建立并实施一个充分有效的内部控制体系
   B. 高级管理层制定适当的内部控制政策
   C. 内部控制不属于商业银行日常工作的一部分
   D. 监事会负责监督董事会、高级管理层完善内部控制体系
14. 关于风险管理组织中各机构的主要职责，下列说法正确的是(   )
   A. 风险管理部门从事内部尽职监督、财务监督、内部控制监督等监察工作
   B. 董事会负责执行风险管理政策，制定风险管理的程序和操作规程
   C. 风险管理部门主要负责组织、协调、推进风险管理政策在全行内的有效实施
   D. 高级管理层是商业银行的最高风险管理/决策机构，承担商业银行风险管理的最终责任
15. 甲乙两人在某银行从事柜台业务，乙为会计主管，工作中两人关系密切、无话不谈，下列两人对密码管理的做法正确的是(   )。
   A. 需要业务授权时，甲输入乙的密码进行授权
   B. 两人密码互相知悉
   C. 各自定期或不定期更换密码并严格保密
   D. 乙用甲密码为客户办理业务
16. 商业银行采用高级风险量化技术面临最主要的风险是(   )。
   A. 声誉风险　　B. 模型风险　　C. 市场风险　　D. 法律风险

17. 随着公众风险意识显著提高，越来越多的机构个人投资者、客户开始重新审视商业银行的风险管理能力，要求商业银行发布风险信息，特别是发布(　　)。

A. 数量模型报告　B. 投资风险报告　C. 质量信息报告　D. 整体风险报告

18. 关于商业银行管理战略的基本内容，下列说法不正确的是(　　)。

A. 商业银行管理战略分为战略目标和实现路径

B. 战略目标可以分为战略愿景、阶段性战略目标和主要发展指标等

C. 实现路径决定战略目标

D. 各家商业银行的风险管理模式和水平不尽相同，正是由于战略目标不同所致

19. 下列关于风险计量的说法中，错误的是(　　)。

A. 风险计量就是对单笔交易承担的风险进行计量

B. 风险计量可以基于专家经验风险计量/评估是全面风险管理、资本监管和经济资本配置得以有效实施的重要基础

C. 准确的风险计量结果需要建立在卓越的风险模型基础之上

D. 风险计量可以基于专家经验

20. 巴塞尔委员会提出大型银行、国际活跃银行以及其他银行应配备首席风险官，关于首席风险官，下列说法中错误的是(　　)。

A. 首席风险官应与业务经营条线和盈利部门分离，不负管理和财务职责

B. 首席风险官必须具备独立性

C. 首席风险官只应该向董事会及其风险管理委员会报告

D. 首席风险官对全行范围的全面风险管理框架负责

21. 风险文化中最为重要和最高层次的因素是(　　)。

A. 风险管理知识　B. 风险管理制度　C. 内部控制　D. 风险管理理念

22. 下列关于风险管理部门的说法，正确的是(　　)。

A. 应当是一个相对独立的部门

B. 具有完全的风险管理策略执行权

C. 风险管理部门又称风险管理委员会

D. 核心职能是做出经营或战略方面的决策并付诸实施

23. 根据商业银行公司治理原则，商业银行的战略目标应由(　　)审核。

A. 董事会　B. 监事会　C. 股东大会　D. 高级管理层

24. 下列关于风险管理部门的说法不正确的是(　　)。

A. 在规模有限的城市商业银行适合分散型风险管理部门

B. 国际先进银行的通行做法是风险管理部门不具有独立性

C. 监控各类金融产品和所有业务部门的风险限额是风险管理部门至关重要的职责

D. 风险管理部门无权参与风险管理政策的最终执行

25. 关于风险识别的常用方法描述正确的是(　　)。

A. 资产财务状况分析法是商业银行识别风险的最基本、最常用的方法

B. 情景分析法采用类似于备忘录的形式

C. 分析风险是通过系统化的方法发现商业银行所面临的风险种类

D. 可以把汇率风险分解为汇率变化率、利率变化率、收益率期间结构等影响因素的是分解分析法

26. 风险识别包括(　　)两个环节。
A. 感知风险和控制风险　　B. 预测风险和分析风险
C. 感知风险和分析风险　　D. 感知风险和预测风险
27. 下列关于分散型风险管理部门的说法不正确的是(　　)。
A. 商业银行不需要建立完善的风险管理部门
B. 把风险管理职能外包给专业服务供应商
C. 能完全控制商业银行的敏感信息
D. 商业银行无法形成长期的核心竞争力
28. 风险管理委员会制定相关政策和指导原则的最终文件需要提交(　　)批准。
A. 监事会　　B. 高级管理层
C. 最高风险管理委员会　　D. 其他部门
29. (　　)是商业银行无论采取集中型还是分散型风险管理部门都必不可少的核心职能。
A. 风险检测和分析　　B. 模型创建能力　　C. 价格核准能力　　D. 数据分析能力
30. 关于商业银行管理战略的说法不正确的是(　　)。
A. 商业银行管理战略分为战略目标和实现路径两个方面的内容
B. 战略目标确立后，应重点研究如何保证路径的高质量和高效率
C. 各家银行的战略目标各不相同，不存在共性特征
D. 战略目标分解为战略愿景、阶段性战略目标和主要发展指标
31. 商业银行的核心"无形资产"是(　　)。
A. 风险管理信息系统　　B. 完善的公司治理机构
C. 有效的风险管理策略　　D. 健全的内部控制机制
32. 内部控制的目标不包括(　　)。
A. 确保国家法律规定和商业银行内部规章制度的贯彻执行
B. 确保发现管理体系的有效性
C. 明确划分股东、董事会和高级管理层、经理人员各自的权利、责任、利益形成的相互制衡关系
D. 确保业务记录、财务信息和其他管理信息的及时、真实和完整
33. (　　)是指控制、管理机构的一种机制或制度安排。
A. 商业银行内部控制　　B. 商业银行公司治理
C. 商业银行战略管理　　D. 商业银行风险管理
34. 在风险偏好设置与实施过程中，需要注意的内容不包括(　　)。
A. 将风险偏好与战略规划有机结合　　B. 向业务条线和分支机构传导
C. 持续地监测与报告　　D. 充分考虑股东的期望
35. 我国商业银行监管当局借鉴国际先进经验，提出了商业银行公司治理的要求，以下不属于该要求的是(　　)。
A. 建立合理的薪酬制度，强化激励约束机制
B. 建立完善的信息报告和信息披露制度
C. 董事会应确保薪酬政策及其做法与商业银行的公司文化、长期目标和战略、控制环境相一致
D. 建立、健全以监事会为核心的监督机制

36. 根据商业银行风险管理的最佳实践，下列关于风险管理部门职能的描述，恰当的是(　　)。
   A. 风险管理部门应当全面负责风险管理策略的执行
   B. 风险管理部门应当与业务部门保持相对独立
   C. 风险管理部门应当承担风险管理的最终责任
   D. 风险管理能力有限的商业银行可以将风险识别、计量、监测和控制的职能外包
37. 商业银行的财务控制部门通常采取(　　)的方法，及时捕捉市场价格/价值的变化。
   A. 每日参照交割定价　　B. 每日参照交易定
   C. 每日参照银行定价　　D. 每日参照市场定价
38. (　　)负责保证商业银行建立并实施充分而有效的内部控制体系。
   A. 股东大会　B. 高级管理层　C. 监事会　D. 董事会
39. 董事会应定期核查商业银行(　　)能否充分保证其有序和审慎地开展业务。
   A. 内部控制体系　B. 公司治理结构　C. 风险控制环境　D. 风险监测体系
40. 风险管理文化的精神核心及其中最重要和最高层次的因素是(　　)。
   A. 风险管理制度　B. 风险管理理念　C. 风险管理技能　D. 风险管理知识
41. 商业银行的风险管理部门结构通常有分散型和集中型两种，下列对于商业银行集中型的风险管理部门设置的说法中，错误的是(　　)。
   A. 涉及的风险管理领域广　　B. 并不适合所有的商业银行采用
   C. 不利于绝对控制商业银行的敏感信息　　D. 资金投入巨大
42. (　　)负责建立识别、计量、监测并控制风险的程序和措施。
   A. 股东大会　B. 高级管理层　C. 董事会　D. 监事会
43. 下列关于风险管理部门各机构的主要职责，说法错误的是(　　)。
   A. 监事会从事内部尽职监督、财务监督、内部控制监督等监察工作
   B. 高级管理层负责执行风险管理政策，制定风险管理的程序和操作规程
   C. 高级管理层是商业银行的最高风险管理/决策机构，与董事会共同承担商业银行风险管理的责任
   D. 风险管理委员会根据风险管理部门提供的信息，作出经营或战略方面的决策并付诸实施
44. 商业银行公司治理的核心是(　　)。
   A. 在股份制结构下保证各类股东的权利分配体系
   B. 在所有权和经营权分离的情况下，为妥善解决委托—代理关系而提出的董事会、高管层组织体系安排和监督制衡机制
   C. 在所有权和经营权分离的情况下，通过信息披露制度完善股东对公司管理层的监督
   D. 在所有权和经营权分离的情况下，保证股东利益最大化
45. 直接体现商业银行的风险管理水平和研究/开发能力的是(　　)。
   A. 采取科学的方法，识别商业银行所面临的各种风险
   B. 建立功能强大、动态/交互式的风险监测和报告系统
   C. 采取有效措施控制商业银行的整体或重大风险
   D. 不断开发出针对不同风险种类的风险量化方法

46. 风险控制可以分为事前控制和事后控制，常用的事前控制方法不包括(　　)。
A. 制定应急预案　B. 风险定价　C. 限额管理　D. 风险转移
47. 风险管理部门在(　　)的领导下，负责建设完善包括风险管理政策制度、工具方法、信息系统等在内的风险管理体系。
A. 董事会　B. 经营部门　C. 高管层　D. 监事会
48. 下列关于商业银行风险管理理念的认识，错误的是(　　)。
A. 商业银行致力于持久培育良好的风险文化
B. 良好的风险管理水平体现了商业银行的核心竞争力
C. 风险管理的目标是从根本上消除各类金融风险
D. 风险管理战略应纳入商业银行的整体发展战略之中
49. 下列关于风险管理信息传递的说法，不正确的是(　　)。
A. 风险管理应当在最短的时间，寻找所有正确的信息传递给商业银行所有人员
B. 风险分析人员在报告发送给外界之前要核准风险报告结果准确无误
C. 先进的企业级风险管理信息系统一般采用浏览器和服务器结构
D. 风险监测人员在发布信息时要确保适当的人员得到他们所应当看到的风险信息
50. (　　)是指通过系统化的方法发现商业银行所面临的风险种类和性质。
A. 分析风险　B. 感知风险　C. 制作风险清单　D. 识别风险
51. 关于经济合作与发展组织(OECD)的公司治理观点，下列说法正确的是(　　)。
A. 如果债权人权利受到损害，则应有机会得到有效补偿
B. 公司治理应当维护大股东的权利，确保大股东在公司中的优先地位
C. 治理结构框架应确保经理对公司的战略性指导和对管理人员的有效监督
D. 治理结构应当确认利益相关者的合法权利，并且鼓励公司和利益相关者为创造财富和工作机会以及为保持企业财务健全而积极地进行合作
52. 对商业银行风险治理架构和风险管理组织体系，监管要求着重强调的内容不包括(　　)。
A. 风险管理组织架构　B. 公司治理架构
C. 风险管理的独立性　D. 风险管理的及时性
53. 巴塞尔委员会认为资本约束并不是控制银行操作风险的最好方法，应对操作风险的第一道防线是严格的(　　)。
A. 外部监管　B. 员工培训　C. 内部控制　D. 职责分工
54. 在商业银行经营管理实践中，银行公司治理的内涵不包括(　　)。
A. 银行内部制衡关系　B. 内部控制体系
C. 职责分工　D. 外部经营环境
55. 商业银行进行有效风险管理的最前端是(　　)。
A. 法律/合规部门　B. 财务控制部门　C. 内部审计部门　D. 外部监督机构
56. 不同的职能部门对于风险状况的需求是不一样的，风险管理委员会需要的是(　　)。
A. 整体风险报告　B. 最佳避险报告
C. 风险监测报告　D. 具体的头寸报告

二、多选题(以下各小题所给出的五个选项中，有两项或两项以上符合题目的要求，请选择相应选项，多选、少选、错选均不得分。)

1. 监事会监督和测评的方式包括(　　)。
   A. 列席会议　B. 调阅文件　C. 检查与调研　D. 监督测评
   E. 访谈座谈
2. 商业银行高级管理层风险管理的主要职责有(　　)。
   A. 核准金融产品的风险定价　B. 执行风险管理的政策
   C. 制定风险管理的程序和操作规程　D. 及时了解风险水平及其管理状况
   E. 审批风险管理的战略、政策和程序
3. 财务控制部门在风险管理中的主要工作包括(　　)。
   A. 会计记录和财务报告的准确性和可靠性
   B. 参与商业银行的组织架构和业务流程再造
   C. 把商业银行的损失/收益数据传递给风险管理部门，使得风险管理部门能与来自前台业务部门的信息调整一致
   D. 经营管理的合规性及合规部门工作情况
   E. 与风险管理部门合作，确保风险系统中相应的损失/收益信息是准确的，并可以应用于事后检验的目的
4. 商业银行风险控制/缓释策略应当符合的要求有(　　)。
   A. 风险控制/缓释策略应与商业银行的整体战略目标保持一致
   B. 所采取的具体控制措施与缓释工具符合成本/收益要求
   C. 建立各类风险计量模型
   D. 监测各种可量化的关键风险指标
   E. 通过对风险诱因的分析，能够发现风险管理中存在的问题，并重新完善风险管理程序
5. 根据数据的来源不同，风险管理信息系统的风险数据可以分为(　　)。
   A. 内部数据　B. 历史数据　C. 中间计量数据　D. 组合结果数据
   E. 外部数据
6. 我国大部分商业银行在内部控制建设方面还处于起步阶段，其薄弱环节主要表现在(　　)。
   A. 商业银行的所有权和经营权分离和制衡还有待完善
   B. 内部控制的组织架构已经形成
   C. 内部控制的管理水平有待提高
   D. 内部控制监督的及时性有待提高
   E. 内部控制的组织架构已经形成
7. 下列关于巴塞尔委员会认为商业银行公司治理应遵守的原则有(　　)。
   A. 董事会应核准商业银行的战略目标和价值准则，并监督其在全行的传达贯彻
   B. 董事会应确保付高级管理层是否执行董事会政策实施适当的监督
   C. 公司治理应维护股东的权利

D. 商业银行应保持公司治理的透明度

E. 董事会和高级管理层应了解商业银行的运营架构

8. 风险管理组织机构的职责分工正确的有(　　)。

A. 董事会督促高级管理层采取必要的措施识别、计量、检测和控制各种风险

B. 只有当董事会充分意识到并积极利用风险管理的潜在盈利能力时，风险管理才能够对商业银行整体产生最大的收益

C. 专门委员会可以负责拟定具体的风险管理政策和指导原则

D. 董事会通过调阅文件、检查与调研、监督测评、访谈座谈等方式，对商业银行的决策过程、决策执行过程进行监督

E. 最高风险管理委员会制定相关政策和指导原则的最终文件需要提交董事会批准

9. 下列对商业银行风险计量的理解，正确的有(　　)。

A. 应确保所开发的风险模型准确并长期有效

B. 风险模型开发所采用的数据源应当具有高度的真实性、准确性和充足性

C. 风险模型应当能够真实反映商业银行的风险状况

D. 深刻理解不同风险计量方法的优缺点，采用多种分析手段相互补充

E. 所采用的风险计量方法、模型越高级，计量出来的风险越准确

10. 风险管理部门要具有权威性，应该做到(　　)。

A. 风险管理人员应充分具备从业经验和任职资格

B. 将银行承担的各类主要风险全部纳入统一的管理框架

C. 风险管理要贯穿在业务经营流程之中

D. 要掌握正确的风险管理理念

E. 风险管理要贯穿在业务经营流程之中

11. 下列叙述中，属于内部审计部门在风险管理中的主要工作内容的有(　　)。

A. 经营管理的合规行为及合规部门的工作情况

B. 内部控制的健全性和有效性

C. 与风险相关的资本评估系统情况

D. 适时修订规章制度和操作规程，使其符合法律和监管要求

E. 机构运营绩效和管理人员履职情况

12. 法律/合规部门主要承担的职责有(　　)。

A. 协助制定法律了合规政策

B. 开展法律了合规培训和教育项目

C. 适时修订规章制度和操作规程，使其符合法律和监管要求

D. 参与商业银行的组织架构和业务流程再造

E. 参与商业银行新产品用及务开发，提供必要的法律法规测试、审核和支持

13. 下列关于董事会的说法，正确的有(　　)。

A. 董事会是商业银行的最高风险管理机构，承担商业银行风险管理的最终责任

B. 董事会是商业银行的最高风险决策机构

C. 董事会负责监督高管层是否尽职履职

D. 董事会通常指派最高风险管理委员会负责拟定具体的风险管理政策和指导原则

E. 董事会负责建设银行风险管理体系，组织开展各类风险管理活动，识别、计量、监测、控制或缓释银行的风险

14. 风险计量模型的监督检查的内容包括(　　)。

A. 建立各类风险计量模型的原理、逻辑和模拟函数是否正确合理

B. 是否积累足够的历史数据，用于计量、监测风险的各种主要假设、参数是否恰当

C. 是否建立对管理体系、业务、产品发生重大变化，以及其他突发事件的例外安排

D. 是否建立对风险计量模型的修正、检验和内部亩查程序

E. 对风险计量目标、方法、结果的制定、报告体系是否健全

15. 商业银行风险监测的具体内容包括(　　)。

A. 监测各种风险水平的变化和发展趋势

B. 开发风险计量模型

C. 随时关注所采取的风险管理对控制措施的实施质量效果

D. 调整高风险手受信限额

E. 报告商业银行所有风险的定性/定量评估结果

16. 建立风险管理和风险损失绩效考核、责任追究制度时，要注意的内容有(　　)。

A. 对董事会的绩效考核　　B. 追究责任与尽职免责

C. 对高级管理层的的绩效考核　　D. 对业务经营部门的绩效考核

E. 对风险管理部门的绩效考核

17. 风险文化又称风险管理文化，是商业银行在经营管理活动中逐步形成的风险管理理念、哲学和价值观，一般由(　　)层次组成。

A. 风险管理计划　B. 风险管理知识　C. 风险管理制度　D. 风险管理理念

E. 风险管理战略

18. 商业银行可以从(　　)改进和完善风险管理信息系统。

A. 统一数据标准，实现有效的风险加总　B. 加强流程管理，促进信息传导

C. 更新 IT 系统架构，扩展系统功能　D. 提升人员素质，确保系统安全

E. 制定风险管理的程序和操作规程

19. 关于商业银行内部控制的目标，下列说法正确的有(　　)。

A. 确保国家法律规定和商业银行内部规章制度的贯彻执行

B. 确保商业银行发展战略和经营目标的全面实施和充分实现

C. 确保业务记录、财务信息和其他管理信息的及时、真实和完整

D. 确保业务记录、财务信息和其他管理信息的及时、真实和完整

E. 确保发现管理体系的有效性

20. 下列关于商业银行风险管理流程的表述不正确的有(　　)。

A. 压力测试法属于商业银行可以采取的风险计量方法

B. 风险控制随时关注所采取的风险管理措施的实施质量和效果

C. 适时、准确地监测风险是风险管理最基本的要求

D. 常用的风险识别的方法有专家调查列举法、VaR 分析法、情景分析法、失误树分析法等

E. 风险控制是对经过识别和计量的风险采取分散、对冲、转移、规避和补偿等措施

21. 关于商业银行公司治理的理解正确的有(　　)。
A. 公司治理与董事会和高级管理层商业银行业务无关
B. 商业银行公司治理是控制、管理商业银行的一种机制和制度安排
C. 其核心是在所有权、经营权分离的情况下，为妥善解决委托一代理关系而提出的董事会、高管层组织体系和监督制衡机制
D. 良好的公司治理能够激励董事会和高管层追求符合商业银行和股东利益的目标
E. 我国的商业银行公司治理要求建立合理的薪酬制度

22. 下列属于商业银行外部数据的有(　　)。
A. 与其他商业银行发生操作风险时所产生的损失
B. 从商业银行业务库获得的数据
C. 综合评估国内市场行情和信息数据
D. 外部评级数据作为商业银行的主要数据源
E. 自行进行行业统计分析数据

23. 下列关于商业银行风险管理部门的说法不正确的有(　　)。
A. 商业银行风险管理部门和风险管理委员会是相同的
B. 风险管理部门的核心职能是风险信息的收集、分析和报告
C. 商业银行风险管理部门具有高度的独立性
D. 风险管理部门只具有非常有限的风险管理决策执行权
E. 商业银行风险管理部门隶属于高级管理层

24. 下列关于商业银行风险管理信息系统的理解正确的有(　　)。
A. 风险管理信息系统需要从内部和外部获得信息数据
B. 风险管理信息系统必须确保采取一种显而易见的方式来区分系统“真实的”和交易人员“假设的”分析操作
C. 风险信息各业务单元的流动可以完全是单向的，或者具有多向交互式、智能化的特点
D. 风险信息管理系统是商业银行核心“无形资产”
E. 风险管理信息系统可以制约数据的特性

25. 下列关于内部控制的主要原则说法错误的有(　　)。
A. 任何人不得拥有不受内部控制约束的权力
B. 内部控制的监督部门隶属于内部控制的建设、执行部门
C. 商业银行内部控制均应体现“内控优先”的要求
D. 内部控制的监督部门不可以直接向董事会、监事会和高级管理层报告
E. 商业银行的内部控制覆盖商业银行所有的部门和岗位

26. 下列选项中，属于集中型风险管理的核心要素的有(　　)。
A. 风险监控　　B. 数量分析　　C. 价格确认　　D. 模型创建
E. 相应的信息系统、技术支持

27. 关于商业银行董事会的说法正确的有(　　)。
A. 负责审批风险管理的战略、政策和程序
B. 负责拟订具体的风险管理政策和指导原则
C. 对商业银行的决策过程、经营活动进行监督和测评

D. 制定风险管理的程序和操作规程
E. 董事会承担商业银行风险管理的最终责任

28. 常用的风险识别的方法有(　　)。
A. 情景分析法　B. 专家调查列举法　C. 分解分析法　D. 失误树分析方法
E. 制作风险清单法

29. 商业银行都致力于培育良好的风险文化，对此以下描述正确的有(　　)。
A. 风险文化应随着外部经营环境的变化而不断加以修正
B. 风险文化应当融入到商业银行员工的价值观和日常行为中
C. 风险管理理念应当固化到内部规章制度并辅之以合规和绩效考核
D. 风险文化应贯穿于商业银行的整个生命周期
E. 商业银行应通过开展运动式的教育活动来尽快形成良好的风险文化

30. 银行风险管理流程包括的环节有(　　)。
A. 风险识别　B. 风险计量　C. 风险监测　D. 风险控制
E. 风险补偿

31. 商业银行风险控制/缓释策略应当实现的目标主要有(　　)。
A. 风险控制、释策略应与商业银行的整体战略目标保持一致
B. 所采取的具体控制措施与缓释工具符合成本/收益要求
C. 监测备种可量化的关键风险指标
D. 满足不同职能部门对于风险状况的多样化需求
E. 通过对风险诱因的分析，能够发现风险管理中存在的问题，并重新宪善风险管理程序

32. 在商业银行的风险管理实践中，良好的风险管理组织结构具有下列哪些特征(　　)。
A. 风险管理部门有权直接向董事会和高级管理层汇报
B. 业务部门自主计量并控制风险
C. 董事会负责明确自身的风险偏好
D. 风险管理部门批准银行账户和交易账户的各项交易
E. 高级管理层负责执行风险管理政策

33. 良好的银行公司治理普遍具备的特征有(　　)。
A. 银行内部有效的制衡关系和清晰的职责边界
B. 有健全的内部审计、内部监督和问题整改机制
C. 完善的内部控制和风险管理体系
D. 与股东价值相挂钩的有效监督考核机制
E. 科学的激励约束机制

34. 风险管理信息系统一般采用浏览器和服务器结构，这种信息传递方式的主要优点有(　　)。
A. 真正实现风险数据的全行集中管理、一致调用
B. 不需要每个终端都安装风险管理软件
C. 提升人员素质，确保系统安全
D. 加强流程管理，促进信息传导
E. 有助于最大限度地降低系统建设成本、保护知识产权和系统安全

35. 下列关于商业银行风险文化的描述，正确的有(　　)。

A. 风险管理理念是风险文化的核心

E. 风险管理知识是风险文化的组成部分

C. 员工的日常业务行为体现了银行的风险文化

D. 风险文化体现银行的价值观

E. 风险文化难以通过风险管理制度体现

三、判断题(请对以下各项的描述做出判断，正确的为 A，错误的为 B。)

1. 商业银行的核心竞争力是风险管理，风险管理的目标是消除风险，实现风险与收益的平衡。(　　)

A. 正确　　B. 错误

2. 商业银行法律/合规部门不需要接受内部审计部门的审计检查。(　　)

A. 正确　　B. 错误

3. 外部数据是从各个业务信息系统中抽取的，通过专业数据供应商所获得的数据。(　　)

A. 正确　　B. 错误

4. 风险管理流程是联结商业银行各业务单元和关联市场的一条纽带。(　　)

A. 正确　　B. 错误

5. 风险管理部门具有独立性。(　　)

A. 正确　　B. 错误

6. 商业银行董事会通常指派专家小组负责拟订具体的风险管理政策和指导原则。(　　)

A. 正确　　B. 错误

7. 战略目标可以分解为战略愿景、阶段性战略目标和主要发展指标等细项。(　　)

A. 正确　　B. 错误

8. 风险文化一般由风险管理理念、知识和措施三个层次组成。(　　)

A. 正确　　B. 错误

9. 商业银行风险管理的目标不是要完全消除风险，而是将风险控制在可承受范围内，实现风险—收益的平衡。(　　)。

A. 正确　　B. 错误

10. 商业银行采用高级的风险计量方法一定能够降低监督资本要求。(　　)

A. 正确　　B. 错误

11. 失误树分析方法是通过有关的数据、曲线、图表等模拟商业银行未来发展的可能状态，目的在于识别潜在的风险因素、预测风险范围及结果，并选择最佳的风险管理方案。(　　)

A. 正确　　B. 错误

12. 商业银行风险信息数据可以分为外部数据和内部数据两类，其中内部数据是指通过国内的专业数据供应商所获得的数据。(　　)

A. 正确　　B. 错误

13. 对商业银行进行风险管理是风险管理部门的责任，与前台业务部门无关。(　　)

A. 正确　　B. 错误

14. 商业银行内部审计部门应当不定期对风险管理体系谷个组成部分和环节的准确性、可靠性、充分性和有效性进行独立的检查和评价。(　　)
A. 正确　　B. 错误
15. 组合结果数据在不同风险管理领域的一致应用，是商业银行最终实现准确经济资本计量的关键所在。(　　)
A. 正确　　B. 错误
16. 风险管理制度是银行风险文化的精神核心，也是风险文化中最为重要和最高层次的因素。(　　)
A. 正确　　B. 错误
17. 商业银行的风险管理部门应当与合规部门、内部审计部门共同制定并执行风险管理策略。(　　)
A. 正确　　B. 错误
18. 商业银行内部控制有直接向董事会、监事会和高级管理层报告的渠道。(　　)
A. 正确　　B. 错误
19. 商业银行管理战略是商业银行前进、发展的航标灯，指引商业银行的前进方向以及如何到达目的地。(　　)
A. 正确　　B. 错误
20. 监事会的职责是确保商业银行有效识别、计量、监测和控制各项业务所承担的各种风险，并承担商业银行风险管理的最终责任。(　　)
A. 正确　　B. 错误
21. 商业银行要靠突击式的培训和教育来培育风险文化。(　　)
A. 正确　　B. 错误
22. 法律/合规部门独立于商业银行的经营活动，具有独立的报告路线、独立的调查权力以及独立的绩效考核。(　　)
A. 正确　　B. 错误
23. 失误树分析方法是通过将复杂的风险分解为多个相对简单的风险因素，从中识别可能造成严重风险损失的因素。(　　)
A. 正确　　B. 错误
24. 风险识别/分析是全面风险管理、资本监管和经济资本配置得以有效实施的重要基础。(　　)
A. 正确　　B. 错误
25. 风险监测和报告过程看似简单，但实际上，满足不同风险层级和不同职能部门对于风险状况的多样化需求是一项极为艰巨的任务。(　　)
A. 正确　　B. 错误
26. 商业银行应当根据不同的业务性质、规模和复杂程度，对不同类别的风险选择适当的计量方法，基于合理的假设前提和参数，尽可能准确计算可以量化的风险、评估难以量化的风险。(　　)
A. 正确　　B. 错误

27. 高效的风险管理流程应当能够确保正确的风险信息，在正确的时间内传递给正确的人。(　　)

A. 正确　　B. 错误

28. 商业银行财务部门可以从风险识别、计量、监测和控制四个主要阶段，审核商业银行风险管理的能力和效果，发现并报告潜在的风险因素，提出应对方案，监督风险控制措施的落实情况。(　　)

A. 正确　　B. 错误

29. 资本约束并不是控制商业银行操作风险的最好方法，管理操作风险的第一道防线是严格的内部控制。(　　)

A. 正确　　B. 错误

30. 在风险信息处理的过程中，当数据/信息准确性出现问题时，风险管理人员可以直接对风险管理信息进行修正，从而提高风险管理效率。(　　)

A. 正确　　B. 错误

第三章　信用风险管理强化训练题

一、单选题(以下各小题所给出的四个选项中，只有一项符合题目要求，请选择相应选项。不选、错选均不得分。)

1. 商业银行限额管理对控制其各种业务活动的风险是很有必要的，下列有关限额管理的说法，不正确的是(　　)。
   A. 在限额管理中，给予客户的授信额度只包括贷款，而不包括其他或有负债
   B. 限额管理的目的是确保所发生的风险总能被事先设定的风险资本加以覆盖
   C. 商业银行在考虑对客户授信时不能仅仅根据客户的最高债务承受额提供授信，还必须将客户在其他商业银行的原有授信、在本行的原有授信和准备发放的新授信一并加以考虑
   D. 从银行管理的层面，限额的制定过程体现了商业银行董事会对损失的容忍程度，反映了商业银行在信用风险管理上的政策要求和风险资本抵御以及消化损失的能力
2. 在信用风险管理过程中，商业银行需要使用反映客户盈利能力、营运能力、资产流动性等情况的财务指标来进行客户信用风险识别，以下各财务比率不属于盈利能力指标的是(　　)。
   A. 销售净利润　　B. 资本收益率　　C. 资产周转率　　D. 总资产收益率
3. 商业银行在抵押贷款证券化过程中，建立一个独立的 SPV 的主要目的是(　　)。
   A. 为了购买权益资产
   B. 为了进行总收益率互换
   C. 支付标的资产的所有收益
   D. 为了真正实现权益资产与原始权益人的破产隔离
4. 下列各项中可以防止信贷风险过于集中于某一地区的限额管理类别是(　　)。
   A. 集团客户风险限额　　B. 以上均不对
   C. 单一客户风险限额　　D. 组合风险限额
5. 与综合风险报告内容不同，专项风险报告主要是(　　)。
   A. 对管理范围的重大风险事项进行报告　　B. 加强风险管理
   C. 辖内各类风险总体状况　　D. 风险应对策略
6. 采用回收现金流法计算违约损失率时，若回收金额为 1 亿元，回收成本为 0.8 亿元，违约风险暴露为 1.5 亿元，则违约损失率为(　　)。
   A. 16.67%　　B. 20%　　C. 86.67%　　D. 13.33%
7. 根据 2002 年穆迪公司在违约损失率预测模型 LOSSCAL 的技术文件中所披露的信息，(　　)等产品因素对违约损失率的影响贡献程度最高。
   A. 宏观经济周期因素　　B. 清偿优先性
   C. 企业融资杠杆率　　D. 行业因素

8. 一银行2012年贷款应提准备为2000亿元，贷款损失准备充足率为80%，则贷款实际计提准备为(　　)亿元。

A. 1800　　B. 1700　　C. 1300　　D. 1600

9. 压力测试是用于评估(　　)。

A. 风险价值　　B. 特定经营环境　　C. 预期损失　　D. 特定事件的变化

10. (　　)是指信用风险管理者通过各种监控技术，动态捕捉信用风险指标的异常变动，判断其是否已达到引起关注的水平或已经超过阈值。

A. 信用风险监测　　B. 信用风险控制　　C. 信用风险对冲　　D. 信用风险识别

11. 预期损失率的计算公式表示为(　　)。

A. 预期损失率 = 预期损失/负债总额 ×100%

B. 预期损失率 = 预期损失/资产风险暴露 ×100%

C. 预期损失率 = 预期损失/资产总额 ×100%

D. 预期损失率 = 预期损失/贷款资产总额 ×100%

12. 债务人因某种原因无法按原有合同履约，商业银行为了降低客户违约风险导致的损失，对原有贷款进行调整，商业银行的这种操作属于(　　)。

A. 贷款转让　　B. 贷款审批　　C. 贷款重组　　D. 限额管理

13. 客户评级/评分的验证是商业银行优化内部评级体系的重要手段，在以下各项中，它的内容不包括(　　)。

A. 检验评级结果　　B. 对违约概率预测准确性的验证

C. 客户信用评级　　D. 风险违约区分能力验证

14. 有关"贷款风险迁徙率"这一指标，下面说法错误的是(　　)。

A. 该指标表示为资产质量从前期到本期变化的比率

B. 该指标包括正常贷款迁徙率和不良贷款迁徙率

C. 该指标衡量了商业银行风险变化的程度

D. 该指标是一个静态指标

15. 商业银行在组合风险限额管理中确定资本分配的权重时，不需要考虑的因素是(　　)。

A. 资产负债率　　B. 经济前景

C. 组合在战略层面的重要性　　D. 目前的组合集中情况

16. 以下关于相关系数的论述，错误的是(　　)。

A. 相关系数仅能用来计量线性相关

B. 对于线性相关，可以通过秩相关系数和坎德尔系数进行计量

C. 相关系数具有线性不变性

D. 相关性是描述两个联合事件之间的相互关系

17. 假设某银行在2012会计年度结束时，其正常类贷款为30亿人民币，关注类贷款为15亿人民币，次级类贷款为5亿人民币，可疑类贷款为2亿人民币，损失类贷款为1亿人民币，则其不良贷款率为(　　)。

A. 45%　　B. 25%　　C. 15%　　D. 12%

18. 已知某国内商业银行按照五级分类法对贷款资产进行分类，次级类贷款为6亿，可疑类贷款为2亿，损失类贷款为3亿，商业银行在当期为不良贷款拨备的一般准备是2

亿，专项准备是3亿，特种准备是4亿，那么该商业银行当年的不良贷款拨备覆盖率是(　　)。

A. 0.82　B. 0.3　C. 0.25　D. 0.83

19. 影响商业银行违约损失率的因素有很多，清偿优先性属于(　　)。

A. 地区因素　B. 宏观经济因素　C. 行业因素　D. 产品因素

20. 以下关于CreditMetrics的说法错误的是(　　)。

A. CreditMetrics模型是将单一信用工具放人资产组合中衡量其对整个组合风险状况的作用

B. CreditMetrics模型组合的违约遵从泊松过程

C. CreditMetrics模型是从资产组合的角度来看待信用风险的

D. CreditMetrics模型本原理是信用等级变化分析

21. 以下不属于按照信贷产品分类的个人客户的是(　　)。

A. 信用卡消费信贷　B. 违约概率

C. 假按揭　D. 汽车消费信贷

22. 下列关于个人客户信用风险说法错误的是(　　)。

A. 通过海关、法院不能获得个人客户的信息记录

B. 个人信用评分系统具有控制个人客户信用风险的基本要求

C. 个人客户信用风险主要表现为自身作为债务人在信贷业务中的违约

D. 通过人民银行个人信息基础数据库可以获得个人客户的信用记录

23. 下列说法不正确的是(　　)。

A. 死亡率模型是违约概率模型中最具有代表性的模型之一

B. 违约概率模型能直接估计客户的违约概率

C. 信用评分模型分析的基本过程是首选模拟出特定型的函数关系

D. 专家判断和信用评分法比违约概率模型具有优越性

24. 以下说法不正确的是(　　)。

A. 违约概率和违约频率通常情况下是相等的

B. 违约概率是分析模型作出的事前预测

C. 违约频率是事后的检验结果

D. 违约概率和违约频率不是同一个概念

25. 假定目前市场上1年期零息国债的收益率为10%，1年期信用等级为B的零息债券的收益率为15.8%，且假定此类债券在发生违约的情况下，债券持有者本金或利息的回收率为0，则根据风险中性定价原理，上述风险债券的违约概率约为(　　)。

A. 10%　B. 15%　C. 2.5%　D. 5%

26. 商业银行个人信贷产品可以基本划分为(　　)三类。

A. 个人住宅抵押贷款、个人消费贷款、循环零售贷款

B. 个人住宅抵押贷款、经销商风险贷款、循环零售贷款

C. 个人住宅抵押贷款、个人零售贷款、循环零售贷款

D. 个人住宅抵押贷款、信用卡消费贷款、循环零售贷款

27. 下列各项属于现代信用风险管理的基础和关键环节的是(　　)。

A. 信用风险监测　B. 信用风险控制　C. 信用风险识别　D. 信用风险计量

28. 商业银行客户信用评级是(　　)对客户偿债能力和偿债意愿的计量和评价，反映客户违约风险的大小。

A. 债务人　B. 客户　C. 商业银行　D. 专家

29. 目前所使用的专家系统对企业信用分析的使用最为广泛的系统是(　　)。

A. 6Cs　B. 7Cs　C. 4Cs　D. 5Cs

30. 假定某部门当年的销售收入为 200 万元，销售成本为 120 万元，其销售毛利率为(　　)。

A. 45%　B. 50%　C. 30%　D. 40%

31. 关于连续函数最重要和最有用的结论是(　　)。

A. 信用风险组合模型　B. 违约相关性

C. 斯克拉定理　D. 坎德尔系数

32. 按照国际惯例，商业银行对于企业和个人的信用评定分别采用(　　)。

A. 评分方法和评级方法　B. 评分方法和评分方法

C. 评级方法和评分方法　D. 评级方法和评级方法

33. 压力测试主要采用敏感性分析和(　　)两种方法。

A. 失误树分析法　B. 专家调查分析法　C. 制作数据清单　D. 情景分析方法

34. CreditMetrics 模型认为债务人的信用风险状况用债务人的(　　)表示。

A. 盈利水平　B. 行为评分　C. 资产规模　D. 信用等级

35. 下列关于商业银行对客户评级月平分模型进行验证的表述，错误的是(　　)。

A. 商业银行必须建立一个健全的体系，用来检验评级体系，过程和风险因素评估的准确性和一致性

B. 商业银行必须定期进行模型的验证

C. 商业银行必须定期比较每个信用等级的违约频率和违约概率

D. 商业银行必须在违约的频率持续高于违约概率的情况下，下调违约频率

36. 商业银行信用风险管理中，贷款分类与债项评级是两个容易混淆的概念，对此下列描述错误的是(　　)。

A. 债项评级通常考虑影响债项交易损失的特定风险因素

B. 债项评级只能用于贷前审批，是对债项风险的一种预先判断

C. 贷款分类主要用于贷后管理，更多地体现为事后评价

D. 贷款分类综合考虑客户信用风险因素和债项交易损失因素，根据预期损失对信贷资产进行划分

37. 影响商业银行违约损失率的因素有很多，清偿优先性属于(　　)。

A. 项目因素　B. 公司因素　C. 行业因素　D. 宏观经济因素

38. 如果两笔贷款的信用风险随着风险因素的变化同时上升或下降，则下列说法正确的是(　　)。

A. 这两笔贷款的信用风险是不相关的

B. 这两笔贷款的信用风险是负相关的

C. 这两笔贷款同时发生损失的可能性比较大

D. 由两笔贷款构成的贷款组合的风险大于各笔贷款信用风险的简单加总

39. 组合层面的风险监测把多种信贷资产作为投资组合进行整体监测。关于商业银行组合风险监测，下列说法错误的是(　　)。

A. 商业银行组合风险监测主要有传统的组合监测方法和资产组合模型两种方法

B. 商业银行可以依据风险管理专家的判断，给予各项指标一定权重，得出对单个资产组合风险判断的综合指标或指数

C. 资产组合模型方法主要是对信贷资产组合的授信集中度和结构进行分析监测

D. 组合监测能够体现多样化投资产生的风险分散效果，防止国别、行业、区域、产品等维度的风险集中度过高，实现资源的最优化配置

40. 假设某银行50%的贷款投向钢铁行业，同时超过50%的利润来自钢铁行业，当前钢铁行业市场较好，因此钢铁行业的不良率低于评级水平。按照资产组合管理的原理，下列关于该银行的贷款组合评价合理的是(　　)。

A. 该银行的贷款投向行业集中度过高，虽然当前盈利高，但如果考虑行业周期因素，此贷款可能存在相当风险

B. 不良率较低说明风险小，盈利超过50%来自钢铁行业说明盈利性好，因此，尽管比重偏大，但也没有不妥之处

C. 资产组合理论需要假定市场是有效的，其过于理想化因而不适合评判贷款组合

D. 盈利是商业银行经营的目的，无论什么理论都要服从这一点

41. 下列选项关于信用风险和市场风险、操作风险的辨析，说法正确的是(　　)。

A. 信用风险具有明显的系统风险特征

B. 市场风险具有数据有数和易于计量的特点，具有明显的非系统风险特征，难以通过分散化投资完全消除

C. 操作风险具有非营利性，容易引发市场风险和信用风险

D. 以上说法皆不正确

42. 压力测试通常使用(　　)方法。

A. 敏感性分析和情景分析　　B. 敏感性分析和假设性分析

C. 假设性分析和情景分析　　D. 以上皆不正确

43. ZETA信用风险分析模型中用采衡量流动性的指标是(　　)。

A. 流动资产/总资产　　B. 流动资产/流动负债

C. (流动资产-流动负债)/总资产　　D. 流动负债/总资产

44. 下列关于风险的说法，正确的是(　　)。

A. 从投资组合角度出发，交易对手的信用级别下降可能会给投资组合带来损失

B. 对于衍生产品而言，对手违约造成的损失一般小于衍生产品的名义价值，因此其潜在风险可以忽略不计

C. 信用风险只存在于传统的表内业务中，不存在于表外业务中

D. 对大多数银行来说，存款是最大、最明显的信用风险来源

45. 下列关于信用风险的说法错误的是(　　)。

A. 只有违约才能导致信用风险　　B. 信用风险范围不仅限于贷款业务

C. 信息不对称可能引发信用风险　　D. 市场风险比信用风险数据更易获得

46. 专家系统在分析信用风险时，需要考虑与借款人有关的因素，其中下列说法错误的是(　　)。
   A. 如果某人过去借款总能及时、全额地偿还本金与利息，那么他就能较容易或以较低的价格从商业银行获得贷款
   B. 资产负债比率对借款人违约概率的影响较大
   C. 在期望收益相等的条件下，收益波动性较低的企业更容易违约
   D. 一般来说，收益波动性大的企业在获得银行贷款方面比较困难
47. 在法人客户评级模型中，(　　)通过应用期权定价理论求解出信用风险溢价和相应的违约率。
   A. Altman 的 Z 计分模型　　B. RiskCalc 模型
   C. CreditMonitor 模型　　D. 死亡率模型
48. 在信用评分法中，(　　)是用来测量一种信贷产品对客户吸引力的行为评分模型。
   A. 核销评分模型　B. 追讨评分模型　　C. 响应评分模型　　D. 账户管理评分模型
49. 客户信用评级是商业银行对客户(　　)的计量和评价，反映客户(　　)的大小。
   A. 偿债能力和偿债意愿，违约风险　　B. 盈利能力和偿债能力，违约风险
   C. 收入水平和资产质量，流动风险　　D. 偿债能力和偿债意愿，流动风险

二、多选题(以下各小题所给出的五个选项中，有两项或两项以上符合题目的要求，请选择相应选项，多选、少选、错选均不得分。)

1. 下列属于压力测试功能的有(　　)。
   A. 为商业银行提供债务人的信用评级水平
   B. 为估计商业银行在压力条件下的风险暴露提供方法
   C. 提供商业银行对自身风险特征的理解
   D. 帮助商业银行重估模型假设
   E. 帮助董事会和高层管理者确定该商业银行的风险暴露是否与其风险偏好一致
2. 以下关于信用风险组合模型的说法，正确的有(　　)。
   A. Credit Metrics 本质上是一个 VaR 模型
   B. Credit Metrics 无法达到同传统期望和传统标准差一样来衡量非交易性资产信用风险的目的
   C. Credit Portfolio View 是 Credit Metrics 模型的一种补充
   D. Credit Portfolio View 比较适合投机类型的借款人
   E. Credit Risk + 模型是对贷款组合违约率进行分析的
3. 下列关于法人客户评级模型说法正确的有(　　)。
   A. Z 计分模型认为，影响借款人违约概率的因素包括流动性、盈利性、活跃性、偿债能力等
   B. 作为违约风险的指标，Z 值越高，违约概率越低
   C. RiskCalc 模型适合于上市公司的违约概率模型
   D. RiskCalc 模型核心是通过严格的步骤从客户信息中选择出最能预测违约的一组变量
   E. Credit Monitor 模型适合于非上市公司的违约概率模型

4. 根据《巴塞尔新资本协议》的规定，针对个人的循环零售贷款应满足的标准有(　　)。
   A. 贷款是循环的、无抵押的、未承诺的
   B. 子组合内对个人最高授信额度不超过 10 万欧元
   C. 必须保留子组合的损失率数据
   D. 循环零售贷款的风险处理方式应与子组合保持一致
   E. 办理该业务时，应当高度重视借款人的资信状况和变化趋势
5. 商业银行贷款重组是当债务人因种种原因无法按原有合同履约时，商业银行为了降低客户违约引致的损失而对原有贷款结构进行调整、重新安排、重新组织的过程，属于原有贷款结构有(　　)。
   A. 贷款期限　B. 贷款金额　C. 贷款汇率　D. 贷款人信用
   E. 贷款费用
6. 在我国银行业实践中，可以根据运作机制将风险预警方法分为三类，其中包括(　　)。
   A. 绿色预警法　B. 红色预警法　C. 蓝色预警法　D. 黑色预警法
   E. 橙色预警法
7. Credit Portfolio View 模型是目前国际银行业应用比较广泛的组合模型之一，这一模型认为违约率取决于(　　)。
   A. 宏观变量的历史数据
   B. 宏观变量的前景预测
   C. 对整个经济体系产生影响的冲击或改革
   D. 仅影响单个宏观变量的冲击或改革
   E. 单个借款人的信用评级
8. 信用风险监测是商业银行风险管理流程中的重要环节，商业银行需借助许多方法来完成，当其对单一客户进行风险检测时，需要借助的方法有(　　)。
   A. 6C 法　B. 客户信用评级方法　C. 贷款分类方法　D. 信用评分方法
   E. 组合管理方法
9. 商业银行在进行集团客户限额管理的过程中，应注意的问题有(　　)。
   A. 统一识别标准，实施集团总量控制
   B. 掌握充分信息，避免过度授信
   C. 主办银行牵头，建立集团客户小组
   D. 尽量少用抵押，争取多用保证
   E. 与集团客户签订授信协议，客户无需报告其有关关联交易
10. 下列信用局风险评分模型与申请评分模型说法正确的有(　　)。
    A. 信用局评分模型与申请评分模型具有对立性
    B. 信用局评分模型能全面反映商业银行客户的特殊性
    C. 申请评分模型是商业银行为特定金融产品的申请者进行信贷审批
    D. 申请评分模型通常是对申请者在未来各种信贷关系中的违约概率作出的预测
    E. 信用局风险评分模型是一种很有价值的决策工具
11. 以下关于债项评级和客户评级的说法，正确的有(　　)。
    A. 它们反映了信用风险水平的两个维度

B. 债项评级主要针对交易主体
C. 债项评级的水平由债务人的信用水平决定
D. 一个债务人只能有一个客户评级
E. 一个债务人的不同的交易可以有不同的债项评级

12. 下列关于信用风险控制的限额管理，说法正确的有(　　)。
A. 对单一客户进行限额管理时，要计算客户的最高债务承受能力
B. 在单一客户限额管理中，确定的总授信额度应小于但不能等于客户的最高债务承受额度
C. 集团客户与单一客户限额管理存在差异，集团统一授信一般分为三步走
D. 国家风险限额管理基于对一个国家的综合评级，至少一年重新检查一次
E. 组合限额管理可以分为授信集中度限额和总体组合限额

13. 以下关于商业银行客户评级/评分的验证的说法，正确的有(　　)。
A. 验证是一个循环过程
B. 验证是商业银行优化内部评级的重要手段
C. 验证的流程要在验证设计和实施部门审阅
D. 验证的结果要接受验证设计和实施部门的审阅
E.《巴塞尔新资本协议》对内部评级的验证进行了详细的阐释

14. 下列关于违约的说法中，正确的有(　　)。
A. 目前我国商业银行业内存在统一的违约定义
B. 违约定义是《巴塞尔新资本协议》内部评级法的最重要定义
C. 违约的定义是估计违约概率(PD)、违约损失率(LGD)、违约风险暴露(EAD)等信用风险参数的基础
D. 体现了商业银行以客户为中心的信用风险管理理念
E. 债务人破产可以视为违约

15. 集团法人客户与单一法人客户相比，它的信用风险特征有(　　)。
A. 内部关联交易频繁　　B. 连环担保十分普遍
C. 真实财务状况难以掌握　　D. 系统风险性低
E. 风险识别难度大，贷后监督难度较小

16. 根据大多数国家的标准，现金流量表分为(　　)。
A. 经营活动的现金流量表　　B. 销售活动的现金流量表
C. 投资活动的现金流量表　　D. 资金活动的现金流量表
E. 融资活动的现金流量表

17. 商业银行信用风险计量经历了(　　)三个主要发展阶段。
A. 专家判断法　　B. 信用评分模型　　C. 专家调查列举法　　D. 违约概率模型分析
E. 情景分析法

18. 下列关于客户信用评级的说法，正确的有(　　)。
A. 客户信用评级是现代信用风险管理的基础和关键环节
B. 客户评级的评价主体是商业银行
C. 客户评级的评价目标是客户违约风险

D. 客户评价结果是信用等级和违约概率
E. 客户信用评级反映客户违约风险的大小

19. 违约概率预测准确性的验证常用的方法包括(　　)。
A. 二项分布检验　B. 卡方分布检验
C. 正态分布检验　D. 均匀分布检验
E. 检验给定年份某一等级 PD 预测准确性

20. 违约损失率是指给定借款人违约后贷款损失金额占违约风险暴露的比例，影响它的因素主要包括(　　)。
A. 产品因素　B. 公司因素　C. 行业因素　D. 地区因素
E. 宏观经济因素

21. 以下关于商业银行国家与区域限额管理的说法，正确的有(　　)。
A. 区域限额管理与国家限额管理有所不同
B. 发达国家一般不对一个国家内的某一地区设置地区风险限额
C. 在一定时期内，我国商业银行实施区域风险限额管理是很有必要的
D. 国家风险限额管理一般情况下经常作为指导性的弹性限额
E. 国家风险限额是用来对某一国家的风险暴露进行管理的额度框架

22. 按照《巴塞尔新资本协议》，以下将被视为违约的有(　　)。
A. 银行认定，除非采取追索措施如变现抵押品(如果存在的话)，借款人可能无法全额偿还对商业银行的债务
B. 在发生信贷关系后，由于信贷质量出现大幅度下降，银行冲销了贷款或计提了专项准备金
C. 银行将贷款出售并相应承担了较大的经济损失
D. 银行停止对贷款计息
E. 债务人对商业银行的实质性债务逾期超过 90 天

23. 属于商业银行信用评分模型的有(　　)。
A. 线性概率模型　B. Logit 模型　C. 非线性辨别模型　D. 死亡率模型
E. Probit 模型

24. 信用风险组合模型包括(　　)。
A. Credit Monitor　B. Credit Metrics
C. Credit Portfolio View　D. Credit Risk
E. VAR

25. 相对于单一法人客户，集团法人客户的信用风险特征有(　　)。
A. 内部关联交易频繁　B. 连环担保十分普遍
C. 财务报表真实性差　D. 系统性风险较低
E. 风险识别和贷后监督管理难度较大

26. 衡量商业银行信用风险变化程度的指标包括(　　)。
A. 资本充足率　B. 大额风险集中度　C. 正常贷款迁徙率　D. 不良贷款迁徙率
E. 成本收入比

27. 下列关于信用风险评级标准法下信用风险计量框架的说法，不正确的是(　　)。

A. 无居民房产抵押的零售类资产给予 25% 的权重
B. 商业银行只能用信用衍生工具进行信用风险缓释
C. 表外信贷资产采用信用风险转换系数转换为信用风险暴露
D. 有居民房产抵押的零售类资产给予 75% 的权重
E. 商业银行的信贷资产包括表外债权

28. 信用风险的主要形式包括(　　)
A. 结算风险　　B. 流动性风险　　C. 非系统风险　　D. 违约风险
E. 国家风险

29. 下列关于贷款组合信用风险的说法，不正确的有(　　)。
A. 贷款资产可以过于集中
B. 风险分散化有助于降低商业银行资产组合的整体风险
C. 贷款组合的总体风险通常小于单笔贷款信用风险的简单相加
D. 贷款组合内的单笔贷款之间一般没有相关性
E. 商业银行在识别和分析贷款组合信用风险时，应当更多地关注系统性风险因素可能造成的影响

三、判断题(请对以下各项的描述做出判断，正确的为 A，错误的为 B。)

1. 贷款定价是由市场、银行和监管机构这三个方面形成均衡定价的主要力量。(　　)
A. 正确　　B. 错误

2. 在设定组合集中度限额的程序中，首要的一步就是按某组合维度确定资本分配权重，这里“资本分配”中的资本是指本年度的银行资本。(　　)
A. 正确　　B. 错误

3. 某组合风险越大，其资本转换因子就越小。(　　)
A. 正确　　B. 错误

4. 秩相关系数和坎德尔相关系数在数学上具有良好的性质，但既不能刻画两个变量之间的相关程度，而且也无法通过各变量的边缘分布刻画两个变量的联合分布。(　　)
A. 正确　　B. 错误

5. 债项评级可以反映债项本身的交易风险，不能同时反映客户信用风险和债项交易风险。(　　)
A. 正确　　B. 错误

6. 商业银行客户信用评级大致经历了专家判断法、信用评分法、违约概率模型分析三个主要发展阶段。(　　)
A. 正确　　B. 错误

7. 中国人民银行《贷款风险分类指导原则》规定，从 2001 年起，在我国各类银行全面施行贷款质量五级分类管理，即：正常、关注、逾期、坏账和呆账。(　　)
A. 正确　　B. 错误

8. 组合的总体风险通常小于单笔贷款信用风险的简单加总。(　　)
A. 正确　　B. 错误

9. 个人住房贷款“假按揭”是指事业单位职工或者其他关系人冒充客户，通过虚假购买的方式套取银行贷款的行为。(　　)

A. 正确　　B. 错误

10. 集团内部企业之间存在的大量资产重组、并购以及债务重组属于纵向一体化集团的关联交易。(　　)

A. 正确　　B. 错误

11. 一个债务人只能拥有一个债项评级。(　　)

A. 正确　　B. 错误

12. Credit Monitor 模型认为，企业向银行借款相当于持有一个基于企业资产价值的看涨期权。(　　)

A. 正确　　B. 错误

13. 信用风险具有明显的非系统性特征。(　　)

A. 正确　　B. 错误

14. 良好的风险报告路径应采取纵向报送的直线式。(　　)

A. 正确　　B. 错误

15. 对单一法人客户的财务报表分析主要是对资产负债表和财务比率进行分析的。(　　)

A. 正确　　B. 错误

16. 流动比率的高低与企业偿债能力呈反方向变动关系。(　　)

A. 正确　　B. 错误

17. 保证这一担保形式，主要应用于保管合同、运输合同、加工承揽合同等主合同。(　　)

A. 正确　　B. 错误

18. Credit Monitor 模型的核心思想是假设金融市场中的每个参与者都是风险中立者。(　　)

A. 正确　　B. 错误

19. 同一客户不同贷款的客户评级不一致，因为每笔交易的性质存在差异。(　　)

A. 正确　　B. 错误

20. 客户评级与债项评级是反映信用风险水平的两个维度，同一个债务人的不同债项可能会有不同的债项评级，同样，同一个债务人也会对应不同的信用评级。(　　)

A. 正确　　B. 错误

第四章　市场风险管理强化训练题

一、单选题(以下各小题所给出的四个选项中，只有一项符合题目要求，请选择相应选项。不选、错选均不得分。)

1. 在市场风险管理过程中，由于利率、汇率等市场价格因素的频繁变动，(　　)一般不具有实质性意义。
   A. 公允价值　B. 内在价值　C. 市场价值　D. 名义价值
2. 下列关于货币互换的说法，不正确的是(　　)。
   A. 货币互换交易双方规避了利率和汇率波动造成的市场风险
   B. 货币互换既明确了利率的支付方式，又确定了汇率
   C. 货币互换通常需要在互换交易的期初和期末交换本金，不同货币本金的数额由事先确定的汇率决定
   D. 货币互换是指交易双方基于不同的货币进行的互换交易
3. 关于久期缺口，下列叙述不正确的是(　　)。
   A. 久期缺口是负债加权平均久期与资产加权平均久期和资产负债率乘积的差额
   B. 久期缺口的绝对值越小，银行对利率的变化就越不敏感
   C. 当久期缺口为正值时，如果市场利率上升，则银行最终的市场价值将减少
   D. 当久期缺口为负值时，如果市场利率下降，则银行最终的市场价值将减少
4. 商业银行实施市场风险管理和计提市场风险资本的前提和基础是(　　)。
   A. 正确划分银行账户与交易账户
   B. 正确划分表内业务和表外业务
   C. 建立完善的内部控制体系
   D. 制定合理的中长期经营战略
5. 经济增加值(EVA)是商业银行在扣除(　　)之后所创造的价值增力。
   A. 管理成本　B. 风险成本　C. 资本成本　D 财务成本
6. 在 2004 年银监会明确要求商业银行进行银行账户和交易账户的划分之前，银行普遍都没有设立交易账户，其主要原因不包括(　　)。
   A. 银行账户头寸转到交易账户会受到严格限制
   B. 一旦设立交易账户，自营交易的盈亏就会由暗变明，交易人员将很难进行“寻利性交易”
   C. 在银行账户和交易账户划分方面的管理水平和技能欠佳
   D. 很多银行缺乏对市场风险的认知和重视
7. 一家银行用 3 年期存款作为 3 年期贷款的融资来源，贷款按照美国国库券利率每月重新定价一次，而存款则按照伦敦银行同业拆借利率每月重新定价一次。针对此种情形，该银行最各易引发的利率风险是(　　)。

A. 基准风险　B. 重新定价风险　C. 期权性风险　D. 收益率曲线风险

8. 远期汇率的决定因素不包括(　　)。
A. 两种货币之间的利率差　B. 期限
C. 交易规模　D. 即期汇率

9. 某商业银行现有 A、B 两类资产，资产 A 收取固定利息收入，资产 B 收取浮动利息收入。如果该银行预期市场利率上升，则应当(　　)以规避利率风险。
A. 资产 A、B 都做利率互换
B. 资产 A、B 都不做利率互换
C. 资产 A 做利率互换，资产 B 不做利率互换
D. 资产 A 不做利率互换，资产 B 做利率互换

10. 利率互换最重要的经济作用是(　　)。
A. 利用比较优势有效降低融资成本　B. 利用利率波动进行套利
C. 规避汇率风险　D. 降低信用风险

11. 某项头寸的累计损失达到或接近(　　)限额时，就必须对该头寸进行对冲交易或立即变现。
A. 交易　B. 风险　C. 头寸　D. 止损

12. 关于利率风险的类型及其表现示例，下列各项搭配正确的是(　　)。
风险类型：①重新定价风险，②收益率曲线风险，③基准风险，④期权性风险。
表现示例：
I. 利用 2 年期政府债券空头头寸为 3 年期政府债券的多头头寸进行对冲，当收益率曲线变陡时，银行经济价值下降
II. 利率变动对存款人有利时，存款人选择重新安排存款，从而对银行产生不利影响
III. 存贷款利率重新定价期限相同，但其基准利率的变化不同步
IV. 银行以短期存款作为长期固定利率贷款的融资来源，利率上升导致银行未来收益减少
A. ④；III　B. ③；IV　C. ②；I　D. ①；II

13. (　　)不会带来估计偏差，也不存在明显的模型风险，且较容易落实。
A. 情景分析法　B. 蒙特卡洛模拟法　C. 压力测试法　D. 历史模拟法

14. 下列关于远期利率合约的说法，不正确的是(　　)。
A. 债权人通过卖出远期利率合约，保证了未来的投资收益，规避了利率可能下降带来的风险
B. 远期利率合约协定利率的期限通常是 1 个月至 1 年
C. 远期利率合约是一项表内资产业务
D. 远期利率可由即期利率曲线推断

15. 目前，我国商业银行采取的思路是，以(　　)为基础，按照持有目的将资产分为四类，进而按照产品线进行会计科目设置。
A. 国际会计准则和我国新的《企业会计准则》
B. 商业银行管理办法
C. 国际会计准则
D. 巴塞尔新资本协议

16. 以下关于 VaR 的说法，错误的是(　　)。
A. 计算 VaR 值的基本方法是方差—协方差法、历史模型法、蒙特卡洛模拟法
B. VaR 的计算涉及置信水平与持有期
C. 零值 VaR 是以初始价值为基准测度风险的，度量的是资产价值的相对损失
D. 均值 VaR 是以均值为基准测度风险的

17. 在公允价值、名义价值、市场价值和内在价值四类价值中，在市场风险计量与监测的过程中，更具有实质意义的是(　　)。
A. 内在价值和名义价值　　B. 名义价值和市场价值
C. 市场价值和公允价值　　D. 公允价值和预期价值

18. 下列关于 VaR 的方差—协方差的说法错误的是(　　)。
A. 只反映了风险因子对整个组合的一阶线性影响
B. 能够预测突发事件的风险
C. 其假设条件是未来和过去存在着分布的一致性
D. 方差—协方差是基于历史数据来估计未来的

19. 在商业银行风险管理中，黄金价格的波动一般被纳入(　　)进行管理。
A. 汇率风险　　B. 商品价格风险　　C. 利率风险　　D. 操作风险

20. 下列关于远期利率合约的说法，正确的是(　　)。
A. 远期利率合约是一项表外资产业务
B. 债务人通过购买远期利率合约，锁定了未来的债务成本，规避了利率可能下降带来的风险
C. 债权人通过卖出远期利率合约，保证了未来的投资收益，规避了利率可能上升带来的风险
D. 即期利率曲线可由远期利率推断

21. 总收益互换覆盖了由基础资产市场价值变化所导致的(　　)。
A. 全部市场风险损失　　B. 部分市场风险损失
C. 全部违约风险损失　　D. 全部损失

22. 利率互换是两个交易对手相互交换一组资金流量，(　　)。
A. 不涉及本金的交换，也不涉及利息支付的交换
B. 不涉及本金的交换，涉及利息支付的交换
C. 涉及本金的交换，不涉及利息支付的交换
D. 涉及本金的交换和利息支付的交换

23. 下列关于即期净敞口头寸的说法，不正确的是(　　)。
A. 未到交割日的现货合约不属于即期净敞口头寸
B. 包括变化较小的结构性资产或负债
C. 等于表内的即期资产减去即期负债
D. 指计人资产负债表内的业务所形成的敞口头寸

24. (　　)也称期限错配风险，是最主要和最常见的利率风险形式。
A. 期权性风险　　B. 基准风险
C. 收益率曲线风险　　D. 重新定价风险

25. 在持有期为 1 天、置信水平为 95% 的情况下，若计算的风险价值为 5 万元，则表明该银行的资产组合为(　　)。

A. 在 1 天中的收益有 95% 的可能性会超过 5 万元

B. 在 1 天中的收益有 95% 的可能性不会超过 5 万元

C. 在 1 天中的损失有 95% 的可能性会超过 5 万元

D. 在 1 天中的损失有 95% 的可能性不会超过 5 万元

26. 期权可以分为美式期权和欧式期权两类，以下关于它们的表述，不正确的是(　　)。

A. 美式期权和欧式期权是按照履约方式进行分类的

B. 美式期权与欧式期权是按照执行价格进行分类的

C. 在欧式期权中，期权的买方至到期日前不得要求卖方履行期货合约

D. 在美式期权中，买方可在任意时点要求卖方买入特定数量的某种交易标的物

27. 某进口公司持有美元，但要求对外支付的货币是日元，可以通过(　　)，卖出美元，买人日元，满足对外日元的需求。

A. 期权交易　B. 远期外汇交易　C. 即期外汇交易　D. 期货交易

28. 以下关于商业银行市场风险的说法，错误的是(　　)。

A. 市场风险的存在是由于市场价格的不利变动而导致的

B. 市场风险可分为利率风险、汇率风险、股票价格风险、商品价格风险

C. 市场风险只存在于银行的交易业务中

D. 就我国目前商业银行的发展现状而言，信用风险是其所面临的最大的最主要的风险种类之一

29. 下列关于收益率的说法不正确的是(　　)。

A. 反收益率曲线表示投资曲线越长，收益率越高

B. 正收益率曲线流动性较差

C. 收益率曲线通常表现为四种形态，正向、反向、水平、波动收益率曲线

D. 收益率曲线是市场对当前经济状况的判断

30. 以下关于公允价值、名义价值、市场价值的说法，不正确的是(　　)。

A. 在大多数情况下，公允价值可以代表市场价值

B. 与市场价值相比，公允价值的定义更广、更概括

C. 市场价值是指在评估基准日，买卖双方在自愿的情况下通过公平交易资产所获得的资产的预期价值

D. 国际会计准则委员会将公允价值定义为："公允价值为交易双方在公平交易中可接受的资产或债权价值"

31. 协议双方同意在约定的将来某个日期按约定的条件买入或卖出一定标准数量的某种金融工具的标准化协议是(　　)。

A. 远期合约　B. 期货合约　C. 掉期合约　D. 期权合约

32. 关于久期，下列的论述不正确的是(　　)。

A. 久期分析能计量利率风险对银行经济价值的影响

B. 久期缺口的绝对值越大，银行利率风险越高

C. 久期缺口绝对值越小，银行利率风险越高

D. 久期缺口绝对值的大小与利率风险有明显联系

33. 假设某商业银行总资产为100亿元，加权平均久期为6年，总负债为9亿元，加权平均久期为5年，则该银行的资产负债久期缺口为(　　)。

A. －1.5　　B. －1　　C. 1.5　　D. 1

34. (　　)是指交割日为交易日以后的第二个工作日的外汇交易。

A. 期货交易　　B. 即期外汇买卖　　C. 远期交易　　D. 互换交易

35. 关于总敞口头寸，下列说法正确的是(　　)。

A. 短边法的计算方法是：首先分别加总每种外汇的多头和空头；其次比较这两个总数；最后选择绝对值较小的作为银行的总敞口头寸

B. 总敞口头寸反映整个资产组合的外汇风险

C. 累计总敞口头寸等于所有外币的多头的总和

D. 净总敞口头寸等于所有外币多头总额与空头总额之差

36. 收益率曲线是根据市场上具有代表性的交易品种所绘制出来的利率曲线，这些具有代表性的品种称为(　　)，因此具有可操作性。

A. 指标股票　　B. 指标汇率　　C. 指标利率　　D. 指标债券

37. 下列关于交易账户的说法，不正确的是(　　)。

A. 银行的存贷款业务不能归入该账户

B. 计入该账户的头寸在交易方面都不受任何条款限制

C. 银行应对该账户的头寸进行准确估值

D. 该账户中的项目通常按市场价格计价

38. 对于一家使用衍生产品来对冲汇率风险的公司来说，优于远期合约的地方不包括(　　)。

A. 期货合约的面值通常比较大

B. 期货合约每日盯市，因此信用风险小

C. 期货合约的标准化程度高

D. 市场上有较长期限的期货合约

39. 在商业银行的市场风险管理组织框架中，(　　)。

A. 承担风险的业务经营部门可以同时是负责市场风险管理的部门

B. 高级管理层承担对市场风险管理实施监控的最终责任

C. 董事会负责制定、定期审查和监督执行市场风险管理的政策、程序以及具体的操作规程

D. 包括董事会、高级管理层和相关部门三个层级

40. 假设某商业银行贷款客户优良且需求量大，但存款业务一直徘徊不前。该行预计在未来三年内将有上百亿元的资金缺口。为解决长期资金缺口问题，下列方案最可行的是(　　)。

A. 出售固定资产　B. 进行债券回购　　C. 发行银行债券　　D. 减少超额准备金

41. 经济增加值是(　　)减去经济资本与资本预期收益率的乘积。

A. 预期利润　　B. 交易成本　　C. 税后净利润　　D. 营业收入

42. 某银行外汇敞口头寸为：欧元多头100，日元空头50，英镑空头80，瑞士法郎多头20，加拿大元空头30，澳元空头30，美元多头180，分别按累计总敞口头寸法、净总敞口头寸法和短边法三种方法计算的总敞口头寸中，最小的是(　　)。

A. 110　B. 90　C. 120　D. 80

43. 在某一时点上债券的投资期限越长，收益率越低，其收益率曲线为(　　)

A. 波动收益率曲线　B. 反向收益率曲线

C. 水平收益率曲线　D. 正向收益率曲线

44. 若银行资产负债表上有美元资产1000，美元负债400，银行卖出的美元远期合约头寸为500，买入的美元远期合约头寸为200，持有的期权敞口头寸为100，则美元的敞口头寸为(　　)。

A. 多头400　B. 空头400　C. 多头500　D. 空头500

45. 关于巴塞尔委员会在1996年《资本协议市场风险补充规定》中，对市场内部模型提出的定量要求，下列说法不正确的是(　　)。

A. 置信水平采用99%的单尾置信区间

B. 至少每2个月更新一次数据

C. 持有期为10个营业日

D. 市场风险要素价格的历史观测期至少为1年

46. (　　)是指由于利率、汇率的不利变化而使银行的表内和表外业务发生损失的风险。

A. 信用风险　B. 市场风险　C. 操作风险　D. 流动性风险

47. 某银行用1年期英镑存款作为1年期美元贷款的融资来源，存款按照欧元同业拆借市场利率每年定价一次，而贷款按照美国国库券利率每年定价一次，该笔美元贷款为可提前偿还的贷款。该银行所面临的市场风险不包括(　　)。

A. 基准风险　B. 期权性风险　C. 重新定价风险　D. 汇率风险

48. 下列选项中能产生商品价格风险的商品不包括(　　)。

A. 黄金　B. 股票　C. 矿产品　D. 债券

49. (　　)是期权的买方在期权到期前，不得要求期权的卖方履行期权合约，仅能在到期日当天要求期权卖方履行期权合约。

A. 平价期权　B. 欧式期权　C. 买方期权　D. 美式期权

50. 《巴塞尔新资本协议》规定，商业银行交易账户中的项目通常按市场价格计价，当缺乏可参考的市场价格时，可以按照(　　)定价。

A. 公允价值　B. 模型　C. 市场估值　D. 历史成本

51. 缺口分析和久期分析采用的都是(　　)敏感性分析。

A. 股票价格　B. 商品价格　C. 利率　D. 汇率

52. 下列各项中，不属于中国银监会《商业银行压力测试指引》中第九条规定的市场风险的压力测试内容的是(　　)。

A. 利率重新定价缺口突然加大

B. 基准利率出现有利于银行的情况

C. 主要货币汇率出现大的变化

D. 市场上资产价格出现不利变动

53. 某商业银行上期税前净利润为2亿，经济资本为20亿，税率为20%，资本预期收益率为5%，则该商业银行上期经济增加值(EVA)为(　　)万。

A. 8000　B. 10000　C. 11000　D. 6000

54. 当某一时段内的负债大于资产(包括表外业务头寸)时，即出现(　　)。
A. 负债敏感型缺口　　B. 负债缺口
C. 资产缺口　　D. 资产敏感型缺口

55. 利用5年期政府债券的空头头寸为10年期政府债券多头头寸进行保值，当正向收益率变陡时，该10年期政府债券的市场价格(　　)。
A. 保持不变　　B. 下降　　C. 上升　　D. 无法判断

56. 下列各项不属于单币种敞口头寸的是(　　)。
A. 总敞口头寸　　B. 即期净敞口头寸
C. 远期净敞口头寸　　D. 调整后的期权敞口头寸

57. 用于表示在一定时间水平、一定概率下所发生最大损失的要素是(　　)。
A. 风险价值　　B. 预期损失　　C. 非预期损失　　D. 违约概率

58. 下列金融衍生工具中，具有不对称支付特征的是(　　)。
A. 远期　　B. 货币互换　　C. 期权　　D. 期货

59. 关于风险度量中的VaR，下列说法不正确的是(　　)。
A. 该方法完全是一种基于统计分析基础上的风险度量技术
B. ΔP为金融资产在持有期Δt内的损失
C. 在VaR的定义中，有两个重要参数——持有期Δt和预测损失水平ΔP，任何VaR只有在给定这两个参数的情况下才会有意义
D. VaR是指在一定的持有期Δt内和给定的置信水平x%下，利率、汇率等市场风险因子发生变化时可能对某项资金头寸、资产组合或金融机构造成的潜在最大损失

60. 股票X的价格为30元每股。某投资者花7.0元购得股票X的买方期权，规定该投资者可以在12个月后以每股30元的价格购买1股X股票。现知6个月后，股票X的价格上涨为45元，则此时该投资者手中期权的损益为(　　)
A. -3.0　　B. 3.0　　C. -5.0　　D. 5.0

61. 商业银行资金交易部门交易债券和外汇两大类金融产品，当期备自计量的VaR值分别为300万元及400万元，则资金交易部门当期的整体VaR值约为(　　)。
A. 100万元　　B. 700万元　　C. 至少700万元　　D. 至多700万元

62. 从现代商业银行管理，特别是风险管理的角度来看，市场交易人员(或业务部门)的收入和奖金应当以(　　)为参照基准。
A. 风险价值　　B. 经济增加值　　C. 经济资本　　D. 市场价值

63. 如果利率变动对存款人有利，存款人就可能选择重新安排存款，从而对银行产生不利影响，这是(　　)。
A. 期权性风险　　B. 基准风险　　C. 收益率曲线风险　　D. 重新定价风险

64. 关于公允价值，下列说法正确的是(　　)。
A. 若没有证据表明资产交易市场存在时，公允价值不存在
B. 与公允价值相比，市场价值的定义更广、更概括
C. 公允价值的计量不允许使用企业特定的数据
D. 直接使用可获得的市场价格是公允价值的计量方式之一

65. 某商业银行具有一笔 5000 万元的贷款，期限为 8 年，固定贷款利率为 8%，支持该笔贷款的是 5000 万元的浮动利率活期存款池，则该银行的资产负债面临(　　)。
A. 重新定价风险　B. 收益率曲线风险　C. 基准风险　D. 期权性风险
66. 参考国际银行的最佳实践，市场风险报告的频度最好是，在正常市场条件下，(　　)向高级管理层报告一次，在市场剧烈波动下，需要进行实时报告。
A. 每天　B. 每周　C. 每月　D. 每季度
67. 商业银行可以同时利用多种金融衍生品构造复杂的(　　)，以有效地降低其银行账户和交易账户中的市场风险。
A. 风险管理系统　B. 超限额监控和处理程序
C. 经济资本配置方式　D. 对冲机制
68. 在其它条件保持不变的情况下，金融工具的到期日或距下次重新定价日的时间越长，并且在到期日之前支付的金额越小，则其久期的绝对值(　　)。
A. 越小　B. 越大　C. 无法判断　D. 不受影响
69. 当市场资金紧张导致供需不平衡时，资金可能会出现期限短而收益率高、期限长而收益率低的情况，这种情况表现的是(　　)。
A. 水平收益率曲线　B. 反向收益率曲线
C. 被动收益率曲线　D. 正向收益率曲线
70. 下列关于风险价值(VaR)模型置信水平的描述，正确的是(　　)。
A. 置信水平越高，意味着在持有期内最大损失超出 VaR 的可能性越小
B. 置信水平越高，意味着在持有期内最大损失超出 VaR 的可能性越大
C. 置信水平越低，意味着在持有期内 VaR 的值越大
D. 置信水平越低，意味着在持有期内最大损失超出 VaR 的可能性越小
71. 关于久期分析，下列说法正确的是(　　)。
A. 对于利率的大幅变动，久期分析的结果仍能保证准确性
B. 久期分析只能计量利率变动对银行短期收益的影响
C. 如采用标准久期分析法，不能反映基准风险
D. 如采用标准久期分析法，可以很好地反映期权性风险
72. 商业银行在实施限额管理的过程中，除了要制定交易限额、风险限额和止损限额外，还需要制定并实施合理的(　　)和处理程序。
A. 返回检验　B. 上报程序　C. 授权管理　D. 超限额监控
73. 假设商业银行根据过去 100 天的历史数据计算交易账户的 VaR 值为 1000 万元人民币(置信区间为 99，持有期为 1 天)。则该银行在未来 100 个交易日内，预期交易账户至少会有(　　)的损失超过 1000 万元。
A. 3 天　B. 10 天　C. 2 天　D. 1 天
74. 采用(　　)得到的各业务单位所占用的经济资本，通常用于绩效考核。
A. 经济增加值法　B. 自上而下法　C. 自下而上法　D. 黄金分割法
75. 根据巴塞尔新资本协议的规定，商业银行交易账户中的头寸通常按市场价格计价，当缺乏可参考的市场价格时，可参照(　　)定价。
A. 公允价值　B. 历史成本　C. 模型　D. 预期损失

76. 投资者持有1份三个月到期的美式股票看跌期权(Put Option)，其执行价格为28元，期权费为8元。如果当前股票价格为22元，则该期权的内在价值为(　　)元。

A. 6　　B. 0　　C. 14　　D. -2

77. 在评估基准日，自愿的买卖双方在知情、谨慎、非强迫的情况下通过公平交易资产所获得的资产的预期价值是指(　　)。

A. 市场价值　　B. 账面价值　　C. 公允价值　　D. 名义价值

78. 假设某商业银行利用内部模型计算出某投资组合的当期VaR为10万美元，监管当局为该银行设定的附加因子为0.5，则当期需要为该组合配置(　　)市场风险监管资本才能满足监管要求。

A. 35万美元　　B. 10万美元　　C. 62.5万美元　　D. 5万美元

79. 假设其他条件保持不变，则下列关于商业银行利率风险的表述，正确的是(　　)。

A. 资产以固定利率为主，负债以浮动利率为主，则利率上升有助于增加收益

B. 发行固定利率债券有助于降低利率上升可能造成的风险

C. 购买票面利率为3%的国债，当期资金成本为2%，则该交易不存在利率风险

D. 以3个月LIBOR为参照的浮动利率债券，其债券利率风险增加

80. 国内投资者投资国外公司的普通股，该投资者希望规避本国货币(　　)的风险，可以通过(　　)外汇远期来规避汇率风险。

A. 贬值；购入　　B. 升值；出售　　C. 升值；购入　　D. 贬值；出售

二、多选题

(以下各小题所给出的五个选项中，有两项或两项以上符合题目的要求，请选择相应选项，多选、少选、错选均不得分。)

1. 市场风险中的期权性风险包括(　　)。

A. 场外的期权合同　　B. 场内(交易所)交易的期权

C. 债券或存款的提前兑付　　D. 银行资产、负债之间的币种不匹配

E. 贷款的提前偿还等选择性条款

2. 即期外汇买卖是外汇交易中最基本的交易，它可以(　　)。

A. 用来调整持有不同外汇头寸的比例　　B. 满足客户对不同货币的需求

C. 防范市场风险　　D. 避免市场风险

E. 控制汇率风险

3. 金融期货按照交易对象的不同，可分为(　　)。

A. 大豆期货　　B. 货币期货　　C. 指数期货　　D. 利率期货

E. 黄金期货

4. 商业银行对交易账户进行市值重估，通常采用的方法有(　　)。

A. 盯模　　B. 盯市　　C. 按照成本价值计值　　D. 按照账面价值计值

E. 按照历史价值计值

5. 止损限额适用的时期为(　　)。

A. 三年　　B. 一年　　C. 一个月　　D. 半个月

E. 一日

6. 以下关于缺口分析的陈述正确的有(　　)。
   A. 当处于资产敏感型缺口时，市场利率下降导致银行净利息收入上升
   B. 当处于资产敏感型缺口时，市场利率下降导致银行净利息收入下降
   C. 当处于负债敏感型缺口时，市场利率上升导致银行净利息收入下降
   D. 当处于负债敏感型缺口时，市场利率上升导致银行净利息收入上升
   E. 当处于资产敏感型缺口时，市场利率上升导致银行净利息收入上升
7. 蒙特卡洛模拟法的优点包括(　　)。
   A. 如果一个因素的准确性要提高 10 倍，就必须将模拟次数增加 100 倍以上
   B. 比历史模拟方法更精确和可靠
   C. 计算量较小，且准确性提高速度较快
   D. 它是一种全值估计方法，可以处理非线性、大幅波动及“肥尾”问题
   E. 可以通过设置消减因子，使得模拟结果对近期市场的变化更快地做出反应
8. 下列关于各类期权的说法正确的有(　　)。
   A. 美式期权是期权的买方可在到期日的任意时点内要求期权的卖方按期权的协议内容买入特定数量的某种交易的标的物
   B. 即期的执行价格优于现在的即期市场价格的是价内期权
   C. 买方期权是卖方卖出约定数量的交易标的的权利
   D. 卖方期权是买方向卖方卖出约定数量的交易标的的权利
   E. 欧式期权是期权的买方可在到期日的任意时点内要求期权的卖方按期权的协议内容买入特定数量的某种交易的标的物
9. 下列关于市场计量方法的说法正确的有(　　)。
   A. 缺口分析是一种比较高级的利率风险计量方法
   B. 外汇敞口方法是商业银行最早采用的汇率风险计量方法
   C. 久期分析是衡量利率变化对银行经济价值的影响
   D. 缺口分析是对利率变动进行敏感性分析的方法之一
   E. 缺口分析是比久期分析方法先进的利率风险计量方法
10. 下列各项中关于远期和期货的说法正确的有(　　)。
   A. 远期合约的流动性较差，而期货合约的流动性较好
   B. 远期合约一般在交易所交易，期货合约一般通过金融机构或经纪商柜台交易
   C. 远期是在确定的未来时间按确定的价格购买某项资产的协议
   D. 远期合约是非标准化的，期货合约是标准化的
   E. 期货合约可以在确定的未来时间按不确定的价格购买某项资产的协议
11. 公允价值的计量方式包括(　　)。
   A. 实际支付价格(无依据证明其不具有代表性)
   B. 既可以直接使用名义价值，也可以直接使用市场价值
   C. 如不能获得市场价格，则使用公认的模型估算市场价格
   D. 直接使用可获得的市场价格
   E. 允许使用企业特定的数据，该数据应能被合理估算，并且与市场预期不冲突
12. 计算 VaR 的值的参数选择应注意的事项有(　　)。

A. 如果模型的使用者是经营者自身，则时间间隔取决于其资产组合的特性

B. 如果模型是用来决定与风险相对应的资本，置信水平应该取低

C. 一般来讲，风险价值随置信水平和持有期的增大而减少

D. VaR 的计算涉及置信水平和持有期

E. 如果资产组合变动频繁，则时间间隔应该长

13. 下列关于即期外汇买卖的说法，正确的有(　　)。

A. 属于衍生产品交易

B. 即期是指现金交易或现货交易

C. 在实践中通常简称为即期

D. 是外汇交易中最基本的交易

E. 可以用于调整持有不同外汇头寸的比例，以避免发生汇率风险

14. 下列关于市场风险计量的说法正确的是(　　)。

A. 敏感性分析是指在保持其他条件不变的前提下，研究单个市场风险要素的微小变化可能会对金融工具或资产组合的收益或经济价值产生的影响

B. 久期分析是衡量利率变动对银行当期收益影响的一种方法

C. 缺口分析是衡量利率变动对银行经济价值影响的一种方法

D. 久期分析是衡量利率变动对银行经济价值影响的一种方法

E. 缺口分析是衡量利率变动对银行当期收益的影响的一种方法

15. 市场风险中的期权性风险包括(　　)。

A. 贷款的提前偿还等选择性条款

B. 债券或存款的提前兑付

C. 场外的期权合同

D. 场内(交易所)交易的期权

E. 贷款利率由借款人自主选择的条款

16. 某中国出口商将于3个月后收到货款100万美元，为规避汇率风险，该出口商可以在当前利用的金融衍生工具有(　　)。

A. 期权　　B. 货币互换　　C. 货币期货　　D. 远期外汇交易合约

E. 即期外汇交易

17. 汇率风险是指由于汇率的不利变动而导致银行业务发生损失的风险，它一般因为从事一些活动而产生，这些活动主要有(　　)。

A. 商业银行从事的银行账户中的外币业务活动

B. 商业银行增加期权的活动

C. 商业银行为客户提供外汇交易服务或进行自营外汇交易活动

D. 商业银行因商品价格变动

E. 商业银行因利率变动采取的应对活动

18. 记入交易账户的头寸应当具有明确的头寸管理政策和程序，包括(　　)。

A. 设置头寸限额并进行监控

B. 交易头寸至少应逐日按照公允价值计价

C. 交易员可以在批准限额内，按照批准的交易政策和程序管理头寸

D. 按照银行的风险管理程序，交易头寸定期报告给高级管理层
E. 根据市场信息来源，对交易头寸予以密切监控

19. 商业银行下列情形中，主要面临汇率风险的有(　　)。
A. 银行因对外币走势具有某种预期而持有的外币头寸
B. 为容户提供外汇交易服务时未能立即轧平的外币头寸
C. 外币贷款的借款人出现违约行为
D. 外汇衍生产品的交易对手未能如期履行合约
E. 银行资产与负债之间的币种不匹配

20. 情景分析中所用的情景通常包括(　　)。
A. 标准情景　B. 基准情景　C. 最好的情景　D. 一般的情景
E. 最坏的情景

21. 蒙特卡洛模拟法是计量 VaR 值的基本方法之一，其优点包括(　　)。
A. 即使产生的数据序列是伪随机数，也能保证结果正确
B. 产生大量路径模拟情景，比历史模拟方法更精确和可靠
C. 计算量较小，且准确性提高速度较快
D. 可以处理非线性、大幅波动及“肥尾”问题
E. 可以通过设置消减因子，使得模拟结果对近期市场的变化更快地做出反应

22. 中国银监会下发的《商业银行资本充足率管理办法》明确了商业银行交易账户包括哪几项内容？(　　)
A. 为执行客户买卖委托及做市而持有的头寸
B. 商业银行从事自营而短期持有并旨在日后出售或计划从买卖的实际或预期价差、其他价格及利率变动中获利的金融工具头寸
C. 商业银行的中间业务
D. 商业银行账号提供的贷款业务
E. 为避免交易账户其他项目的风险而持有的头寸

23. 利率期货的特征有(　　)。
A. 合约的到期日是固定的　B. 合约规模是不固定的
C. 合约价格的单位变动价值是固定的　D. 需要保证金
E. 合约期限的长度是固定的

24. 以下关于利率互换的表述正确的有(　　)。
A. 假设某机构有浮动利息收入，如果预期利率在未来将下降，那么不用进行利率互换
B. 假设某机构有浮动利息收入，如果预期利率在未来将上升，那么不用进行利率互换
C. 假设某机构有固定利息收入，如果预期利率在未来将下降，那么不应进行利率互换
D. 假设某机构有固定利息收入，如果预期利率在未来将上升，那么应进行利率互换，将固定利率调为浮动利率
E. 利率互换是交易双方利用自身在不同种类利率上的比较优势，有效地降低各自的融资资本

25. 下列属于负责市场风险管理的部门履行的具体职责的有(　　)。
A. 设计、实施事后检验和压力测试

B. 监测相关业务经营部门和分支机构对市场风险限额的遵守情况，报告超限额情况
C. 拟订市场风险管理政策和程序，提交高级管理层和董事会审批
D. 识别、计量和监测市场风险
E. 识别、评估新产品中所包含的市场风险

26. 以下对于期权价值的理解正确的有(　　)。
A. 期权的价值可能大于其时间价值
B. 期权的价值可能与其时间价值相等
C. 期权的价值包括内在价值和时间价值两部分
D. 期权的内在价值可能为负值
E. 期权的价值在到期日当天，期权的价值等于其内在价值

27. 市场风险包括(　　)。
A. 利率风险　B. 结算风险　C. 汇率风险　D. 股票价格风险
E. 商品价格风险

28. 利率风险按照风险来源的不同，可以分为(　　)。
A. 商品价格风险　B. 期权性风险　C. 重新定价风险　D. 收益率曲线风险
E. 操作风险

29. 远期汇率的决定因素包括(　　)。
A. 即期汇率　B. 期限
C. 金额　D. 两种货币之间的汇率差
E. 商品价格

30. 下列关于久期的说法正确的有(　　)。
A. 久期是以未来收益的现值为权数计算的现金流平均到期时间
B. 根据久期的公式，收益率的微小变化，将使价格发生正比例变动
C. 久期也称为持续期
D. 久期是对金融工具的利率敏感程度或利率弹性的直接衡量
E. 某一金融工具的久期等于金融工具各期现金流发生的相应时间乘以各期现值与金融工具现值的商

三、判断题(请对以下各项的描述做出判断，正确的为 A，错误的为 B。)

1. 风险价值(VaR)和风险限额报告必须在交易结束的第三天以前完成。(　　)
A. 正确　B. 错误

2. 经济增加值(EVA)是指商业银行在扣除资本成本后所创造的价值增加。(　　)
A. 正确　B. 错误

3. 投资组合理论，投资组合的整体 VaR 大于其所包含的每个金融产品的 VaR 值之和。(　　)
A. 正确　B. 错误

4. 账户划分，即银行账户与交易账户的划分，是商业银行实施信用风险管理和计提信用风险资本的前提和基础。(　　)
A. 正确　B. 错误

5. 风险管理中常用的久期分析方法侧重于计量利率变动对商业银行当期收益的影响。(　　)
   A. 正确　　B. 错误
6. 返回检验是指将市场风险内部模型法计量结果与损益进行比较，以检验计量方法或模型的准确性、可靠性，并据此对计量方法或模型进行调整和改进。(　　)
   A. 正确　　B. 错误
7. 资产与负债的久期越短，资产与负债价值变动的幅度越大，利率风险也就越高。(　　)
   A. 正确　　B. 错误
8. 货币互换明确了利率的支付方式，但不能确定汇率。(　　)
   A. 正确　　B. 错误
9. 巴塞尔委员会采用的计算银行总敞口头寸的短边法是将空头总额与多头总额中较小的一个视为银行的总敞口头寸。(　　)
   A. 正确　　B. 错误
10. 银行账户中的项目通常是按市场价值计价。(　　)
    A. 正确　　B. 错误
11. 远期产品通常包括即期外汇交易和远期利率合约。(　　)
    A. 正确　　B. 错误
12. 利用5年期政府债券的空头头寸为10年期政府债券的多头头寸进行保值，当收益率曲线变陡时，该10年期政府债券多头头寸的经济价值会下降。(　　)
    A. 正确　　B. 错误
13. 现金交易或现货交易属于衍生产品。(　　)
    A. 正确　　B. 错误
14. 一家银行以1年期的存款为资金来源发放1年期的贷款，该银行不会面临因基准利率的利差发生变化而带来的基准风险。(　　)
    A. 正确　　B. 错误
15. 如果银行有专用的期权计价模式，应采用简化的计算方法计量期权敞口头寸。(　　)
    A. 正确　　B. 错误
16. 久期分析已经成为计量市场风险的主要指标，也是银行采用内部模型计算市场风险资本要求的主要依据。(　　)
    A. 正确　　B. 错误
17. 远期利率与借款或投资活动结合在一起。(　　)
    A. 正确　　B. 错误
18. 假设目前收益率是向上倾斜的，如果预期收益率基本维持不变，则可以买入期限较短的金融产品。(　　)
    A. 正确　　B. 错误
19. 马柯维茨提出的均值—方差模型描绘了资产组合选择的最基本、最完整的框架。(　　)
    A. 正确　　B. 错误
20. 流动性偏好理论可以很好地解释反向收益率曲线。(　　)
    A. 正确　　B. 错误

21. 货币互换的交易双方，只有一方面临着利率和汇率波动造成的市场风险。(　　)
A. 正确　　B. 错误

22. 一般来讲，风险价值随置信水平和持有期的增大而增加。置信水平越高，意味着在持有期内最大损失超出 VaR 的可能性越大。(　　)
A. 正确　　B. 错误

23. 商业银行利用衍生品可以对冲其所面临的市场风险，而且不会产生新的风险。(　　)
A. 正确　　B. 错误

24. 净总敞口头寸法是一种为各国金融机构广泛运用的外汇风险敞口头寸的计量方法，同时为巴塞尔委员会所采用。(　　)
A. 正确　　B. 错误

25. 远期利率合约交易的一方虽然提前将利率确定下来，但是同时也丧失了一旦利率朝有利于自己的方向变动时可能带来的收益。(　　)
A. 正确　　B. 错误

26. 债权人通过卖出远期利率合约，固定了未来的债务成本，规避了利率可能上升带来的风险。(　　)
A. 正确　　B. 错误

27. 巴塞尔委员会规定最低乘数因子为 2。(　　)
A. 正确　　B. 错误

28. 重新定价风险源于浮动利率业务的到期期限和固定利率业务重新定位期限之间的差异。(　　)
A. 正确　　B. 错误

29. 缺口分析侧重于计量利率变动对银行短期收益的影响，而久期分析则能计量利率风险对银行整体经济价值的影响。(　　)
A. 正确　　B. 错误

30. 商业银行为对冲银行账户风险而持有的衍生工具头寸不应当被列入银行账户。(　　)
A. 正确　　B. 错误

第五章 操作风险管理强化训练题

一、单选题（以下各小题所给出的四个选项中，只有一项符合题目要求，请选择相应选项。不选、错选均不得分。）

1. 银行因员工知识/技能匮乏所造成的损失，属于操作风险类型中的（ ）。
   A. 应承担的操作风险 B. 可缓释的操作风险
   C. 可降低的操作风险 D. 可规避的操作风险
2. 个人信贷业务是国内商业银行个人业务的主要组成部分。为核实第一还款来源或在第一还款来源不充足的情况下，向客户发放个人住房贷款属于（ ）主要操作风险点。
   A. 个人质押贷款 B. 个人住房按揭贷款
   C. 个人生产经营贷款 D. 个人耐用消费品贷款
3. 代理合同文件存在瑕疵、错误和误导销售，属于商业银行代理业务中（ ）操作风险点。
   A. 内部流程 B. 系统缺陷 C. 人员因素 D. 外部事件
4. 下列各项中，不属于内部欺诈事件的是（ ）。
   A. 银行内部发生的环境安全性事件 B. 交易品种未经授权（存在资金损失）
   C. 内幕交易 D. 多户头支票欺诈
5. 下列各项中，不属于失职违规情形的是（ ）。
   A. 支配超出权限的资金额度 B. 恶意毁损
   C. 从事超越授权交易 D. 对客户进行误导
6. 有关数据不全面、不及时、不准确造成未履行必要的汇报义务发生的损失属于内部流程风险中的（ ）。
   A. 财务/会计错误 B. 交易/定价错误
   C. 结算/支付错误 D. 错误监控/报告
7. 商业银行可以采取以下哪项措施进行操作风险缓释？（ ）
   A. 改变市场定位 B. 实行差错率考核
   C. 外包数据备份业务 D. 放弃衍生产品创新
8. 现金未及时送达营业网点属于内部流程风险中的。（ ）
   A. 财务/会计错误 B. 交易/定价错误
   C. 结算/支付错误 D. 错误监控/报告
9. 商业银行员工在代理业务操作中，下列行为易造成操作风险的是（ ）。
   A. 设立专户核算代理资金
   B. 签订书面委托代理合同
   C. 代理手续费收入先用于员工奖励再纳入银行大账核算
   D. 遇到误导性宣传和错误销售，对业务风险进行必要的提示

10. 某银行为争取客户资源开发了一种新的理财产品，但该理财产品存在的设计缺陷可能给银行带来巨大损失。该情况对应的操作风险成因属于(　　)类别。

A. 内部流程　　B. 外部事件　　C. 人员因素　　D. 系统缺陷

11. 商业银行外部人员通过网络侵入银行系统作案属于新型的(　　)风险。

A. 恐怖威胁　　B. 外部欺诈　　C. 洗钱　　D. 政治风险

12. 下列各项不属于关键风险指标的是(　　)。

A. 客户满意度　　B. 董事会水平　　C. 员工水平　　D. 交易量

13. 下列行为中，(　　)是由于银行内部流程而引发的操作风险。

A. 银行员工王某联合无业人员张某，偷窃银行重要空白凭证

B. 某商业银行不恰当解除劳动合同

C. 办理抵押贷款时，为做成业务，银行在抵押手续尚未办理完全时即发放了贷款

D. 某银行运钞车在半路遭遇抢劫，损失500万元

14. 下列关于操作风险报告的说法，正确的是(　　)。

A. 业务部门可以单独向高级管理层汇报，不一定需要经过风险管理部门

B. 风险报告内容大致包括风险状况、损失事件、诱因及对策、关键风险指标四个部分

C. 除高级管理层外，报告不应发送给相应的各级管理层

D. 为保护商业秘密，不能使用外部人员撰写的报告

15. 根据监管要求，商业银行在使用标准法计量操作风险监管资本时，(　　)的资本要求系数最低。

A. 公司金融业务 B. 商业银行业务　　C. 资产管理业务　　D. 代理业务

16. 如果操作风险损失与信用风险相关，并在过去已反映在银行的信用风险数据库中，在计算最低监管资本时应将其视为(　　)损失。

A. 流动性风险　　B. 操作风险和信用风险

C. 市场风险　　D. 信用风险

17. 商业银行在金融产品创新过程中，业务管理框架、权利义务结构、风险管理要求等方面存在的明显缺失，应归属于操作风险中的(　　)类别。

A. 外部事件因素 B. 人员因素　　C. 内部流程因素　　D. 系统缺陷因素

18. 银行的员工在工作中，自己意识不到缺乏必要的知识/技能，按照自己认为正确而实际是错误的方式工作属于(　　)造成的损失。

A. 违反用工法　　B. 核心雇员流失　　C. 失职违约　　D. 知识/技能匮乏

19. 管理流程不清晰属于内部流程因素中的(　　)内容。

A. 交易/定价错误 B. 文件/合同缺陷　　C. 财务/会计错误　　D. 结算/支付错误

20. 现金未及时送达营业网点或交易对方属于内部流程风险中的(　　)。

A. 财务/会计错误 B. 产品设计缺陷　　C. 结算/支付错误　　D. 错误监控/报告

21. 金额输入错误属于系统缺陷中的(　　)风险。

A. 数据/信息质量　　B. 违反系统安全规定

C. 系统设计/开发的战略风险　　D. 系统的稳定性风险

22. 下列关于商业银行操作风险的说法，错误的是(　　)。

A. 只要商业银行采取好的措施，购买好的保险，就不会有操作风险的发生

B. 操作风险的形成，往往是内外部因素同时作用的结果

C. 根据商业银行管理和控制操作风险的能力，可以把操作风险分为可规避的操作风险、可降低的操作风险、可缓释的操作风险、应承担的操作风险

D. 商业银行可以通过业务外包来转移操作风险，但商业银行仍是外包业务的最终责任人

23. 商业银行不能正常为客户提供服务属于(　　)风险。

A. 外部事件　　B. 人员因素　　C. 系统缺陷　　D. 不完善内部程序

24. 商业银行在开发内部计量系统过程中，必须有(　　)两类的严格程序。

A. 操作风险模型开发和模型独立

B. 系统风险模型开发和模型独立操作

C. 信用风险模型开发和模型独立预测

D. 市场风险模型开发和模型独立控制

25. 电脑"千年虫"的风险，使世界各地的商业银行为此支付了巨额费用。这一风险属于(　　)引发的风险。

A. 外部事件　　B. 人员因素　　C. 系统缺陷　　D. 内部流程

26. 系统无法完成任务属于系统缺陷中的(　　)风险。

A. 系统的稳定性风险

B. 系统的稳定性、兼容性、适宜性

C. 违反系统安全规定

D. 数据/信息错误

27. 商业银行应当对信息系统项目的立项、开发、验收、运行和维护实施有效管理，对于商业银行系统设计/开发应持有的态度是(　　)。

A. 系统越大越好，可以超越本行业务要求

B. 从战略高度评价经营管理的需求，慎重对待系统设计、开发全过程

C. 系统要大而全，使用国内领先的信息设备

D. 追求快速见效，只需考虑短期效果

28. 在操作风险的各项评估原则中，(　　)要求应优先识别和评估对业务目标和管理目标有重大影响的操作风险。

A. 由表及里原则　　B. 重要性原则

C. 动态管理原则　　D. 业务流程所有人负第一评估责任原则

29. 下列哪项不属于造成商业银行操作风险的外部因素？(　　)。

A. 外部突发事件　B. 经营场所安全问题　C. 行业竞争激烈　　D. 经营环境变化

30. 商业银行采用的定量分析方法主要是基于对(　　)和(　　)的分析。

A. 业务经营环境；内部控制因素

B. 业务经营环境；外部数据

C. 内部操作风险损失数据；外部数据

D. 内部操作风险损失数据；外部操作风险损失数据

31. 商业银行在管理操作风险时，(　　)负责定期检查评估商业银行的操作风险管理体系运作情况，监督操作风险管理政策的执行情况。

A. 内部审计部门　B. 风险管理部门　C. 风险管理委员会　D. 风险监测部门

32. 某企业由于财务印章被盗用，导致该企业在开户行的巨额存款在几天内被取走，给该行造成不良影响，对该银行而言，此操作风险事件应归于(　　)类别。

A. 内部流程　　B. 人员因素　　C. 系统缺陷　　D. 外部事件

33. 商业银行在操作风险管理中，业务部门所承担的职责是(　　)。

A. 制定操作风险战略和政策

B. 监控业务的关键风险指标，并确定风险责任的承担者

C. 监督并检查各项风险管理措施的落实情况

D. 落实各项操作风险控制措施

34. 个人信贷业务是商业银行国内个人业务的主要组成部分，其操作风险控制点之一是优化产品结构、改进操作流程，重点发展以(　　)和(　　)为担保方式的个人贷款。

A. 质押；抵押　　B. 个人信用贷款；法人信用贷款

C. 抵押；留置　　D. 质押；保证

35. 抵押权证和房产证丢失属于操作风险内部流程中的(　　)。

A. 产品设计缺陷　B. 结算支付错误　　C. 财务/会计错误　　D. 文件合同缺陷

36. 使用高级计量法的过程中，除了使用实际损失数据或情景分析损失数据外，商业银行在全行层面使用的风险评估方法还必须考虑(　　)。

A. 国家环境和政策风险　　B. 监管环境和市场竞争

C. 关键的业务经营环境和内部控制　　D. 宏观环境和外部控制

37. 下列关于操作风险评估的说法错误的是(　　)。

A. 商业银行一般采用定性法和定量法相结合的方法评估操作风险

B. 定量分析主要基于对内部操作风险损失数据和外部数据的分析进行

C. 定性分析则需要依靠风险管理部门对操作风险的发生频率和影响程度作出评估

D. 操作风险损失数据的收集要遵循客观性、全面性、动态性、标准化的原则

38. 在操作风险经济资本计量的方法中，(　　)的原理是，将商业银行的所有业务划分为九条业务线，计算时需要获得每个业务条线的总收入，然后根据各条线不同的操作风险资本要求系数，分别求出对应的资本，最后加总得到商业银行总体操作风险资本要求。

A. 高级计量法　　B. 内部评级法　　C. 基本指标法　　D. 标准法

39. 建立适用全行的操作风险基本控制标准是(　　)的责任。

A. 内部审计部门　B. 风险管理部门　　C. 业务管理部门　　D. 高级管理层

40. 一家商业银行在交易过程中，结算系统发生故障导致结算失败，下列说法正确的是(　　)。

A. 此情形属于市场风险的一种　　B. 此情形是操作风险的表现

C. 此情形会造成交易成本下降　　D. 此情形不会引发信用风险

41. 按照《巴塞尔新资本协议》的规定，(　　)是一种特殊类型的操作风险，它包括但不限于因监管措施和解决民商事争议而支付的罚款、罚金或者惩罚性赔偿所导致的风险敞口。

A. 法律风险　　B. 市场风险　　C. 操作风险　　D. 合规风险

42. 巴塞尔委员会将操作风险定义为(　　)。

A. 由于利率、汇率等原因，银行业务量变动所带来的风险

B. 由不完善或有问题的内部程序、员工、信息科技系统以及外部事件所造成损失的风险

C. 商业银行从业人员在交易时，面对的不确定情况

D. 操作过程中产生的突发事件，并且人们不能精确预测这种突发事件发生的几率

43. 错误监控/报告是指商业银行监控/报告流程不明确、混乱，负责监控/报告的部门的职责不清晰，有关数据不全面、不及时、不准确，未履行必要的(　　)或者对外部汇报不准确。

A. 风险计量义务　B. 汇报义务　C. 监管职责　D. 法律规定

44. 法律风险与操作风险之间的关系是(　　)。

A. 操作风险和法律风险产生的原因相同　B. 外部合规风险与法律风险是相同的

C. 法律风险与操作风险相互独立　D. 法律风险是操作风险的一种特殊类型

45. 操作风险评估过程一般从业务管理和风险管理两个层面开展，其遵循的原则一般包括(　　)。

A. 由内而外、自上而下和从已知到未知

B. 由表及里、自下而上和从已知到未知

C. 由内而外、自下而上和从已知到未知

D. 由表及里、自上而下和从已知到未知

46. 巴塞尔委员会认为，操作风险是银行面临的一项重要风险．商业银行应为抵御操作风险造成的损失安排(　　)。

A. 风险资本　B. 监管资本　C. 经济资本　D. 存款准备金

47. 甲乙两人在某银行从事柜台业务，乙为会计主管，工作中两人关系密切、无话不谈。下列两人对密码管理的做法正确的是(　　)

A. 两人密码互相知悉

B. 各自定期或不定期更换密码并严格保密

C. 需要业务授权时，甲输入乙的密码进行授权

D. 乙用甲的密码为客户办理业务

48. 张某向商业银行申请个人住户抵押贷款，期限 15 年。该行在张某尚未来得及办理他项权证的情况下，便提前向其发放贷款。不久张某出车祸身亡，造成该笔贷款处于高风险状态。此情况应归类为(　　)引起的操作风险。

A. 信贷人员技能匾乏　B. 货款流程执行不严

C. 内部欺诈　D. 未授权交易

49. 在商业银行操作风险资本计量方法中，最为复杂且风险敏感度最强的是(　　)。

A. 内部评级法　B. 基本指标法　C. 标准法　D. 高级计量法

50. (　　)是对风险诱因、风险指标和损失时间进行历史统计，形成相互关联的多元分布。

A. 因果分析模型　B. 资本模型　C. 险资产定价模型　D. 差模型

51. 操作风险评估的原则之一是由表及里，在流程网络的不同层面中由表及里依次识别操作风险因素，具体可以划分：非流程风险、流程环节风险、控制派生风险。下列(　　)属于控制派生风险。

A. 人力资源配置不当　B. 欺诈

C. 操作失误　D. 增加人工授权控制产生的内部欺诈

52. (　　)作为操作风险防控的第一道防线，对操作风险的管理情况负直接责任。

A. 风险管理部门　B. 高级管理部门　C. 业务管理部门　D. 内部审计部门

53. 下列不属于商业银行的风险评估与控制环境的是(　　)。
A. 外部控制　　B. 信息系统　　C. 合规管理文化　　D. 公司治理

54. (　　)是目前操作风险识别与评估的主要方法中运用最广泛、最成熟的。
A. 专家判断法　　B. 损失事件数据方法
C. 流程图　　D. 自我评估法

55. 评估残余操作风险的重要程度属于自我评估流程中的(　　)阶段。
A. 制定与实施控制优化方案　　B. 作业流程分析、风险识别与评估
C. 控制措施评估　　D. 全员风险识别与报告

56. 相比较而言，(　　)最容易引发操作风险的业务环节。
A. 资金交易业务　B. 代理业务　　C. 柜台业务　　D. 法人信贷业务

57. 在操作风险关键指标中交易结果和财务结果差异过大意味着(　　)。
A. 信息系统出现故障
B. 前台和后台在执行和管理交易订单时不准确
C. 存在管理报表和决策基础不稳的风险
D. 工作人员缺乏职业素养和职业道德

58. 下列选项关于信用风险和市场风险、操作风险的辨析，说法正确的是(　　)。
A. 信用风险具有明显的系统风险特征
B. 操作风险具有非营利性，容易引发市场风险和信用风险
C. 市场风险具有数据有数和易于计量的特点，具有明显的非系统风险特征，难以通过分散化投资完全消除
D. 以上说法皆不正确

59. 根据我国《商业银行风险监管核心指标》管理条约规定，操作风险指标衡量由于内部程序不完善、操作人员差错或舞弊以及外部事件造成的风险，表示为操作风险损失率其计算公式为(　　)。
A. 操作风险损失率 = 操作造成的损失额：(前一期净利息收入 + 非利息收入平均值)
B. 操作风险损失率 = 操作造成的损失额：(前三期净利息收入 + 非利息收入平均值)
C. 操作风险损失率 = 操作造成的损失额：(前一期净利息收入 + 利息收入平均值)
D. 操作风险损失率 = 操作造成的损失额：(前三期净利息收入 + 利息收入平均值)

60. 我国商业银行员工违法行为导致的操作风险主要集中于(　　)，属于多发危险。
A. 内部人作案和内外勾结作案　　B. 外部人作案
C. 内外勾结　　D. 内部人作案

61. 核心雇员流失引发的风险属于人员因素引起的操作风险，它体现为商业银行对关键人员过度依赖的风险，下列(　　)不是这种风险的表现。
A. 缺乏岗位轮换机制　　B. 雇员成本增加
C. 相关信息缺乏共享和文档记录　　D. 缺乏足够的后援/替代人员

62. 失职违规引发的操作风险是指商业银行内部员工因过失没有按照雇佣合同、内部员工守则、相关业务及管理规定操作或者办理业务造成的风险。下列(　　)活动属于这一因素。
A. 短贷长用，借新还旧，追求片面的信贷业务余额增长
B. 交易不公开

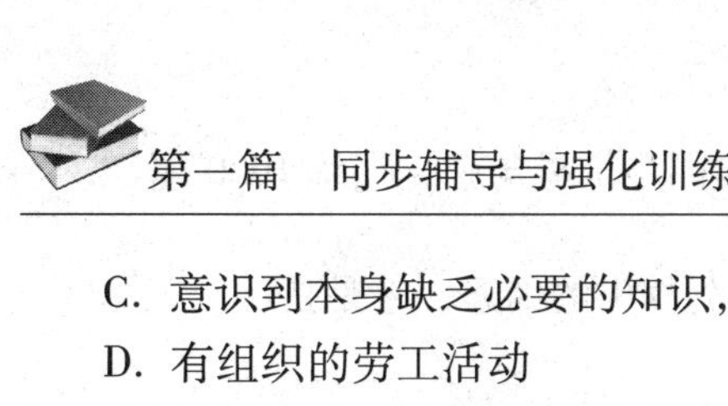

C. 意识到本身缺乏必要的知识，但在工作中利用这种缺陷

D. 有组织的劳工活动

63. 交易差错、记账差错等操作风险属于操作风险类型中的(　　)。

A. 应承担的操作风险　　B. 可缓释的操作风险

C. 可降低的操作风险　　D. 可规避的操作风险

64. 代理业务是商业银行中间业务的一类，指商业银行接受客户委托，代为办理客户指定的经济事务、提供金融服务并收取一定费用的业务。其主要操作风险点包括人员因素、外部事件、内部流程、系统缺陷。其中，为获得客户允许代理扣划资金或进行交易，属于(　　)操作风险点。

A. 系统缺陷　　B. 内部流程　　C. 外部事件　　D. 人员因素

65. 下列关于巴塞尔委员会对实施高级计量法提出的定性标准，说法错误的是(　　)。

A. 商业银行必须以正式文件形式制定内部操作风险管理政策、制度和流程，并在文件中明确规定对违规的处理办法

B. 商业银行必须表明操作风险计量方法考虑到了潜在较严重的概率分布“尾部”损失事件，这是定性标准的要求

C. 商业银行必须在全行范围内对主要业务条线分配操作风险资本

D. 商业银行必须设置独立的操作风险管理岗位，负责设立和实施商业银行的操作风险管理框架

66.《巴塞尔新资本协议》对操作风险经济资本计量的三种方法其中在复杂性和风险敏感性方面最强的是(　　)。

A. 高级计量法　　B. 内部评级法　　C. 标准法　　D. 基本指标法

67. 在用基本指标法计量操作风险资本的公式 $KBIA = GI \times \alpha$ 中，巴塞尔委员会规定固定比例 α 为(　　)。

A. 18%　　B. 15%　　C. 12%　　D. 8%

68. 与市场风险和信用风险相比，商业银行的操作风险具有(　　)。

A. 普遍性、盈利性和不可转化性　　B. 特殊性、盈利性和不可转化性

C. 普遍性、非盈利性和可转化性　　D. 特殊性、非盈利性和可转化性

69. 在操作风险经济资本计量的方法中，(　　)是指商业银行在满足巴塞尔委员提出的资格要求以及定性和定量标准的前提下，通过内部操作风险计量系统计算监管资本要求。

A. 内部评级法　　B. 基本指标法　　C. 标准法　　D. 高级计量法

70. 关于商业银行的业务外包的论述，不正确的是(　　)。

A. 商业银行经营管理中的诸多操作或服务都可以外包

B. 通过业务外包，商业银行也把相应的风险承担者转移给了外包商，商业银行从此不必对外包业务负任何直接或间接的责任

C. 虽然业务可以外包，但是对于外包业务的可能的不良后果，商业仍然承担责任

D. 过多的外包业务可能产生额外的操作风险或其他隐患

71. 关于计量操作风险所需经济资本的标准法，将商业银行的所有业务划分为了几类产品线？(　　)

A. 5 类　　B. 6 类　　C. 7 类　　D. 8 类

72. 在影响操作风险的因素中，交易/定价错误属于内部流程类的因素，它是指(　　)。
A. 银行结算支付系统失灵
B. 因未遵循操作规定，使交易和定价产生了错误
C. 银行员工专业知识相对缺乏，无法为产品定价
D. 与市场上同类金融产品不相匹配

73. 在影响银行操作风险的外部事件中，政治风险是重要因素之一。它是指由于战争、征用、罢工以及政府行为等引起的风险。以下不属于银行面临的政治风险的是(　　)。
A. 政权发生更替
B. 极端组织的行动或政变
C. 公共利益集团持续的压力/运动
D. 政府财政政策的改变

74. 下列关于操作风险的说法，不正确的是(　　)。
A. 操作风险具有相对独立性，不会引发市场风险和信用风险
B. 对操作风险的管理策略是在管理成本一定的情况下尽可能降低操作风险
C. 操作风险具有非营利性，它并不能为商业银行带来盈利
D. 操作风险普遍存在于商业银行业务和管理的各个方面

75. 在操作风险经济资本计量的方法中，(　　)是指商业银行在满足巴塞尔委员会提出的资格要求以及定性和定量标准的前提下，通过内部操作风险计量系统计算监管资本要求。
A. 高级计量法　　B. 标准法　　C. 基本指标法　　D. 内部评级法

76. 商业银行面对信息技术基础设施严重受损以致影响正常业务运行的风险，不可以通过(　　)来进行操作风险缓释。
A. 提高电子化水平以取代手工操作　　B. 制定连续营业方案
C. 购买电子保险　　D. IT系统灾难备援外包

77. 在各类操作风险事件中，损失程度高的是(　　)。
A. 外部欺诈　　B. 就业政策与工作场所安全性
C. 内部欺诈　　D. 实体资产损坏

78. 在对操作风险进行评估过程中，使用外部数据必须配合采用的方法是(　　)。
A. 标准法　　B. 基本指标法　　C. 专家的情况分析　　D. 敏感性分析

79. 下列关于商业银行通过业务外包以管理其操作风险的说法，不正确的是(　　)。
A. 一些关键过程和核心业务不应外包出去
B. 业务外包必须有严谨的合同或服务协议
C. 商业银行通过业务外包将最终责任转移给外部服务提供商
D. 合理的业务外包使商业银行提高效率，节约成本

80. 下列关于商业银行通过购买保险以管理其操作风险的说法，不正确的是(　　)。
A. 商业银行应该为各业务线尽可能全面地购买保险
B. 目前还没有一种保险产品能够覆盖商业银行所有的操作风险
C. 对于商业银行内部欺诈、员工过失、自然灾害、黑客攻击等风险，都可以通过购买保险来缓释
D. 保险是西方商业银行操作风险管理的重要工具

二、多选题(以下各小题所给出的五个选项中，有两项或两项以上符合题目的要求，请选择相应选项，多选、少选、错选均不得分。)

1. 在操作风险的自我评估的过程中，依据评审对象的不同，可采用的方法有(　　)。
   A. 调查问卷法　B. 风险地图法　C. 情景模拟法　D. 流程分析法
   E. 损失分布法
2. 下列属于可缓释的操作风险的有(　　)。
   A. 改变市场定位　B. 高管欺诈　C. 抢劫　D. 火灾
   E. 交易差错
3. 监管机构对实施高级计量法提出的具体标准主要包括(　　)。
   A. 情景分析　B. 定量标准　C. 定性标准　D. 资格要求
   E. 内部控制
4. 商业银行操作风险报告的目的在于向高级管理层揭示以下信息：商业银行的主要风险源、整体风险状况、风险的发展趋势、将来值得关注的地方，其报告内容大致包括(　　)。
   A. 风险状况　B. 损失事件　C. 诱因及对策　D. 关键风险指标
   E. 资本金水平
5. 下列属于风险缓释措施的有(　　)。
   A. 业务外包　B. 购买保险
   C. 建立完善的风险监管体系　D. 制定应急和连续营业方案
   E. 计提预期损失
6. “9·11”事件给很多银行及企业造成了极大的损失，为应对此类事件，商业银行应当注意(　　)。
   A. 灾难备份　B. 强制员工休假
   C. 审慎选择经营地址　D. 制定应急和连续营业方案
   E. 购买保险
7. 操作风险可以分为七种表现形式，其中包括(　　)。
   A. 聘用员工做法和工作场所安全性　B. 业务中断和系统失灵
   C. 客户、产品及业务做法　D. 实物资产损坏
   E. 外部欺诈
8. 下列关于巴塞尔委员会对实施高级计量法提出的具体标准的说法，正确的有(　　)。
   A. 商业银行的操作风险系统必须利用相关的外部数据，尤其是预期将会发生非经常性、潜在的严重损失时，商业银行必须建立标准的程序，规定在什么情况下，必须使用外部数据以及使用外部数据的方法
   B. 商业银行必须提供按巴塞尔委员会规定的业务单元和损失类别分类的损失数据
   C. 任何操作风险计量系统必须具备某些关键要素，包括内部数据的使用、相关的外部数据、情景分析和反映商业银行经营环境和内部控制系统情况的其他因素
   D. 商业银行的风险计量系统必须足够"分散"，以将影响损失估计分布尾部形态的主要操作风险因素考虑在内

E. 除了使用实际损失数据或情景分析损失数据外，商业银行在全行层面使用的风险评估方法还必须考虑到关键的业务经营环境和内部控制因素

9. 操作风险涉及的领域广泛，形成原因复杂，其诱因主要可以从内部因素和外部因素两个方面来进行识别。从内部因素来看，包括(　　)引起的操作风险。

A. 组织结构　B. 经营环境　C. 流程　D. 人员
E. 经营场所安全性

10. 在银行公司治理架构中，风险管理部门的职责包括(　　)。

A. 指导并定期检查、评估业务条线的操作风险管理活动和状况
B. 确定商业银行的薪酬政策
C. 具体执行操作风险管理系统，并制定相应的政策、程序和步骤
D. 批准风险管理的政策及相关文件
E. 为操作风险管理开发相应的技术和方法

11. 下列关于操作风险计量方法的说法，正确的有(　　)。

A. 商业银行的操作风险计量系统必须利用相关的外部数据
B. 对于初次使用高级计量法的商业银行，允许使用 2 年的历史数据
C. 高级计量法的风险敏感度更高
D. 基本指标法和标准法是针对操作风险较低的商业银行
E.《巴塞尔新资本协议》中对基本指标法提出了具体标准

12. 在风险评估时，商业银行通常使用标准化的原始数据收集模板收集数据。遵循统一的损失数据收集流程与规范。损失数据收集的内容包括(　　)

A. 总损失数额信息
B. 总损失中收回部分信息
C. 抵押资产的可变现净值
D. 损失事件发生的主要原因的描述信息
E. 损失事件发生的时间、发生的单位信息

13. 操作风险评估遵循的原则主要包括(　　)。

A. 由表及里　B. 自上而下　C. 自下而上　D. 从已知到未知
E. 从简单到复杂

14. 商业银行的经营是在一定的社会环境下进行的，经营环境的变化，外部突发事件等都会影响商业银行的正常经营活动，甚至发生损失，下列属于引发操作风险的外部事件的有(　　)。

A. 外部欺诈　B. 错误监控　C. 监管规定　D. 供应商破产
E. 政治风险

15. 健全有效的内部控制应该是不同要素、不同环节组成的有机体。从环节方面看，商业银行的内部控制必须包括的要素有(　　)。

A. 监督与评价　B. 执行与操作　C. 建设与管理　D. 决策
E. 改进

16. 个人信贷业务是国内个人业务的主要组成部分，也是商业银行竞相发展的零售银行业务。该项业务中，产生操作风险的原因包括(　　)。

A. 业务管理分散，缺乏统筹管理　B. 内控制度不完善、业务流程有漏洞

C. 缺乏风险意识或风险防范经验不足　　D. 客户监管难度大
E. 个人信用体系不健全

17. 在商业银行对操作风险的监测中，关键风险指标是指用来考查商业银行风险状况的统计数据或指标。商业银行可选择一些指标并通过对其监测从而为操作风险管理提供早期预警。确定关键风险指标的三个步骤有(　　)。
A. 了解业务和流程
B. 定义操作风险
C. 确定并理解主要风险领域
D. 定义风险指标并按重要程度对定义的风险指标进行排序，确定主要的风险指标
E. 对操作风险进行分类

18. X 银行与 Y 银行服务中心签订为期 10 年的 IT 系统外包合同，一旦 X 银行的 IT 系统发生严重故障，Y 银行服务中心将保证银行的业务持续运行。针对以上案例分析，下列描述正确的有(　　)。
A. 业务外包和保险一样，都能够从根本上规避操作风险
B. X 银行在通过业务外包来转移操作风险
C. 外包有利于银行将工作重点放在核心业务上
D. 外包服务最终责任人依然是商业银行
E. 业务外包本身也可能存在风险

19. 下列哪些内容属于流程无效造成银行内部流程风险的表现(　　)？
A. 缺乏必要的流程　　B. 依赖手工录入
C. 管理信息不准确　　D. 未保留相应文件
E. 项目未达到特定目标

20. 从(　　)几个方面可以分析主要业务的操作风险点及其控制措施。
A. 资金交易业务　B. 个人信贷业务　C. 法人信贷业务　D. 柜台业务
E. 代理业务

21. 商业银行为降低个人信贷业务的操作风险，下列说法恰当的有(　　)。
A. 银行个贷业务集约化管理，提升管理层次，实现审贷部门分离
B. 建立有效的激励机制，将客户经理的贷款发放规模与其收入和奖金挂钩
C. 强化个贷审贷责任约束机制，细化个人信贷责任追究制度
D. 重点发展以质押和抵押为担保方式的个人贷款，审慎发展个人信用贷款和自然人保证担保贷款
E. 成立个人信贷业务中心，由中心进行统一查和亩批，实现专业化经营和管理

22. 操作风险是商业银行面临的一项重要风险，商业银行应该为抵御操作风险造成的损失安排经济资本。下列哪些是商业银行可选择的经济资本计算方法(　　)。
A. 风险预测法　B. 标准法　C. 基本指标法　D. 内部评级法
E. 高级计量法

23. 我国商业银行员工违法行为导致的操作风险主要集中于(　　)。
A. 内部人作案　B. 内外勾结作案　C. 外部欺诈　D. 操作失误
E. 性别/种族歧视

24. 操作风险评估的步骤中，属于准备阶段的有(　　)。

A. 提出优化方案　　B. 收集整理操作风险信息

C. 绘制流程图　　D. 确认评估对象

E. 整合评估成果

25. 商业银行选择关键风险指标评估操作风险时，应确保(　　)。

A. 监控工作能够反映操作风险全局状况及变化趋势

B. 监控工作能够反映全行操作风险的主要特征

C. 关键风险指标是开放的、动态调整的

D. 监控指标的变动能够及时预警风险变化

E. 监控数据来源要准确可靠，具有可操作性

26. 商业银行员工在重要空白凭证和重要物品管理的操作中，下列行为易造成操作风险的有(　　)。

A. 对作废或停用的重要空白凭证不及时上缴、销毁

B. 在空白有价单证、重要空白凭证预先加盖印章

C. 印、押、证分管/分用

D. 按规定进行重要空白凭证账实核对

E. 领取的重要空白凭证不及时入账

27. 在标准法中，商业银行的所有业务可划分成八大类银行产品线，主要包括(　　)

A. 货款　　B. 公司金融　　C. 资产管理　　D. 支付和结算

E. 零售银行

28. 某商业银行与某数据信息中心达成协议，由该数据信息中心负责该事业单位的计算机中心的安全运营。关于该协议，下列说法正确的有(　　)。

A. 该行为是可降低的风险

B. 该外包业务的最终责任人是该数据信息中心

C. 该事业单位签约的目的是转移本单位的操作风险

D. 签订协议的行为是业务外包

E. 本单位的账务系统业务也可以同数据信息中心一样外包出去

29. 在操作风险监测过程中建立的因果分析模型能够对操作风险的(　　)三个方面进行历史统计，并形成相互关联的多元分布。

A. 风险损失　　B. 风险成本　　C. 风险成因　　D. 风险指标

E. 风险发生频率

30. 下列属于操作风险的人员因素的有(　　)。

A. 违反用工法　　B. 核心员工流失　　C. 内部欺诈　　D. 知识/技能匮乏

E. 外部人员盗窃

31. 操作风险的内部流程是指由于商业银行业务流程缺失、设计不完善，或者没有被严格执行而造成的损失，主要包括(　　)。

A. 结算/支付错误　　B. 产品/设计缺陷

C. 财务/会计缺陷　　D. 文件/合同缺陷

E. 交易/定价错误

32. 在《巴塞尔新资本协议》中，商业银行可供选择的操作风险监管资本计算方法有(　　)。
A. 标准法　B. 风险控制法　C. 替代标准法　D. 情景分析法
E. 高级计量法
33. 公司治理是现代商业银行稳健经营的核心，完善的公司治理结构是商业银行有效防范和控制操作风险的前提。良好的公司治理目标有(　　)。
A. 明确董事会和董事、监事会和监事、高级管理层及其人员在组织管理中的责任
B. 完善议事和决策机构，建立议事规则和决策程序
C. 建立外部监事制度
D. 建立独立董事制度
E. 发挥公众参与的积极作用
34. 商业银行通常使用标准化的损失数据收集模板来收集数据，并遵循统一的损失数据收集流程与规范。损失数据收集的内容包括(　　)。
A. 总损失中收回部分信息
B. 总损失数额信息
C. 损失事件发生的时间、发生的单位信息
D. 明确损失所有者
E. 损失事件发生的主要原因的描述信息
35. 自我评估法是从哪两个角度来评估操作风险的重要程度？(　　)
A. 补救措施　B. 发生概率　C. 风险识别　D. 影响程度
E. 确定模型
36. 下列各项属于违反系统安全规定具体表现的是(　　)。
A. 系统崩溃重新存储　B. 为“上系统而上系统”
C. 系统无法完成任务　D. 第三方界面失败
E. 请求批处理失败
37. 下列哪些事件应当归属于商业银行操作风险中的“人员因素”类别(　　)。
A. 部分员工因长期处于不良工作环境导致健康受损
B. 资金交易员未经授权进行交易并造成损失
C. 理财业务人员因口头承诺客户固定收益而遭遇诉讼
D. 首席外汇交易员跳槽至另一家金融机构
E. 信贷审核人员协助隐瞒虚假信息并批准放贷
38. 在我国商业银行中，导致违反用工法的原因主要包括(　　)。
A. 环境法规　B. 安全因素　C. 经济波动　D. 劳资关系
E. 性别歧视
39. 商业银行的整体风险控制环境包括(　　)四项要素，对有效管理与控制操作风险至关重要。
A. 公司治理　B. 内部控制　C. 情景分析　D. 合规文化
E. 信息系统
40. 操作风险管理涉及商业银行的每一个岗位，不论是业务线，还是管理职能部门都负有管理操作风险的责任。下列各项属于操作风险管理部门主要职责的是(　　)。
A. 对新出台的操作风险管理方案进行独立评估

B. 协助其他部门识别、评估和监测本行重大项目的操作风险
C. 设计、组织实施本行操作风险评估、缓解（其中包括内部控制措施）和监测方法以及全行的操作风险报告系统
D. 拟定本行操作风险管理政策和程序，提交董事会和高级管理层审批
E. 建立适用全行的操作风险基本控制标准，并指导和协调全行范围内的操作风险管理

三、判断题（请对以下各项的描述做出判断，正确的为 A，错误的为 B。）

1. 实证研究表明，系统缺陷是操作风险的最主要因素。(　　)
A. 正确　　B. 错误
2. 作为关键流程的有效控制与否的证据，文件/合同历来是各商业银行加强档案管理的重点。(　　)
A. 正确　　B. 错误
3. 风险监测中的因果分析模型就是对风险诱因、风险程度和损失金额进行历史统计。(　　)
A. 正确　　B. 错误
4. 操作风险无法计量，因而不能为其分配资本。(　　)
A. 正确　　B. 错误
5. 商业银行采用高级计量法，应当基于内部损失数据和内部控制因素建立操作风险计量模型。(　　)
A. 正确　　B. 错误
6. 商业银行在信息系统方面的科技投入越多，越有助于控制操作风险。(　　)
A. 正确　　B. 错误
7. 商业银行进行操作风险自我评估有助于鼓励机构内部各级单位承担责任并主动对操作风险进行管理。(　　)
A. 正确　　B. 错误
8. 完善的内部控制体系是商业银行有效防范和控制操作风险的前提。(　　)
A. 正确　　B. 错误
9. 关键风险指标应遵循的原则是相关性、可测量性、风险敏感性、有效性。(　　)
A. 正确　　B. 错误
10. 在风险表中，颜色越深表明风险越严重，0 表示风险恶化，1 表示风险好转。(　　)
A. 正确　　B. 错误
11. 操作风险的三种计量方法在复杂性和风险敏感性上是逐渐减弱的。(　　)
A. 正确　　B. 错误
12. 商业银行不用表明采用的操作风险计量方法考虑到了潜在较严重的概率分布"尾部"损失事件。(　　)
A. 正确　　B. 错误
13. 未及时收回账务对账单属于柜台业务中账户开立、使用、变更与撤销的主要操作风险点。(　　)
A. 正确　　B. 错误

14. 提交给高级管理层的风险报告中首先要列明经评估后商业银行的风险状况，风险评估结果通常以风险图、风险表的形式来展示，颜色越深表明风险越轻。(　　)

A. 正确　　B. 错误

15. 操作风险是银行自身导致的，它可以通过加强银行内部管理和制度建设来有效降低。(　　)

A. 正确　　B. 错误

16. 操作风险既包括法律风险，又包括声誉风险和战略风险。(　　)

A. 正确　　B. 错误

17. 内部数据无论用于损失还是用于验证，商业银行必须具备至少 3 年的内部损失数据。(　　)

A. 正确　　B. 错误

18. 业务外包的最终责任人是商业银行。(　　)

A. 正确　　B. 错误

19. 保单只能在一定程度上降低操作风险的损失，要想真正降低操作风险需要建立一套完善的能对操作风险进行识别、评估、监测和控制/缓释的制度。(　　)

A. 正确　　B. 错误

20. 商业银行一般采用定性和定量相结合的方法来评估操作风险，定性分析方法主要基于对内部操作风险损失数据和外部数据进行分析；定量分析则需要依靠有经验的风险管理专家对操作风险的发生频率和影响程度做出评估。(　　)

A. 正确　　B. 错误

第六章 流动性风险管理强化训练题

一、单选题(以下各小题所给出的四个选项中，只有一项符合题目要求，请选择相应选项。不选、错选均不得分。)

1. 绝大多数商业银行最主要的流动性危机都源于(　　)。
   A. 金融衍生品的交易
   B. 市场整体流动性风险的加大
   C. 国家宏观经济政策的变动
   D. 商业银行自身管理或技术上存在的问题
2. 以下对流动性风险描述不正确的是(　　)。
   A. 商业银行的流动性基本要素包括时间、成本和资金数量
   B. 商业银行的流动性状况直接反映了其从宏观到微观的所有层面的运营状况及市场声誉
   C. 商业银行最主要的流动性危机都源于市场整体流动性风险的加大
   D. 商业银行的流动性是衡量商业银行在一定时间内、以合理的成本获取资金用于偿还债务或增加资产的能力
3. 下列情形中，(　　)表现的是流动性风险与市场风险的关系。
   A. 任何涉及商业银行的负面消息，都可能削弱存款人和社会公众的信心并造成存款资金大量流失，最终使商业银行被动陷入流动性危机
   B. 法国兴业银行交易员违规交易衍生产品造成巨额损失，不得不接受政府救助
   C. 因错误判断市场发展趋势，导致投资组合价值严重受损，从而增加流动性风险，如超限额持有/投机次级金融产品
   D. 制定实施新战略、推广新业务之前，应合理评估并预测其可能对商业银行经营状况、资产价值造成的不利影响
4. 下列各指标都可用于衡量商业银行的流动性，其中(　　)越高说明商业银行流动性越差。
   A. 流动资产与总资产的比率　　B. 贷款总额与核心存款的比率
   C. 核心存款指标　　D. 现金头寸指标
5. (　　)是指商业银行在一定时间内，以合理的成本获取资金用于偿还债务或增加资产的能力。
   A. 便捷性　　B. 效益性　　C. 流动性　　D. 安全性
6. 前台交易系统无法处理执行交易时的延误，特别是资金调拨与证券结算系统发生故障时，商业银行的流动性便(　　)。
   A. 与之没有关系　　B. 受到轻微影响　　C. 受到直接影响　　D. 不会受到影响
7. 流动性缺口是指(　　)。
   A. 90天内到期的流动性负债减去90天内到期的流动性资产的差额

B. 90 天内到期的流动性资产减去 90 天内到期的流动性负债的差额

C. 60 天内到期的流动性负债减去 60 天内到期的流动性资产的差额

D. 60 天内到期的流动性资产减去 60 天内到期的流动性负债的差额

8. 不良贷款及违约损失大幅上升，贷款收益显著下降，从而增加流动性风险，这反映了商业银行(　　)之间的关系。

A. 流动性风险与战略风险　　B. 流动性风险与操作风险

C. 流动性风险与市场风险　　D. 流动性风险与信用风险

9. 使用现金流分析中，当商业银行的来源金额大于使用金额时，表明(　　)。

A. 商业银行可以把差额通过其他途径投资

B. 商业银行的流动性供给大

C. 可能给运营带来风险

D. 商业银行流动性相对充足

10. 以下不会影响流动性风险的因素是(　　)。

A. 币种结构　　B. 资产负债期限结构　C. 分布结构　　D. 汇率结构

11. 在情景分析中，商业银行自身问题造成的流动性危机的状况下的假设是(　　)。

A. 在商业银行自身出现危机时，其出售资产换取现金的能力有所下降，但在整体市场危机时，这一能力下降得更厉害

B. 商业银行必须建立适当的流动性风险管理的内部控制系统，定期、独立地检查和评价系统的有效性，并在必要时确保对内部控制系统进行适当调整或强化

C. 2008 年爆发的全球金融危机，几乎所有国际性商业银行的流动性状况都受到了不同程度的影响，严重损害了全球经济和金融体系的稳定与繁荣

D. 大量负债无法展期或以其他负债替代，必须按期偿还，因此不得不依赖从资金市场大规模融资或出售流动性资产，从而引发流动性危机

12. 下列关于商业银行流动性核心监管指标的说法，不正确的是(　　)。

A. 计算商业银行流动性监管核心指标应将本币和外币统一折合成本币计算

B. 流动性缺口比率属于商业银行流动性监管核心指标

C. 核心负债比率属于商业银行流动性监管核心指标

D. 流动性比率和超额备付金比率属于商业银行流动性监管核心指标

13. 一般而言，客户的挤兑行为将导致商业银行的(　　)。

A. 流动性风险　　B. 国家风险　　C. 市场风险　　D. 法律风险

14. 下列不属于流动性基本要素的是(　　)。

A. 资产总额　　B. 资金数量　　C. 成本　　D. 时间

15. 下列各项属于流动性风险预警的融资指标的是(　　)。

A. 所发行的股票价格上升　　B. 外部评级下降

C. 资产质量下降　　D. 融资成本上升

16. 流动性风险是指银行因无力为负债的(　　)和资产的(　　)提供融资，而造成损失或破产的可能性。

A. 不变；增加　　B. 减少；不变　　C. 增加；减少　　D. 减少；增加

17. 最常见的资产负债的期限错配情况指(　　)。

A. 负债数额大于资产数额

B. 将大量短期借款用于长期贷款，即“借短贷长”

C. 资产数额大于负债数额

D. 将大量长期借款用于短期贷款，即“借长贷短”

18. 下列各项中不属于商业银行对外币的流动性风险管理的是(　　)。

A. 制定外汇融资能力受到损害时的流动性应急计划

B. 制定各币种的流动性管理策略

C. 将最终的监督和控制全球流动性的权力集中在总部或分散到各分行

D. 根据某些外币在流动性需求中占有较高比例的情况，为其建立单独的备用流动性安排

19. 下列各项不会影响商业银行资产负债期限结构的是(　　)。

A. 每日客户存取款　　B. 贷款发放/归还

C. 存贷款基准利率的调整　　D. 商业银行减少网点数量

20. 商业银行通过假设自身 3 个月的收益率变化增加/减少 20% 的情况进行流动性测算，以确保商业银行储备足够的流动性来应付可能出现的各种极端状况的方法属于(　　)

A. 压力测试　　B. 信号分析　　C. 情景分析　　D. 敏感性分析

21. 商业银行通常将特定时段内包括活期存款在内的(　　) 作为贷款的主要融资来源。

A. 现金流入　　B. 最低存款　　C. 平均存款　　D. 最高存款

22. 借入流动性是商业银行降低流动性风险的“最具风险”的方法，原因在于，借入资金时商业银行不得不在资金成本和(　　)之间做出艰难选择。

A. 最终收益　　B. 不可获性　　C. 可获得性　　D. 流动性风险

23. 以下不是影响商业银行流动性风险预警的内部指标/信号的是(　　)。

A. 资产过于集中　　B. 所发行的股票价格下跌

C. 盈利能力上升　　D. 某项业务风险水平增加

24. 往往被看作是核心存款的重要组成部分的是(　　)。

A. 分支机构存款　B. 公司存款　　C. 同业拆借　　D. 零售存款

25. 流动性反映了商业银行资产负债状况及其变动对均衡要求的满足程度，因而商业银行的流动性体现在(　　)流动性和(　　)流动性两个方面。

A. 贷款；存款　　B. 资产；负债　　C. 总行；分行　　D. 安全；收益

26. (　　)通常被认为是商业银行破产的直接原因。

A. 市场风险　　B. 操作风险　　C. 信用风险　　D. 流动性风险

27. 以下指标中，(　　)数值越高说明商业银行流动性越差。

A. 大额负债依赖度　　B. 核心存款比例

C. 贷款总额与核心存款的比率　　D. 流动资产与总资产的比率

28. 下列关于资产负债期限结构，说法错误的是(　　)。

A. 商业银行在正常范围内的“借短贷长”的资产负债结构特点所引起的持有期缺口，是一种不可控性的流动性风险

B. 商业银行对利率变化的敏感程度直接影响着资产负债期限结构

C. 商业银行必须随时准备应付现金的巨额需求，特别是在每周的最后几天、每月的最初几日、每年的节假日

D. “借短贷长”是最常见的资产负债的期限错配情况

29. 当商业银行的资金来源大于资金使用，出现资金“剩余”，此时商业银行应当考虑到这种流动性剩余头寸的机会成本的原因是(　　)。

A. 流动性剩余头寸可能带来进一步的流动性风险

B. 流动性剩余头寸可以转变为其他盈利资产赚取更高收益

C. 流动性剩余头寸会带来操作风险

D. 流动性剩余头寸盈利能力强

30. 下列关于商业银行流动性指标分析法的表述，正确的是(　　)。

A. 流动性指标分析属于动态分析

B. 流动性指标分析法简单实用，有助于理解当前和过去的流动性状况

C. 流动性指标分析法既能进行短期分析，又能够对未来流动性变动趋势进行分析

D. 流动性指标能够对商业银行的流动性状况作出准确判断

31. 对大型商业银行来说，其大额负债依赖度为(　　)比较正常。

A. 45%　　B. 50%　　C. 55%　　D. 65%

32. 商业银行的零售存款通常被认为是(　　)。

A. 来源集中，流动性风险低　　B. 比较稳定的负债，流动性风险低

C. 来源分散，流动性风险高　　D. 不稳定的负债，流动性风险高

33. 中国人民银行从 2004 年开始实行差别存款准备金政策以及再贷款浮息制度，这表明(　　)。

A. 央行对流动性管理不善的商业银行开始给予一定程度的“经济惩罚”

B. 央行为商业银行提供便利的政策

C. 商业银行的风险管理机制更完善

D. 商业银行不需承担最终流动性风险

34. 如果一家银行的贷款平均额为 800 亿元，存款平均额为 900 亿元，核心存款平均额为 500 亿元，流动性资产为 300 亿元，那么该商业银行的融资需求等于(　　)亿元。

A. 300　　B. 400　　C. 500　　D. 600

35. 下列不属于流动性风险评估的是(　　)。

A. 流动性比率　　B. 现金流分析　　C. 久期分析　　D. 情景分析

36. 如果商业银行的流动性需求和流动性来源之间出现了不匹配，流动性需求(　　)流动性资金的来源，或者获得流动性的成本过高降低了银行的收益，流动性风险就发生了。

A. 大于　　B. 小于　　C. 等于　　D. 以上都不对

37. 下列各项中，不属于压力测试假设情况的是(　　)

A. 持有主要外币相对于本币升值/贬值 20%

B. 市场收益率提高/降低 50%

C. 某客户违约

D. 存贷款基准利率连续累计上调/下调 250 个基点

38. (　　)属于零售性质的资金。

A. 再贴现　　B. 居民储蓄　　C. 发行票据　　D. 同业拆借

39. 下列关于商业银行借入流动性的描述，错误的是(　　)。

A. 借入资金的利率是融资流动性管理的控制杠杆

B. 商业银行可以选择在需要资金的时候借入资金，不必一直保持相当数量的流动资产

C. 借入资金有助于银行保持资产规模和构成的稳定性

D. 借入资金是缓解银行流动性压力最便捷、低风险的方法

40. 某商业银行董事会明确定位本银行为一家积极进取、以利润最大化为首要经营目标的银行。2002－2010 年间，其信贷资产主要投向房地产行业，其资金交业务主要集中于高收益的次级债券。2008 年受到金融危机的冲击，该银行面临严重的流动性风险，经分析可确认，该银行面临的流动性风险是其(　　)长期积聚、恶化的综合作用结果。

A. 市场风险、战略风险和操作风险　　B. 信用风险、市场风险和战略风险

C. 声誉风险、市场风险和操作风险　　D. 信用风险、声誉风险和战略风险

41. 以下因素不会影响商业银行的资产负债期限结构的是(　　)。

A. 商业银行增加网点数量　　B. 贷款人推进新的贷款请求

C. 沪市投资收益率上涨 7%　　D. 央行宣布上调利率 0. 3%

42. (　　)是指商业银行持有的资产可以随时得到偿付或者在不贬值的情况下出售。

A. 现金流动性　　B. 贷款流动性　　C. 资产流动性　　D. 负债流动性

43. 根据历史数据研究，剩余额与总资产之比小于(　　)时，对商业银行的流动性风险是一个预警。

A. 1% ~5%　　B. 4% ~5%　　C. 3% ~5%　　D. 2% ~5%

44. 我国《商业银行法》规定，商业银行的贷款余额和存款余额的比例不得超过(　　)，流动性资产余额与流动性负债余额的比例不得超过(　　)。

A. 65%；25%　　B. 75%；25%　　C. 65%；15%　　D. 75%；65%

45. 下列关于商业银行的币种结构，说法错误的是(　　)。

A. 商业银行可以持有“一揽子”外币资产组合并获得无风险收益率

B. 商业银行不可以完全持有某种外币来匹配所有外币债务

C. 商业银行应对其经常使用的主要币种的流动性状况进行计量、监测和控制

D. 一旦本国市场出现异常波动，将可能会陷入外币流动性危机

46. 商业银行的贷款平均额和核心存款平均额之间的差额构成了(　　)。

A. 资产缺口　　B. 融资缺口　　C. 贷款缺口　　D. 久期缺口

47. 商业银行在流动性风险管理实践中，下列做法不恰当的是(　　)。

A. 通过金融市场控制风险　　B. 建立多层次的流动性屏障

C. 提高资产的稳定性和负债的流动性　　D. 提高流动性管理的预见性

48. 在当前我国央行利率政策条件下，当商业银行发生流动性风险时，可以借助多种渠道弥补现金流量不足，但最不可能采用的方式是(　　)。

A. 寻求央行紧急支援　　B. 使用尚未使用的同业拆借额度

C. 使用法定准备金　　D. 提高利率以吸收存款

49. 在金融危机条件下，绝大多数金融机构出售资产换取现金的能力显著下降，而拥有良好声誉的金融机构反而从中获益，其根本原因在于(　　)。

A. 拥有良好声誉的金融机构许多到期负债会被展期

B. 拥有良好声誉的金融机构其资金储备丰富

C. 其他机构愿意购买拥有良好声誉的金融机构的种类资产

D. 资金为寻求安全场所而流向拥有良好声誉的金融机构

50. 在实际操作中，下列哪项是商业银行通常选择的融资方式？(　　)
A. 长期在总资产中保存相当规模的流动性资产
B. 收回贷款
C. 同业拆入
D. 出售流动资产

51. 对于负债的流动性来讲，筹资的能力越强，所付的成本越低，则流动性越(　　)。
A. 强　　B. 弱　　C. 不变　　D. 不确定

52. 下列属于测量银行流动指标的是(　　)。
A. 现金头寸指标　　B. 贷款总额与核心存款的比率
C. 贷款总额与总资产的比率　　D. 以上都是

53. 商业银行应当定期对因资产、负债及表外项目变化所产生的现金流量及期限变化进行分析，以正确预测未来特定时段的资金净需求的是(　　)。
A. 流动性管理　　B. 融资缺口　　C. 压力测试　　D. 情景分析

54. 关于核心存款的以下说法中，错误的是(　　)。
A. 核心存款比例越高意味着商业银行的流动性较差
B. 季节变化或经济环境变化对其影响较小
C. 对利率变动不敏感
D. 核心存款比例 = 核心存款/总资产

55. 下列对流动性比率指标的说法错误的是(　　)。
A. 流动性资产与总资产的比率越高表明商业银行存储的流动性越高
B. 大额负债依赖度不仅适合用来衡量中小商业银行的流动性风险，也适合用来衡量大型特别是跨国商业银行的流动性风险
C. 易变负债与总资产的比率衡量了商业银行在多大程度上依赖易变负债获得所需资金
D. 传统观念认为贷款是商业银行的盈利资产中流动性最差的资产

56. 压力测试通常使用(　　)方法。
A. 假设性分析和情景分析　　B. 敏感性分析和假设性分析
C. 敏感性分析和情景分析　　D. 以上皆不正确

57. 流动性监管核心指标包括：流动性比例、超额备付金比率、核心负债比例和流动性缺口比率，其中流动性指标的计算公式是(　　)。
A. 流动性资产余额/负债余额 ×100%
B. 流动性资产余额/流动性负债余额 ×100%
C. 流动性负债余额/流动性资产余额
D. 流动性资产余额平均值/流动性负债平均值 ×100%

58. (　　)仅用来衡量大型特别是跨国银行的流动性风险程度。
A. 现金头寸指标　　B. 贷款总额与总资产的比率
C. 大额负债依赖度　　D. 核心存款比例

59. 按照巴塞尔委员会的分类，下列属于流动性最差的资产的是(　　)。
A. 商业银行可出售的贷款组合
B. 可以出售、但在不利情况下可能会丧失流动性的证券

C. 无法出售的贷款

D. 在中央银行的市场操作中可用于抵押的政府债券

60. 下列关于情景分析的说法，不正确的是(　　)。

A. 分析商业银行正常状况下的现金流量变化，有助于商业银行存款管理并充分利用其他债务市场，以避免在某一时刻面临过高的资金需求

B. 绝大多数严重的流动性危机都源于商业银行自身管理或技术上存在致命的薄弱环节

C. 商业银行关于现金流量分布的历史经验和对市场惯例的了解可以帮助商业银行消除不确定性

D. 与商业银行自身出现危机时相比，在发生整体市场危机时，商业银行出售资产换取现金的能力下降得更厉害

61. 下列属于外资银行流动性监管指标的是(　　)。

A. 贷款损失准备金率　　B. 营运资金作为生息资产的比例

C. 不良贷款拨备覆盖率　　D. 单一客户授信集中度

62. 下列关于现金流分析的说法，不正确的是(　　)。

A. 应当将商业银行的流动性“剩余”或“赤字”与融资需求在不同的时间段内进行比较，以合理预估商业银行的流动性需求

B. 商业银行的规模越大，业务越复杂，现金流分析的可依赖度越强

C. 根据历史数据研究，流动性剩余额与总资产之比小于 3% ~5% 时，对商业银行的流动性风险是一个预警

D. 现金流分析有助于真实、准确地反映商业银行在未来短期内的流动性状况

63. (　　)针对特定时段，计算到期资产(现金流入)和到期负债(现金流出)之间的差额，以判断商业银行在未来特定时段内的流动性是否充足。

A. 流动性比率/指标法　　B. 现金流分析法

C. 缺口分析法　　D. 久期分析法

64. 商业银行对本币进流动性风险管理时，对敏感负责应当保持其总额的(　　)作为流动性储备。

A. 15%　　B. 30%　　C. 50%　　D. 80%

65. 银行评估未来挤兑流动性风险的方法是(　　)。

A. 现金流动分析　B. 久期分析法　　C. 缺口分析法　　D. 情景分析

66. 股市上升，最可能会给银行造成(　　)。

A. 信用风险　　B. 操作风险　　C. 声誉风险　　D. 流动性风险

67. 商业银行应当如何选取流动性风险的评估方法？(　　)

A. 流动性管理水平高的银行应当选用较高级的缺口分析法和久期分析法，管理水平低的银行应当选取较初级的流动性指标分析法和现金流分析法

B. 选定某一种方法，便一以贯之的采用

C. 商业银行可以同时采用多种流动性风险的评估办法来评价商业银行的流动性状况

D. 以上都不对

68. 商业银行流动性管理中的现金流分析法的缺点是(　　)。

A. 现金流分析是一种定性分析法，难以定量准确反映流动性状况

B. 现金流分析过于繁杂，分析结果具有滞后性

C. 对于规模大、业务复杂的商业银行而言，获得完整现金流量的可能性和准确性也会降低，分析的准确性也随之降低

D. 难以准确反映流动性状况

二、多选题

(以下各小题所给出的五个选项中，有两项或两项以上符合题目的要求，请选择相应选项，多选、少选、错选均不得分。)

1. 商业银行的流动性管理应急计划中应当包括(　　)等方面的内容。

A. 制定在危机情况下对资产和负债处置措施

B. 寻求中央银行的紧急专楞

C. 规定各部门沟通或传输信息的程序

D. 处理与利益持有者之间的关系

E. 备用资金的来源包括未使用的信贷额度

2. (　　)的存款通常不够稳定，对商业银行的流动性影响较大。

A. 中小企业　B. 公司存款人　C. 小额存款人　D. 机构存款人

E. 零售客户

3. 下列各项中，(　　)属于流动性比率指标。

A. 总资产报酬率　B. 核心存款指标　C. 大额负债依赖度　D. 利息保障倍数

E. 易变负债与总资产的比率

4. 下列哪些风险因素的变化可能对商业银行的各类资产、负债价值造成重大影响，商业银行应根据自身业务特色和需要对其定期进行压力测试？(　　)

A. 存贷款基准利率连续累计上调 250 个基点

B. GDP、CPI、失业率等重要宏观经济指标的波动幅度超过 50%

C. 所持有主要外币相对于本币贬值 20%

D. 水、电等基本生活资料价格上涨 10%

E. 市场收益率降低 50%

5. 下列各项中，属于商业银行流动性风险预警中的外部指标/信号的有(　　)。

A. 所发行的股票价格下跌　B. 融资成本上升

C. 外部评级下降　D. 资产质量下降

E. 市场上出现关于该商业银行的负面消息

6. 商业银行应恰当把握和控制(　　)等流动性比率/指标，一旦这些指标超过警戒线，处置不当则可能失去清偿能力，并最终导致商业银行破产。

A. 大额负债依赖度　B. 核心存款比例

C. 易变负债与总资产比率　D. 现金头寸

E. 贷款总额与核心存款的比率

7. 下列属于商业银行流动性风险预警信号的有(　　)。

A. 存款大量流失　B. 客户办理业务等候时间较长

C. 所发行的股票价格大幅下跌　D. 被迫从市场上购回已发行的债券

E. 资产或负债过于集中

8. 商业银行流动性风险预警信号有(　　)。

A. 快速增长的资产的主要资金来源为市场大宗融资

B. 商业银行的外部评级上升

C. 所发行的可流通债券(包括次级债)的交易量上升且债券的买卖价差扩大

D. 商业银行所发行的股票价格下跌

E. 债权人(包括存款人)提前要求兑付，造成支付能力出现不足

9. 流动性风险是(　　)长期积聚、恶化的结果。

A. 战略风险　　B. 操作风险　　C. 市场风险　　D. 信用风险

E. 声誉风险

10. 下列各项中，(　　)属于流动性比率/指标。

A. 总资产报酬率　　B. 贷款总额与总资产的比率

C. 大额负债依赖度　　D. 现金头寸指标

E. 易变负债与总资产的比率

11. 下列关于流动性比例的描述，正确的有(　　)。

A. 流动性比例 = 流动性资产余额/流动性负债余额 × 100%

B. 流动性比例不得低于 25%

C. 流动性比例应分别计算本币和外币口径数据

D. 流动性比例 = 流动性资产余额/流动性负债余额 × 100%

E. 流动性比例属于流动性风险评估常用指标

12. 下列关于负债性资产的说法，正确的有(　　)。

A. 变现能力越强，所付成本越低，则流动性越强

B. 筹资能力越强，筹资成本越低，则流动性越强

C. 负债性资产是商业银行持有的资产可以随时得到偿付或在不贬值的情况下出售

D. 负债性资产是商业银行能够以较低的成本随时获得需要的资金

E. 公司机构存款人可以监测商业银行发行的债券和票据在二级市场交易价格的变化

13. 以下情况中说明商业银行流动性风险高的有(　　)。

A. 贷款总额与总资产的比率高

B. 贷款总额与核心存款的比率小

C. 现金头寸指标低

D. 大型商业银行的大额负债依赖度为 50%

E. 易变负债与总资产的比率大

14. 商业银行应当制定外汇融资能力受到损害时的流动性应急计划，通常包括(　　)。

A. 制定各币种的流动性管理策略

B. 管理者可根据某些外币在流动性需求中占有较高比例的情况

C. 使用本币资源并通过外汇市场将其转化为外币

D. 明确外币流动性的管理架构

E. 制定弥补现金流量不足的工作程序

15. 商业银行保持良好的流动性状况对其运营产生的积极作用有(　　)。

A. 避免商业银行的资产被迫廉价出售
B. 降低商业银行借入资金所需支付的风险溢价
C. 增进市场信心、向市场表明商业银行是安全的并有能力偿还贷款
D. 降低商业银行所面临的操作风险
E. 确保银行有能力实现贷款承诺，稳固客户关系

16. 商业银行在特定时段内需要借入的资金规模(流动性需求)是由一定水平的(　　)决定的。
A. 净利润　　B. 发放的贷款
C. 一定数量的流动性资产　　D. 客户规模
E. 核心存款

17. 下列关于久期分析法，说法正确的有(　　)。
A. 当久期缺口为负值时，如果市场利率下降，流动性就减弱
B. 当久期缺口为正值时，如果市场利率上升，则资产价值增加的幅度比负债价值增加的幅度大
C. 当久期缺口为正值时，如果市场利率下降，则资产价值增加的幅度比负债价值增加的幅度大
D. 久期缺口用来衡量利率变化直接影响商业银行的资产和负债价值
E. 当久期缺口为负值时，如果市场利率上升，流动性就减弱

18. 我国商业银行流动性风险管理的通常做法有(　　)。
A. 运用货币市场、公开市场等于外部市场平盘，保证在分行分散管理、配置资金
B. 通过制定本外币资金管理办法，对日常头寸的监控、调拨、清算进行管理
C. 将总行缺口集中到分行
D. 在总行设立资产负债管理委员会，制定全行的流动性管理政策
E. 通过对贷存比、流动性比率、中长期贷款比例等指标的考核，加强对全行流动性的管理

19. 假设其他条件相同，则下列关于商业银行各种流动性比率的分析正确的有(　　)。
A. 银行核心存款比例越高，流动性风险越低
B. 银行敏感负债与总资产的比率越高，流动性风险越高
C. 银行大额负债依赖度越低，流动性风险越低
D. 银行贷款总额与总资产的比率越低，流动性风险越低
E. 银行现金头寸指标越高，满足即时现金需要的能力越强

20. 商业银行需要定期对因(　　)所产生的现金流量及期限变化进行预测和分析，力图准确判断未来特定时段的资金净需求。
A. 表外项目　　B. 债券市场　　C. 负债　　D. 资产
E. 股票市场

21. 商业银行的下列做法中，能够起到降低流动性风险作用的有(　　)。
A. 适度分散客户种类和资金到期日
B. 以零售资金作为银行负债的主要来源
C. 制定风险集中限额
D. 制定适当的债务组合

E. 以批发性质的资金作为银行负债的主要来源

22. 以下关于资产流动性的说法，正确的有(　　)。

A. 资产流动性应当从零售和公司/机构两个角度进行分析

B. 资产流动性是商业银行持有的资产在无损失的情况下迅速变现的能力

C. 资产的变现能力越强，所付成本越低，则流动性越强

D. 资产流动性是商业银行能以较低的成本随时获得需要的资金

E. 商业银行应当估算所持有的可变现资产量，把流动性资产持有与之前的流动性需求进行比较，以确定流动性的适宜度

23. 以下属于影响商业银行流动性风险预警的外部指标/信号的有(　　)。

A. 存款大量流失

B. 客户大量求证不利于商业银行的传言

C. 市场上出现关于该商业银行的负面传言

D. 外部评级下降

E. 融资成本上升

24. 我国商业银行本外币应学习和引进的国际先进的流动性管理方法有(　　)。

A. 建立和运用资产负债管理信息系统

B. 进行动态的、精确的流动性缺口管理

C. 及时掌握行内所有资产负债期限的匹配情况

D. 依靠历史数据判断与估计流动性风险

E. 依赖管理人员的主观判断与估计

25. 下列属于内部指标的有(　　)。

A. 资产质量下降　　B. 负债过于集中

C. 盈利能力下降　　D. 多项业务风险水平增加

E. 外部评级下降

26. (　　)的存款通常不够稳定，对商业银行的流动性影响较大。

A. 零售客户　　B. 小额存款人　　C. 个人存款人　　D. 公司存款人

E. 机构存款人

27. 在流动性比例中，流动性负债包括(　　)。

A. 一个月内到期的同业往来净额

B. 一个月到期的各种已发行的债券和票据

C. 一个月内到期的中央银行借款

D. 一个月内到期的应付款

E. 活期存款(不含财政性存款)

28. 商业银行的资产负债期限结构是指，在未来特定时段内，(　　)的构成状况。

A. 流动性资产数量与流动性负债数量　　B. 长期资产数量与长期负债数量

C. 敏感性资产数量与敏感性负债数量　　D. 到期资产数量与到期负债数量

E. 现金流入与现金流出

29. (　　)是银行流动性风险的预警。

A. 银行所发行的可流通债券的买卖差价减小

B. 银行所发行的股票价格下跌
C. 市场上出现关于商业银行的负面传言
D. 快速增长的资产的主要资金来源是市场大宗融资
E. 融资交易对手开始要求抵押物且不愿提供中长期融资

30. 商业银行进行流动性风险预警的内部指标/信号包括(　　)等指标的变化。
A. 银行发行的有价证券的市场表现　　B. 第三方评级
C. 银行的盈利能力　　D. 银行的资产质量
E. 银行内部有关风险水平

三、判断题(请对以下各项的描述做出判断，正确的为 A，错误的为 B。)

1. 运用流动性指标分析银行流动性风险时，银行的规模对其有一定的影响。(　　)
A. 正确　　B. 错误
2. 流动性缺口率不得低于 10%。(　　)
A. 正确　　B. 错误
3. 任何情况下商业银行都不能只持有一种重要货币来匹配所有的外币债务。(　　)
A. 正确　　B. 错误
4. 商业银行总的流动性需求 = 负债流动性需求 + 临时流动性需求。(　　)
A. 正确　　B. 错误
5. 为规避流动性风险，实际操作中商业银行比较合适的做法是长期在总资产中保存大规模的流动性资产。(　　)
A. 正确　　B. 错误
6. 商业银行的融资缺口和流动性资产持有量越大，其需要从货币市场上借入的资金越多(　　)。
A. 正确　　B. 错误
7. 商业银行规模越大、业务越复杂，则利用现金流分析法所获得的流动性风险状况的可信度越高。(　　)
A. 正确　　B. 错误
8. 压力测试有助于商业银行深刻理解并预测在特定风险因素作用下，其整体流动性风险可能出现的不同状况。(　　)
A. 正确　　B. 错误
9. 商业银行将在何种程度上以本币满足其外汇融资需求取决于其融资需求的规模、进入外汇市场融资的渠道，以及从事表外业务的能力。(　　)
A. 正确　　B. 错误
10. 我国绝大多数商业银行本外币的流动性管理仍主要依赖历史数据和管理人员的主观判断与估计。(　　)
A. 正确　　B. 错误
11. 商业银行不能完全持有某种外币来匹配所有外币债务。(　　)
A. 正确　　B. 错误

12. 公开市场、货币市场和债券市场是商业银行获取资金，满足流动性需求的快捷通道。(　　)
A. 正确　　B. 错误

13. 央行宣布上调利率0.5%可能会影响到商业银行的资产负债期限结构。(　　)
A. 正确　　B. 错误

14. 在其他条件不变的情况下，贷款增加意味着融资缺口减少，核心存款平均额增加意味着融资缺口增加。(　　)
A. 正确　　B. 错误

15. 商业银行应当制定外汇融资能力受损时的流动性应急计划，通常可以使用该外汇的备用资源，切忌使用本币资源并通过外汇市场将其转为外币来补充流动性。(　　)
A. 正确　　B. 错误

16. 当久期缺口的绝对值越大，利率变化对商业银行的资产和负债价值影响越大，对其流动性的影响不大。(　　)
A. 正确　　B. 错误

17. 商业银行仅将核心存款的20%投入流动资产。(　　)
A. 正确　　B. 错误

18. 商业银行总的流动性需求等于贷款流动性需求减去负债流动性需求。(　　)
A. 正确　　B. 错误

19. 一家商业银行发生流动性风险可能会连带着其他银行也发生流动性风险。(　　)
A. 正确　　B. 错误

20. 公司/机构存款往往被看作是核心存款的主要组成部分。(　　)
A. 正确　　B. 错误

21. 商业银行的流动性是指在一定时间内、以合理的成本获取资金用于偿还债务或增加资产的能力。(　　)
A. 正确　　B. 错误

22. 商业银行流动性风险管理的核心是要尽可能地提高资产的流动性和负债的稳定性，并在两者之间寻求最佳的风险—收益平衡点。(　　)
A. 正确　　B. 错误

23. 商业银行最常见的资产负债期限错配情况是将大量短期借款(负债)用于长期贷款(资产)，即"借长贷短"。(　　)
A. 正确　　B. 错误

24. 对于主动负债比例较低的大部分中小商业银行来说，大额负债依赖度通常为正值。(　　)
A. 正确　　B. 错误

25. 流动资产与总资产的比率越高则表明商业银行存储的流动性越低。(　　)
A. 正确　　B. 错误

26. 对于敏感性负债，商业银行应保持较强的流动性储备，通常为总额的30%。(　　)
A. 正确　　B. 错误

27. 以批发性质资金来源为主的商业银行，其流动性风险相对较低。(　　)
A. 正确　　B. 错误

第七章　其他风险管理强化训练题

一、单选题（以下各小题所给出的四个选项中，只有一项符合题目要求，请选择相应选项。不选、错选均不得分。）

1. 战略风险的类型不包括(　　)。
   A. 产业风险　B. 技术风险　C. 竞争对手风险　D. 信用风险
2. (　　)是指商业银行针对政治、经济、社会、科技等外部环境和内部可利用资源，系统识别和评估商业银行既定的战略目标、发展规划和实施方案中潜在的风险，并采取科学的决策方法和风险管理措施来避免或降低可能的风险损失的风险管理方法。
   A. 法律风险管理　B. 战略风险管理　C. 合规风险管理　D. 国家风险管理
3. 关于声誉危机管理规划，下列说法错误的是(　　)。
   A. 商业银行有必要对危机管理的政策和流程做好事前准备，建立有效的沟通预案，制定有效的危机应对措施，并随时调动内外部资源以缓解致命风险的冲击
   B. 管理危机过程中的信息交流不是声誉危机管理规划的主要内容之一
   C. 声誉危机管理需要技能、经验以及全面细致的危机管理规划，以便为商业银行在危机情况下保全甚至提高声誉提供行动指南
   D. 危机现场处理是声誉危机管理规划的主要内容之一
4. 下列(　　)不属于战略风险管理应急方案应当包含的事件。
   A. 解决客户对日常业务的投诉　B. 业务中断/灾难恢复计划
   C. 诉讼应答策略　D. 回应监管批评
5. 战略风险管理流程中，下列(　　)活动是在确定风险管理方案之后执行的。
   A. 制定战略实施方案　B. 识别战略风险要素
   C. 定期自我评估风险管理的效果　D. 明确战略发展目标
6. 有效的战略风险管理应当定期采取(　　)的方式，全面评估商业银行的愿景、短期目的以及长期目标，并据此制定切实可行的实施方案。
   A. 由外到内　B. 由内到外　C. 从上至下　D. 从下至上
7. 商业银行的声誉危机管理应当建立在(　　)的基础上，而且如果能够在监管部门采取行动之前妥善处理，将取得更好的效果。
   A. 良好的道德规范和股东利益　B. 良好的内部控制和机构利益
   C. 良好的道德规范和公众利益　D. 良好的内部控制和股东利益
8. 战略风险管理的基本假设不包括(　　)。
   A. 如果采取适当的措施，风险可以完全避免
   B. 预防工作有助于避免或减少风险事件和未来损失
   C. 准确预测未来风险事件的可能性是存在的
   D. 如果对未来风险加以有效管理和利用，风险有可能转变为发展机会

9. (　　)是由于和银行有关的负面消息、宣传和流言引致客户流失，以及诉讼或盈利下降等事件在市场传播给商业银行的形象带来不利影响而导致的损失，市场传言或公众印象都是决定这类风险水平的重要因素。

A. 国家风险　B. 声誉风险　C. 流动性风险　D. 法律风险

10. 将商业银行的(　　)和经营目标结合起来，是创造公共透明度、维护商业银行声誉的一个重要层面。

A. 盈利能力　B. 企业社会责任　C. 领导能力　D. 战略发展计划

11. 在商业银行内部经营管理活动中，(　　)可以从宏观战略层面、中观管理层面和微观执行层面进行识别。

A. 战略风险　B. 操作风险　C. 法律风险　D. 流动性风险

12. 商业银行的战略规划应当定期审核或修正，以适应不断发展变化的市场环境。下列哪一种情况下，商业银行不需要调整战略规划？(　)

A. 客户的结构发生变化，提出新的需求

B. 中小企业逐渐成为市场经济的主要力量，而银行一直为大型国有企业提供贷款服务

C. 房贷市场长期看好，但是遇到紧缩的货币政策，房贷产品计划推行不如预期

D. 中国银行业实行全面的对外开放，竞争加剧

13. 商业银行战略风险管理的最有效方法是(　　)，并定期进行修正。

A. 制定以风险为导向的战略规划　B. 制定战略风险的应急方案

C. 制定长期固定的战略规划　D 加强对风险的监测

14. 客户被看作商业银行的核心资产，现在越来越多的商业银行将产品研发、未来发展计划向客户/公众告知，增强对客户/公众的透明度。这对声誉风险管理有什么意义？(　　)

A. 广泛征求客户的意见，提早预知和防范新产品可能引发的声誉风险

B. 增加客户对商业银行声誉风险管理的了解程度

C. 增加客户对银行声誉风险管理的干预程度

D. 提高商业银行的声誉

15. 当前我国各商业银行普遍面临收益下降、产品用员务成本增加，产品用员务过剩的状况，面对这一发展困局，各商业银行应主要加强(　　)的管理。

A. 战略风险　B. 信用风险　C. 声誉风险　D. 市场风险

16. 下列关于声誉风险管理的说法，不正确的是(　　)。

A. 保持与媒体的良好接触有助于改善商业银行声誉管理的操作实践

B. 声誉风险通常与信用、市场、操作、流动性等风险交叉存在、相互作用

C. 努力建设学习型组织不是声誉风险管理体系的内容之一

D. 声誉危机管理规划给商业银行创造了价值

17. 商业银行的(　　)是指银行业务发展的未来方向及实际的执行计划，因经济环境及科技发展的转变做出的战略改变对银行经营的影响，是银行的策略制订和实施过程中失当，或未能对市场变化做及时的调整，从而影响到现在或未来银行自身的盈利、资本、信誉和市场地位的风险。

A. 合规风险　B. 流动性风险　C. 国家风险　D. 战略风险

18. (　　)是指由于某一国家或地区经济、政治、社会变化及事件，导致该国家或地区借款

人或债务人没有能力或者拒绝偿付商业银行债务，或使商业银行在该国家或地区的商业存在遭受损失，或使商业银行受其他损失的风险。

A. 主权风险 B. 国家风险 C. 政治风险 D. 宏观经济风险

19. 在法律风险管理体系中，法律风险管理部门应承担的职责有(　　)。

A. 识别、评估和监测法律风险

B. 拟定法律风险管理政策和程序，提交高级管理层和董事会审查批准

C. 参与操作风险管理程序，并及时向董事会和高级管理层提供独立的风险报告

D. 以上都是

20. 按照国际实践，在日常风险管理操作中，具体的风险管理/控制措施为(　　)。

A. 从基层业务单位到业务领域风险管理委员会，再从基层业务单位到高级管理层的三级管理方式

B. 从基层业务单位到业务领域风险管理委员会，再到高级管理层的三级管理方式

C. 从基层业务单位到高级管理层的是二级管理方式

D. 从基层业务单位到业务领域风险管理委员会的二级管理方式

21. 关于战略风险管理的基本做法，下列说法正确的是(　　)。

A. 建立公平的奖惩机制，支持发展目标和股东价值的实现

B. 明确董事会和高级管理层的责任

C. 确保及时处理投诉和批评

D. 增强对客户的透明度

22. 下列选项关于商业银行管理战略基本内容的说法，不正确的是(　　)。

A. 战略目标一旦发生改变，商业银行的各项工作仍然可以有序展开

B. 战略目标决定实现路径

C. 商业银行战略是商业银行前进、发展的指示灯，指引商业银行的前进方向以及如何达到目的地

D. 商业银行管理战略分为战略目标和实现路径两个方面

23. 清晰的战略风险管理不包括(　　)。

A. 监测和报告 B. 战略风险评估 C. 战略风险识别 D. 战略风险规划

24. 下列属于战略风险识别中观管理层面内容的是(　　)。

A. 建立企业经风险管理信息系统的决策是否恰当

B. 是否忽视对个人理财人员的职业技能和道德操守培训

C. 资产投资组合中是否存在高风险、低收益的金融产品

D. 进入或退出市场的决策是否恰当

25. 声誉风险管理部门应当将收集到的声誉风险因素按照(　　)进行排序。

A. 时间先后和紧迫性 B. 时间先后和重要程度

C. 影响程度和时间先后 D. 影响程度和紧迫性

26. 银行的经营环境时刻都处在变化当中，或者说银行的外部环境存在很大的不确定性，但是不同银行受到的影响是不同的，这取决于银行经营对外部环境的依赖程度以及银行经营模式跟随外部经营环境变化而变化和调整的弹性。一家银行的经营活动和盈利模式越依赖于外部环境，银行潜在的战略风险就越(　　)。

A. 低　B. 高　C. 难以确定　D. 不稳定

27. 如果银行本身没有不当行为，银行客户的不当行为会不会导致对银行声誉的影响？(　　)

A. 会　B. 不会　C. 两者没有联系　D. 难以确定

28. (　　)是指由商业银行经营、管理及其他行为或外部事件导致利益相关方对商业银行负面评价的风险。

A. 法律风险　B. 战略风险　C. 声誉风险　D. 操作风险

29. (　　)是指商业银行在日常经营活动或各类交易中，因为无法满足或违反法 律要求，导致商业银行不能履行合同、发生争议诉讼或其他法律纠纷，而可能给商业银行造成经济损失的风险。

A. 法律风险　B. 战略风险　C. 声誉风险　D. 操作风险

30. 声誉危机管理的主要内容不包括(　　)。

A. 明确记载的危机处理决策流程　B. 预先制定战略性的危机管理规划

C. 提高发言人的沟通技能　D. 危机现场处理

31. 商业银行在识别国别风险的过程中，应当确保国际授信与国内授信适用的原则是(　　)。

A. 可变　B. 个性化　C. 不同　D. 同等

32. 国内商业银行界目前认为比较有效的声誉风险管理方法不包括(　　)。

A. 利用精确的数量模型进行量化

B. 确保各类主要风险得到正确识别和排序

C. 推行全面风险管理理念

D. 改善公司治理结构

33. 商业银行通常采用定期的自我评估的方法来检验战略风险管理是否有效实施，定期通常是指(　　)。

A. 每天　B. 每月　C. 每周　D. 每年

34. (　　)是指经营决策错误、决策执行不当或对行业变化束手无策，对银行的收益或资本形成现实和长远的影响。

A. 操作风险　B. 市场风险　C. 战略风险　D. 法律风险

35. 下列关于战略规划的说法，不正确的是(　　)。

A. 战略规划应当清晰阐述实施方案中所涉及的风险因素、潜在收益以及可以接受的风险水平

B. 战略规划必须建立在商业银行当前的实际情况和未来的发展潜力基础之上

C. 战略规划应当从战术层面开始，深入贯彻并落实到宏观和微观操作层面

D. 商业银行战略风险管理的有效方法是制定以风险为导向的战略规划

36. 国家风险的评估指标不包括(　　)。

A. 比例指标　B. 规模指标　C. 等级指标　D. 数量指标

37. 经济发展及市场环境变化必然导致商业银行的客户偏好逐渐发生转移，客户维权意识和议价能力也日益增强。在此情形下，商业银行面临的客户风险是指(　　)。

A. 若不能根据客户需求的改变而创造需求，则有可能丧失客户资源

B. 客户的投诉和批评增多

C. 客户的维权意识增强

D. 客户提出不合法的需求

38. 商业银行之间的竞争日趋激烈，不可避免地出现收益下降、产品用员务成本增加、产能过剩、恶性竞争等现象。这属于商业银行面临的外部风险中的(　　)。

A. 品牌风险　B. 客户风险　C. 行业风险　D. 竞争对手风险

39. 银行可能遭受的国家风险包括(　　)。

A. 到期不还风险　B. 间接风险

C. 债务重新安排风险　D. 以上都是

40. (　　)对战略风险管理的结果负有最终责任。

A. 监事会　B. 股东大会　C. 公司治理层　D. 董事会

41. 商业银行有效的战略风险管理应当确保其长期战略、短期目标、(　　)和可利用资源紧密联系在一起。

A. 风险管理措施　B. 资本实力　C. 员工利益　D. 连续营业方案

42. 商业银行的(　　)来源于其内部经营管理活动，以及外部政治、经济和社会环境的变化。

A. 流动性风险　B. 法律风险　C. 战略风险　D. 操作风险

43. 下列关于声誉危机管理规划的说法，正确的是(　　)。

A. 危机可能永远不会发生，所以声誉危机管理规划没有给商业银行创造附加价值

B. 声誉危机管理需要技能、经验以及全面细致的危机管理规划，以便为商业银行在危机情况下保全甚至提高声誉提供行动指南

C. 危机管理应当采用“辩护或否认”的对抗策略

D. 制定危机管理规划是声誉危机管理规划的主要内容之一

44. 激烈的行业竞争必然形成优胜劣汰，如果缺乏独特的品牌形象和吸引力，将可能遭遇严重的生存危机。品牌风险会影响到(　　)。

A. 商业银行的盈利能力和业务发展空间

B. 商业银行的业务创新水平

C. 商业银行的风险管理水平

D. 商业银行的技术水平

45. 处于声誉风险管理的第一线的部门是(　　)。

A. 声誉风险评估部门　B. 声誉风险监测部门

C. 声誉风险审计部门　D. 声誉风险管理部门

46. 银行战略风险管理的主要作用是(　　)。

A. 持久维护商业银行的声誉，提高员工的业务熟练程度，消除银行面临的市场风险

B. 最大限度的避免经济损失，持久维护商业银行的声誉，提高银行的股东价值

C. 最大限度的避免经济损失，提高员工的业务熟练程度，提高银行知名度

D. 提高银行的股东价值和银行知名度，保持银行的行业领先地位

47. 商业银行(　　)承担监控国别风险管理有效性的最终责任。

A. 风险管理部门　B. 高级管理层　C. 股东大会　D. 董事会

48. 有效的声誉管理取决于(　　)。

A. 有资质的管理人员　　B. 高效的风险管理流程
C. 先进的信息系统　　D. 以上都正确

49. (　　)《巴塞尔新资本协议(征求意见稿)》明确指出，银行应将声誉风险纳入其风险管理体系中，并在资本充足率评估和流动性应急预案中适当涵盖声誉风险。
A. 2009 年 1 月　B. 2006 年 1 月　C. 2009 年 8 月　D. 2006 年 8 月

50. 重大风险暴露和高风险国家暴露应当至少每(　　)向董事会报告。
A. 半年　B. 季度　C. 一年　D. 两年

二、多选题(以下各小题所给出的五个选项中，有两项或两项以上符合题目的要求，请选择相应选项，多选、少选、错选均不得分。)

1. 巴塞尔委员会将商业银行面临的风险划分为八大类，其中包括(　　)。
A. 系统风险　B. 信用风险　C. 操作风险　D. 战略风险
E. 声誉风险

2. 通常，战略风险识别可以从(　　)入手。
A. 微观执行层面　　B. 中观管理层面
C. 技术层面　　D. 宏观战略层面
E. 战术层面

3. 关于商业银行声誉风险管理的方法，下列说法正确的是(　　)。
A. 与非营利机构合作，更多地服务当地社区，创建更加发善的机构和人又环境
B. 及时检测和分析客户投诉的起因、规模、趋势、规律、相关性等特征
C. 要素通过不同的媒体定期或不定期地宣传银行的价值理念
D. 要求所有员工都能深入贯彻、理解商业银行的价值理念恪守内部流程
E. 如果经过努力确实无法实现对利益持有者的承诺，则必须做出明确、诚恳的解释

4. 良好的声誉风险管理有助于提升商业银行的盈利能力和实现长期战略目标，以下可能诱发商业银行声誉风险的有(　　)。
A. 金融产品、服务存在严重缺陷　　B. 内控缺失导致违规案件层出不穷
C. 缺乏经营特色　　D. 缺乏社会责任感
E. 违反用工法

5. 建立高效的风险管理部门应当固守的两个基本准则是(　　)。
A. 风险管理部门是风险管理策略的唯一执行部门
B. 风险管理部门不具有或只具有非常有限的风险管理策略执行权
C. 风险管理部门必须具备高度独立性
D. 风险管理部门是财务部门的辅助机构
E. 风险管理部门包含商业银行风险管理的所有核心要素

6. 战略风险来自(　　)。
A. 为实现目标所需要的资源匮乏
B. 为实现战略目标而制定的经营战略存在缺陷
C. 商业银行经营目标不能按时实现

D. 商业银行战略目标缺乏整体兼容性

E. 整个战略实施过程的质量难以保证

7. 下列可能给某商业银行带来声誉风险的有(　　)。

A. 银行工作人员长期对待客户态度粗暴

B. 市场流传次贷危机使得银行蒙受巨额亏损的消息

C. 银行对长期合作且信用良好的贷款客户大幅削减信贷额度

D. 关于银行高比例不良资产的媒体报道

E. 银行向风险承受能力低的客户推荐高风险的理财产品

8. 下列关于声誉风险管理的基本做法，正确的是(　　)。

A. 定期通过外部审计部门的审核　　B. 建立清晰的声誉风险管理流程

C. 采取恰当的声誉风险管理方法　　D. 明确董事会和高级管理层的责任

E. 定期通过内部审计部门的审核

9. 下列哪些经营活动中存在着国家风险？(　　)

A. 由境外服务提供商提供的外包服务　　B. 设立境外机构

C. 国际资本市场业务　　D. 授信

E. 代理行往来

10. 在声誉风险评估中，通常需要做出预先评估的风险事件包括(　　)。

A. 市场对商业银行的盈利预期

B. 影响客户或公众的政策性变化(例如营业场所、营业时间、服务收费等方面的调整)

C. 商业银行改革/重组的成本和收益

D. 监管机构责令整改的不利信息和事件

E. 市场利率短期内剧烈波动

11. 现代商业银行管理的最重要的两份报告是(　　)。

A. 每日风险状况报告　　B. 每日资产负债表

C. 每日现金流量表　　D. 每日收益、损失表

E. 每日宏观数据报告

12. 商业银行面临的战略风险包括(　　)。

A. 国家风险　　B. 品牌风险　　C. 行业风险　　D. 客户风险

E. 法律风险

13. 商业银行对国别风险的计量方法应满足的要求有(　　)。

A. 能够在单一和并表层面按国别计量风险

B. 能够根据风险的分散情况计量国别风险

C. 能够覆盖所有重大风险暴露和不同类型的风险

D. 能够覆盖所有风险暴露和不同类型的风险

E. 能够根据有风险转移及无风险转移情况分别计量国别风险

14. 在声誉危机管理中，预先制定战略性的危机管理规划的主要内容包括(　　)。

A. 确保可供使用的沟通资源和技术手段畅通，保障危机时刻的信息传递

B. 了解可以用来处理危机状况的最佳媒介方式

C. 指定危机管理负责人岗位，定期评估金融机构的内外沟通机制

D. 测试危机沟通方案以及应对措施

E. 在内部明确一致的危机管理原则，并尽可能地告知所有利益持有者

15. 下列关于商业银行战略风险管理的描述，正确的有(　　)。

A. 战略风险管理强化了商业银行对于潜在威胁的洞察力

B. 良好的战略风险管理最终会使商业银行获益

C. 战略风险管理是一种短期性管理

D. 战略风险管理是一种长期性管理

E. 战略风险管理成本高，且未来收益难以确定，得不偿失

16. 商业银行建立良好的声誉风险管理体系有助于(　　)。

A. 消除各类风险因素和风险事件

B. 减少法律诉讼和外部监管要求

C. 吸引高质量的合作伙伴和强化自身竞争力

D. 确保产品和服务的溢价水平

E. 减少进入新市场的阻碍

17. 商业银行战略风险管理的最有效方法是制定以风险为导向的战略规划，并定期进行修正。其中的战略规划应当(　　)。

A. 清晰阐述实施方案中所涉及的风险因素、潜在收益以及可以接受的风险水平

B. 说明与其他竞争对手战略实施方案的比较

C. 反映商业银行的经营特色

D. 尽可能包括实施方案的预期风险损失和财务分析

E. 从宏观战略层面开始，深入贯彻并落实到中观管理和微观操作层面

18. 下列关于商业银行风险管理策略的说法中，正确的有(　　)。

A. 某商业银行向多个国家的企业发放贷款，这应用了风险分散的方法

B. 某商业银行在买入股票的同时，买入相应的看跌期权，这应用了风险转移的方法

C. 某商业银行购买出口信贷保险，这应用了风险对冲的方法

D. 某商业银行董事会在确定经济资本分配时，对某项业务配置非常有限的资本以限制其规模，这应用了风险规避的方法

E. 某商业银行对于信用等级较低的借款客户，给予高于基准贷款利率的利率水平，这应用了风险补偿的方法

19. 下列属于战略风险管理应急方案的有(　　)。

A. 业务中断恢复计划　　B. 公共关系补偿计划

C. 灾难恢复计划　　D. 诉讼应答策略

E. 回应监管批评

20. 商业银行通常采用定期自我评估的方法，来检验战略风险管理是否有效实施。对战略风险管理进行监测的意义在于(　　)。

A. 银行可以了解自身营运状况的改变　　B. 银行能更清楚的认识到市场变化

C. 提高雇员的技术水平　　D. 满足客户需求

E. 了解各业务领域为实现整体经营目标所承受的风险

21. 商业银行面临的项目风险主要有(　　)。

A. 拓展市场份额失败　B. 产品研发失败
C. 技术开发失败　D. 兼并失败
E. 进入新市场失败

22. 在战略风险评估中，应由专家审核的假设条件主要有(　　)。
A. 公司的整体战略　B. 利率变化及预期
C. 公司治理结构　D. 整体经济指标
E. 信用风险参数

23. 声誉风险管理的作用包括(　　)。
A. 能够持久、有效地帮助商业银行减少各种潜在的风险损失
B. 强化了商业银行对于潜在威胁的洞察力
C. 够确保产品和服务的溢价水平
D. 够最大限度地避免经济损失
E. 能够预先识别所有潜在风险以及这些风险之间的内在联系和相互作用

24. 清晰的声誉风险管理流程包括(　　)。
A. 声誉风险识别　B. 外部审计　C. 声誉风险评估　D. 监测和报告
E. 内部审计

25. 战略风险管理的作用包括(　　)。
A. 能够最大限度地避免经济损失
B. 能够确保产品和服务的溢价水平
C. 强化了商业银行对于潜在威胁的洞察力
D. 能够持久、有效地帮助商业银行减少各种潜在的风险损失
E. 能够预先识别所有潜在风险以及这些风险之间的内在联系和相互作用

26. 以下哪些是声誉风险管理中应强调的内容(　　)。
A. 明确商业银行的战略愿景和价值理念
B. 有明确记载的危机/决策流程
C. 深入理解不同利益持有者对自身的期望值
D. 培养开放、互信、互助的机构文化
E. 建设学习型组织

27. 通常战略风险识别可以从(　　)三个层面人手。
A. 战略　B. 宏观　C. 微观　D. 全局
E. 战术

28. 声誉危机管理需要技能、经验以及全面细致的危机管理规划，以便在危机情况下为商业银行提供保全甚至提高声誉的行动指南。声誉危机管理的主要内容包括(　　)。
A. 提高发言人的沟通能力　B. 提高解决问题的能力
C. 危机现场处理　D. 制定战略性的危机沟通机制
E. 模拟训练和演习

29. 下列属于有效的声誉风险管理体系内容的有(　　)。
A. 培养开放、互信、互助的机构文化
B. 努力建设学习型组织，有能力在出现问题时及时纠正

C. 明确商业银行的战略愿景和价值理念

D. 建立强大的、动态的风险管理系统，有能力提供风险事件的早期预警

E. 有明确记载的声誉风险管理政策和流程

30. 下列(　　)是普遍认为的有助于改善银行声誉风险管理的最佳操作实践。

A. 增加对客户/公众的透明度

B. 确保及时处理投诉和批评

C. 从投诉和批评中积累早期预警经验

D. 制定危机管理规划

E. 管理危机过程中的信息交流不是声誉危机管理规划的主要内容之一

三、判断题(请对以下各项的描述做出判断，正确的为 A，错误的为 B。)

1. 利用有效的战略规划可以控制每个业务领域所承受的风险规模，它是战略风险管理的一个重要工具。(　　)

A. 正确　　B. 错误

2. 声誉风险识别的核心是能够正确识别信用、市场、操作、流动性风险中可能威胁商业银行声誉的风险因素。(　　)

A. 正确　　B. 错误

3. 战略实施方案执行之前，业务部门应当认真评估其是否与商业银行的长期发展目标和战略规划保持一致、对未来战略目标的贡献，以及是否有必要调整战略规划。(　　)

A. 正确　　B. 错误

4. 战略规划始于宏观战略层面，但最终必须深入贯彻并落实到中观管理和微观操作层面。(　　)

A. 正确　　B. 错误

5. 利用有效的战略规划可以控制每个业务领域所承受的风险规模，它是战略风险管理的一个重要工具。(　　)

A. 正确　　B. 错误

6. 小型商业银行普遍擅长零售业务，有能力将资源和技术整合起来，和更多的对手竞争。(　　)

A. 正确　　B. 错误

7. 有重大国别风险暴露的商业银行，应至少每年对国别风险限额进行审查和批准。(　　)

A. 正确　　B. 错误

8. 声誉风险可能产生于商业银行运营的任何环节，其原因主要由商业银行的内部因素造成。(　　)

A. 正确　　B. 错误

9. 商业银行的战略风险管理流程应当定期通过外部审计部门的审核。(　　)

A. 正确　　B. 错误

10. 高级管理层处在声誉风险管理的第一线，应当随时了解各类利益持有者所关心的问题，并且正确预测其对商业银行的业务、政策或运营调整可能产生的反应。(　　)

A. 正确　　　　B. 错误

11. 经济资本配置是战略风险管理的重要工具之一。(　　)

A. 正确　　　　B. 错误

12. 作为声誉危机的发言人不需要具有法律背景。(　　)

A. 正确　　　　B. 错误

13. 国别风险应当至少划分为低、中、高三个等级。(　　)

A. 正确　　　　B. 错误

14. 声誉风险管理是基于前瞻性理念而形成的全面、预防性的风险管理方法，得到国际上越来越多的金融机构特别是大型商业银行的高度重视。(　　)

A. 正确　　　　B. 错误

15. 风险管理部门负责制定商业银行最高级别的战略规划，并将其作为商业银行未来发展的行动指南。(　　)

A. 正确　　　　B. 错误

16. 商业银行应当从投诉和批评中积累早期声誉风险预警经验。(　　)

A. 正确　　　　B. 错误

17. 商业银行规模越大，抵抗风险的能力越强，同时也意味着商业银行可能面临的风险因素越多，对其声誉的潜在威胁也越小。(　　)

A. 正确　　　　B. 错误

18. 利用有效的战略规划可以控制每个业务领域所承受的风险规模，它是战略风险管理的一个重要工具。(　　)

A. 正确　　　　B. 错误

第八章　风险评估与资产评估强化训练题

一、单选题（以下各小题所给出的四个选项中，只有一项符合题目要求，请选择相应选项。不选、错选均不得分。）

1. 商业银行内部资本充足评估程序应实现的目标不包括(　　)。
   A. 确保潜在风险得以规避
   B. 确保资本规划与银行经营状况、风险变化趋势及长期发展战略相匹配
   C. 确保资本水平与风险偏好及风险管理水平相适应
   D. 确保主要风险得到识别、计量或评估、监测和报告
2. 国际银行业开展实质性风险评估主要采用的方法是(　　)。
   A. 标准法　B. 高级计量法　C. 基本指标法　D. 打分卡方法
3. 资本充足率的定期压力测试至少(　　)一次。
   A. 半年　B. 一年　C. 两年　D. 三年
4. 商业银行在选择风险加总法时至少应采取(　　)加总法。
   A. 标准　B. 高级计量　C. 简单　D. 基本
5. 内部资本充足评估程序应当至少每(　　)实施一次，在银行经营情况、风险状况和外部环境发生重大变化时，应及时进行调整和更新。
   A. 三年　B. 两年　C. 一年　D. 半年
6. 压力情景应充分体现银行的(　　)的特征。
   A. 经营和管理　B. 风险和收益　C. 经营和风险　D. 经营和收益
7. 商业银行应根据内外部经济形势变化，建立定期评估、更新压力测试方法论的机制，不断提高压力测试结果的(　　)。
   A. 全面性和可靠性　B. 科学性和准确性
   C. 科学性和可靠性　D. 准确性和可靠性
8. 商业银行所选择的压力测试方法论应确保所设计情景能有效传导至各类(　　)风险。
   A. 潜在　B. 已知　C. 实质　D. 总体
9. 关于风险评估的总体要求，下列说法错误的是(　　)。
   A. 商业银行进行风险加总，应当充分考虑集中度风险及风险之间的相互传染
   B. 商业银行应当建立风险加总的政策和程序，确保在不同层次上及时识别风险
   C. 对能够量化的风险，商业银行应当建立风险识别、评估、控制和报告机制，确保相关风险得到有效管理
   D. 商业银行应当有效评估和管理各类主要风险
10. 设计资本充足率压力测试框架需注意的问题，不包括(　　)。
    A. 保证系统可延伸性　B. 缩短评估时间

C. 合理整合现有资源　　D. 定量与定性相结合

11. 对银行面临的所有实质性风险进行全面评估是风险评估中的(　　)。

A. 具体风险评估　　B. 全面风险评估

C. 实质性风险评估　　D. 对全面风险管理框架的评估

12. 商业银行进行风险加总，若考虑风险分散化效应，应基于(　　)实证数据，且数据观察期至少覆盖(　　)完整的经济周期。

A. 短期；两个　B. 长期；一个　C. 长期；两个　D. 短期；一个

13. 商业银行应当在资本充足性评估程序中评估(　　)，即进行资本评估。

A. 风险管理水平　B. 盈利水平　C. 资产充足水平　D. 资本充足水平

14. (　　)又称为风险资本，并不必然等同于银行所持有的账面资本，可能大于账面资本，也可能小于账面资本。

A. 实收资本　B. 监管资本　C. 经济资本　D. 账面资本

15. 资本充足率是指商业银行持有的符合规定的资本与风险加权资产之间的比率，这里的资本就是(　　)。

A. 实收资本　B. 监管资本　C. 经济资本　D. 账面资本

16. 资本充足率压力测试框架以(　　)的压力测试为基础。

A. 单一风险　B. 简单风险　C. 复杂风险　D. 多元化风险

17. 商业银行应在内部资本充足评估程序框架下建立全面的、审慎的、(　　)的资本充足率压力测试工作机制。

A. 前瞻性　B. 准确　C. 及时　D. 高效

18. 资产负债表上银行总资产减去总负债后的剩余部分是(　　)。

A. 实收资本　B. 监管资本　C. 经济资本　D. 账面资本

19. 反映银行实际拥有的资本水平的是(　　)。

A. 实收资本　B. 监管资本　C. 经济资本　D. 账面资本

20. 银行抵补风险所要求拥有的资本是(　　)。

A. 实收资本　B. 监管资本　C. 经济资本　D. 账面资本

21. 为了对未来一段实践的资本充足情况进行预测和管理，资本规划通常的做法是对未来(　　)进行滚动规划。

A 四年或五年　B. 两年或三年　C. 三年或五年　D. 一年或两年

22. 从保护存款人利益和增强银行体系安全性的角度出发，银行资本的核心功能是(　　)。

A. 组织营业　　B. 吸收损失

C. 为银行的注册　　D. 保护银行的正常经营

23. 在资本供给方面，一般情况下应以(　　)合格标准为准，适当考虑可以使用的资本工具等确定。

A. 实收资本　B. 监管资本　C. 经济资本　D. 账面资本

24. (　　)强调的是抵御风险、保障银行持续稳健经营的能力。

A. 实收资本　B. 监管资本　C. 经济资本　D. 永久资本

25. 内部资本充足评估报告的内容不包括(　　)。

A. 评估实际持有的资本是否足以抵御主要风险

B. 评估主要风险状况及发展趋势、战略目标和外部环境对资本水平的影响

C. 评估预期持有资本的流动性大小

D. 提出确保资本能够充分覆盖主要风险的建议

26.《巴塞尔新资本协议》要求实施内部评级法初级法的商业银行(　　)。

A. 由信用评级机构给出违约损失率

B. 参照中国人民银行相关规定给出违约损失率

C. 由监管当局根据资产类别给定违约损失率

D. 必须自行估计每笔债项的违约损失率

27. 压力测试通常使用(　　)方法。

A. 假设性分析和情景分析　　B. 敏感性分析和假设性分析

C. 敏感性分析和情景分析　　D. 以上皆不正确

28. 在自我评估法中，下列操作风险与内部控制评估的工作流程各阶段，按照先后顺序排序结果是(　　)。

(1)全员风险识别与报告；(2)控制活动识别与评估；

(3)制定与实施控制优化方案；(4)报告自我评估工作与日常监控；

(5)作业流程分析和风险识别与评估

A. (1)(5)(2)(3)(4)　　B. (4)(2)(3)(1)(5)

C. (4)(1)(5)(3)(2)　　D. (1)(2)(3)(4)(5)

29. (　　)是风险评估和监测的重要工具，它有助于银行进行日常监控和实时监测的动态操作风险管理。

A. 风险诱因　　B. 高级计量法　　C. 风险指标　　D. VAR 模型

30. 情景分析用于(　　)。

A. 着重分析特定风险因素对组合或业务单元的影响

B. 一组风险因素的多种情景对组合价值的影响

C. 测试单个风险因素或一小组密切相关的风险因素的假定运动对组合价值的影响

D. A 和 C

二、多选题(以下各小题所给出的五个选项中，有两项或两项以上符合题目的要求，请选择相应选项，多选、少选、错选均不得分。)

1. 在风险评估时，商业银行通常使用标准化的原始数据收集模板收集数据，并遵循统一的损失数据收集流程与规范。损失数据收集的内容包括(　　)。

A. 损失事件发生的主要原因的描述信息　　B. 抵押资产的可变现净值

C. 贷款人还款记录　　D. 总损失中收回部分信息

E. 损失事件发生的时间、发生的单位信息

2. 国际银行业开展风险评估的基本原则有(　　)。

A. 缩短评估所需时间　　B. 保证一定的前瞻性

C. 提高银行的收益率　　D. 符合监管要求

E. 符合银行实际

3. 资本规划是对正常和压力情景下的资本充足率进行预测，并将预测资本水平与目标资本充足率比较，相应调整财务规划和业务规划，使银行(　　)达到动态平衡。
A. 财务规划　B. 业务规划　C. 资本充足率　D. 资本充足水平
E. 经营规划
4. 商业银行建立的内部资本充足评估程序的报告体系应至少包括以下内容(　　)。
A. 提出抵御各类风险的具体措施
B. 评估实际持有的资本是否足以抵御主要风险
C. 评估银监会的监管要求
D. 评估主要风险状况及发展趋势、战略目标和外部环境对资本水平的影响
E. 提出确保资本能够充分覆盖主要风险的建议
5. 在设计资本充足率压力测试框架时，需要注意以下几个问题(　　)。
A. 保证系统可延伸性　B. 保证结果的前瞻性
C. 合理整合现有资源　D. 定量与定性相结合
E. 明确测试目标
6. 资本充足率压力测试框架的主要内容包括(　　)。
A. 结果归纳　B. 情景选择　C. 定量压力测试　D. 结果输出
E. 定性压力测试及管理行动
7. 资本充足率压力测试应涵盖商业银行表内外风险暴露的主要资产组合有(　　)。
A. 金融衍生品组合　B. 股权投资组合　C. 买入返售资产　D. 债券投资组合
E. 零售信贷组合
8. 对全面风险管理框架的评估，主要是对(　　)的评估。
A. 风险政策流程　B. 人员配置　C. 公司治理　D. 限额
E. 信息系统
9. 资本充足率压力测试的输出结果反映的压力情景对全行造成的影响包括(　　)。
A. 成本测算　B. 资产价值　C. 会计损益　D. 监管资本
E. 风险加权资产
10. 商业银行资本可以用来(　　)等。
A. 吸收银行的经营亏损　B. 为银行的注册提供资金
C. 保护银行的正常经营　D. 缓冲意外损失
E. 存款进入前的经营提供启动资金
11. 商业银行制定资本规划，充分考虑对银行资本水平可能产生重大负面影响的因素，包括(　　)。
A. 风险事件　B. 突破风险承受能力的其他事件
C. 严重且长期的市场衰退　D. 或有风险暴露
E. 外部事件
12. 根据不同的管理需要和本质特性，银行资本有(　　)三个概念。
A. 实收资本　B. 监管资本　C. 经济资本　D. 账面资本
E. 经营资本
13. 监管资本的预测需要对(　　)分别进行预测。

A. 二级资本　B. 其他一级资本　C. 核心一级资本　D. 附属资本
E. 经济资本

14. 下列属于压力测试覆盖范围方面监管要求的有(　　)。
A. 商业银行应逐步建立完善的资本充足率压力测试系统，能够实施整体的压力测试，也能实施特定风险的专项压力测试
B. 商业银行应结合自身风险状况，采用定量或者非定量的方法评估特定风险领域在压力情景下的损失情况
C. 资本充足率压力测试应涵盖商业银行表内外风险暴露的主要资产组合
D. 资本充足率压力测试应覆盖全行范围内的实质性风险
E. 商业银行应合理设计轻度、中度、重度等不同严重程度的压力情景

15. 商业银行应基于风险评估过程中确定的(　　)确定资本需求。
A. 未来盈利模式　B. 未来业务规划　C. 当前风险水平　D. 当前风险轮廓
E. 发展战略

16. 商业银行风险评估的总体要求是(　　)。
A. 商业银行风险评估要符合银行的实际
B. 商业银行应当建立风险加总的政策和程序，确保在不同层次上及时识别风险
C. 商业银行风险评估要符合监管要求
D. 商业银行应当有效评估和管理各类主要风险
E. 商业银行进行风险加总，应当充分考虑集中度风险及风险之间的相互传染

17. 内资本充足评估报告的内容涵盖内部资本充足评估的主要内容，即(　　)。
A. 风险评估　B. 资本规划　C. 风险缓释　D. 压力测试
E. 资本评估

18. ICAAP 报告的作用有(　　)。
A. 提出确保资本能够充分覆盖主要风险的建议
B. 评估实际持有的资本是否足以抵御主要风险
C. 作为银行的自我评估过程和结论的书面报告，可以作为内部完善风险管理体系和控制机制，实现资本管理与风险管理密切结合的重要参考文件
D. 评估主要风险状况及发展趋势、战略目标和外部环境对资本水平的影响
E. 作为银行提交给监管机构的合规文件，当监管机构在评估后认为银行的 ICAAF 程序符合监管要求时，监管机构可以基干银行自评估的内部资本水平来确定监管资本要求

19. 属于压力测试方法论方面监管要求的有(　　)。
A. 商业银行应根据定期和不定期压力测试工作编制资本充足率压力测试报告
B. 资本充足率压力测试分为定期压力测试和不定期压力测试
C. 商业银行可根据自身的业务特点、风险状况和管理水平，自主选择使用相应复杂程度的压力测试方法论
D. 商业银行应合理设计轻度、中度、重度等不同严重程度的压力情景
E. 商业银行应根据资本充足率压力测试工作评估银行所面临的潜在不利影响及对应所需持有的附加资本

20. 商业银行可根据自身的(　　)，自主选择使用相应复杂程度的压力测试方法论。
A. 管理水平　B. 风险状况　C. 盈利能力　D. 业务特点
E. 经营范围

21. 在设计资本充足率压力测试框架时，要确保整个框架的(　　)。
A. 实用性　B. 可操作性　C. 针对性　D. 高效性
E. 完整性

22. 商业银行应建立经董事会或其授权委员会批准的压力测试政策，确保压力测试工作的(　　)，并融人资本规划、资本应急预案等风险管理和资本管理体系中。
A. 收益性　B. 全面性　C. 审慎性　D. 规范性
E. 有效性

23. 内部资本充足评估报告的主要内容包括(　　)。
A. 资本评估　B. 资本规划　C. 风险预测　D. 风险评估
E. 压力测试

三、判断题(请对以下各项的描述做出判断，正确的为 A，错误的为 B。)

1. 商业银行应建立经董事会或其授权委员会批准的压力测试政策，确保压力测试工作的全面性、规范性和有效性，并有效融入资本规划、资本应急预案等风险管理和资本管理体系中。(　　)
A. 正确　B. 错误

2. 对能够量化的风险，商业银行应当建立风险识别、评估、控制和报告机制，确保相关风险得到有效管理。(　　)
A. 正确　B. 错误

3. 国际银行业开展实质性风险评估主要采用打分卡方法。
A. 正确　B. 错误

4. 在定性压力测试及管理行动中，只需通过定性压力测试的方法，考虑第二支柱风险如集中度风险、声誉风险等对全行的影响。(　　)
A. 正确　B. 错误

5. 商业银行应当将内部资本充足评估程序作为内部管理和决策的组成部分，并将内部资本充足评估结果运用于资本预算与分配、授信决策和战略规划。(　　)
A. 正确　B. 错误

6. 在设计资本充足率压力测试框架时，需要考虑具备较好的延伸能力，考虑银行单一风险压力测试的未来发展。(　　)
A. 正确　B. 错误

7. 在巴塞尔协议 I 框架下，由于各类风险加权资产计算方法的风险敏感程度较高，可以基于历史情况进行简单增长率预测来进行规划。在巴塞尔协议 II 框架下，引入了风险敏感程度更低的量化方法，因此需要更简单的预测方法，预测中的变量也大大减少。(　　)
A. 正确　B. 错误

8. 商业银行应在内部资本充足评估程序框架下建立全面的、审慎的、前瞻性的资本充足率

压力测试工作机制，通过以定性分析为主的方法测算在某些不利情景下可能发生的损失及风险资产的变化，以评估对银行整体层面资本充足水平的影响。( )

A. 正确　　B. 错误

9. 资本充足率压力测试应在统一情景下分析覆盖全行范围内的实质性风险，只包括信用风险、市场风险、操作风险、银行账户利率风险、流动性风险、集中度风险。( )

A. 正确　　B. 错误

10. 账面资本是银行资本金的动态反映，反映了银行实际拥有的资本水平。( )

A. 正确　　B. 错误

11. 经济资本与银行所持有的账面资本恒等。( )

A. 正确　　B. 错误

12. 在进行资本评估中，商业银行应当优先考虑补充一级资本，增强内部资本积累能力，完善资本结构，提高资本质量。( )

A. 正确　　B. 错误

13. 监管资本是监管当局规定的银行必须持有的与其业务总体风险水平相匹配的资本，其强调的是抵御风险、保障银行持续稳健经营的能力，因此要求其所有权归属于银行。( )

A. 正确　　B. 错误

14. 经济资本等同于银行所持有的账面资本。( )

A. 正确　　B. 错误

15. 风险评估是第二支柱的核心内容，银行的风险评估包括内部资本充足评估、资本规划、压力测试等内容。( )

A. 正确　　B. 错误

16. 预测资本充足率需要对分子风险加权资产以及分母监管资本进行正常情景和压力情景的预测。( )

A. 正确　　B. 错误

17. 实质性风险评估体系必须要符合监管机构的相关要求，对于有附属机构在不同国家的银行集团来说，针对不同国家的监管要求可以使用相同的风险评估体系。( )

A. 正确　　B. 错误

18. 根据完整性和报告时间不同，商业银行应当明确各类报告的发送范围：报告内容及详略程度，确保报告信息与报送频率满足银行管理的需要。( )

A. 正确　　B. 错误

19. 商业银行的所有工作人员应积极参与和推动银行资本充足率压力测试的实施，明确风险偏好与压力测试目标，设计压力测试情景，了解压力情形下银行所面临的风险和资本充足情况。( )

A. 正确　　B. 错误

20. 资本充足率压力测试主要需要定量方法进行分析。( )

A. 正确　　B. 错误

第九章　银行监管与市场约束强化训练题

一、单选题(以下各小题所给出的四个选项中，只有一项符合题目要求，请选择相应选项。不选、错选均不得分。)

1. 在银行监管实践中，(　　) 贯穿于市场准入、持续经营、市场退出的全过程，也是监管当局评价商业银行风险状况、采取监管措施的主要依据。
   A. 盈利能力　　B. 资本收益率　　C. 资本充足率　　D. 资产收益率
2. 下列关于外部审计与监督检查关系的表述，错误的是(　　)。
   A. 外部审计报告是银行监管的重要资料
   B. 外部审计为市场主体关注、评价、选择银行的重要依据
   C. 外部审计和银行监管都采用现场检查的方式
   D. 银行监管侧重于金融机构合规管理与风险控制的分析和评价
3. 关于强化信息披露监控机制，下列表述不正确的是(　　)。
   A. 为了达到有效银行监管的目的，监管当局必须强化信息披露监控机制，包括日常监督机制、惩罚机制和监管当局责任
   B. 法律赋予监管当局的责任越大，揭示商业银行信息披露的动机越小，商业银行在信息披露上造假的动机就越大
   C. 日常监督机制主要针对商业银行信息披露的行为、特点，进行有效、稳定的信息披露监督
   D. 信息披露如果不符合要求，必要时可要求增加信息披露的内容甚至重新进行信息披露
4. 银行监管的依法原则是指 (　　)。
   A. 努力降低成本，不给纳税人增添负担
   B. 平等对待所有参与者
   C. 监管活动除法律法规需要保密的，应当具有透明度
   D. 监管职权的设定和行使必须依据法律和行政法规的许可
5. 管理信息系统是风险监管的内容和要素之一。监管部门对管理信息系统有效性的评判可用(　　)来衡量，这些因素受信息需求分析和系统设计影响。
   A. 质量、及时性、便捷性　　B. 质量、数量、及时性
   C. 反应时间、复杂性、便捷性　　D. 质量、科学性、及时性
6. (　　)是审慎银行监管的核心。
   A. 资本监管　　B. 市场准入　　C. 现场检查　　D. 风险评级
7. 银监会提出的商业银行监管理念不包括(　　)。
   A. 管存款　　B. 管风险　　C. 提高透明度　　D. 管法人
8. 下列关于风险评级方法的说法，不正确的是(　　)。

A. CAMELs评级是国际通用的、系统评价银行机构整体财务实力和经营管理状况的一个方法体系

B. SOSA评级法将外资银行分行和办事处作为其跨国机构的有机部分进行监管

C. ROCA评级法主要对银行的风险管理、操作调控、遵守法规、资产质量四个方面进行评估

D. ROCA评级法适用于内资银行，不适用于外资银行

9. 某商业银行的核心资本为40亿元，附属资本为30亿元，信用风险加权资产为400亿元，市场风险价值(VaR)为6亿元。依据我国《商业银行资本充足率管理办法》的规定，该商业银行的资本充足率为(　　)。

A. 9%　　B. 10%　　C. 15%　　D. 16%

10. 根据我国商业银行资本监管框架，下列选项中债权给予表内风险权重不为零的是(　　)。

A. 对政策性银行的债权

B. 对我国中央政府的债权

C. 对省及省以下政府投资的公用企业

D. 商业银行之间原始期限在4个月以内的债权

11. 在市场准入范围和标准中，(　　)不属于中资商业银行行政许可事项。

A. 资本监管　　B. 董事和高级管理人员

C. 任职资格机构终止　　D. 机构设立

12. 根据资本扣除的规定，商誉应从核心资本中扣除的比例是(　　)。

A. 100%　　B. 50%　　C. 25%　　D. 0

13. 下列关于表内信用资产风险权重的描述，正确的是(　　)。

A. 对商业银行的其他资产，包括对企业、个人的贷款和自用房地产等资产，都给予50%的风险权重

B. 商业银行之间原始期限在4个月以上的债权给予的风险权重为0

C. 对其他金融机构债权统一给予50%的风险权重

D. 个人住房抵押贷款风险权重为50%

14. 银行监管的有效实施必须具备完善的法律法规体系，从而为银行监管提供全面有效的法规依据。在我国，按照法律的效力等级划分，银行监管法律框架由(　　)三个层级的法律规范构成。

A. 立法、监管文件、制度　　B. 法律、监管文件、制度

C. 立法、行政法规、规章　　D. 法律、行政法规、规章

15. 下列各项中不是风险处置纠正的内容的是(　　)。

A. 风险救助　　B. 市场退出　　C. 风险规避　　D. 风险纠正

16. 下列(　　)不属于信用风险管理领域相关制度指引。

A.《贷款风险分类指导原则》

B.《银行贷款损失准备计提指引》

C.《商业银行银行账户利率风险管理的指引》

D.《项目融资业务指引》

17. 按照《巴塞尔资本协议》的要求，商业银行的核心资本充足率指标不得低于(　　)，资本充足率不得低于(　　)，附属资本最高不得超过核心资本的(　　)。

A. 4%；8%；100%　　B. 4%；7%；100%

C. 4%；6%；90%　　D. 4%；8%；90%

18. 盈利能力监管指标不包括(　　)。

A. 资本金收益率　　B. 正常货款迁徙率

C. 非利息收入比率　　D. 净业务收益率

19. 下列关于市场约束的表述不正确的是(　　)。

A. 股东通过行使权利给银行经营者施加经营压力，有利于银行改善治理，实现对银行的市场约束

B. 市场约束机制不需要一系列配套制度也可以实现

C. 市场约束的目的在于促进银行稳健经营

D. 监管部门是市场约束的核心

20. 下列关于商业银行信息披露质量要求的论述，错误的是(　　)。

A. 银行应对各项业务和应并表机构的信息进行汇总和并表披露

B. 披露的信息对使用者决策有用

C. 披露的信息要能如实反映实际情况，并遵循重要性的基本原则

D. 保证银行自身历史数据的可比性，以及与其他机构数据的可比性，并符合会计准则有关政策要求

21. 下列关于《商业银行信息披露暂行办法》的要点表述，不正确的是(　　)。

A. 商业银行披露信息应真实、准确、完整、可比

B. 规定《商业银行信息披露哲行办法》只适用于在中国境内设立的中资商业银行

C. 规定商业银行披露的年度财务会计报告须经会计师事务所审计

D. 规定商业银行应将年度报告置放在商业银行的主要营业场所，确保公众能方便、及时地查阅

22. 关于风险监管方法，下列表述不正确的是(　　)。

A. 非现场监管工作对现场检查发现的问题和风险进行持续跟踪监测，督促被监管机构的整改进度和情况

B. 非现场监管是指认可机构必须定期向银行业监督管理机构报送资料，这些资料主要包括：统计资料申报表、内部管理账目、其他管理资料和已公布的财务资料

C. 非现场监管是非现场监管人员按照风险为本的监管理念，全面持续地收集、检测和分析被监管机构的风险信息

D. 风险监管的方法一般分为非现场监管与现场检查两类

23. 商业银行的市场约束方涉及监管部门、公众存款人、股东、其他债权人、外部中介机构以及银行业协会等，其中市场约束的核心是(　　)。

A. 监管部门　　B. 股东　　C. 评级机构　　D. 外部审计机构

24. 下列哪项关于现场检查的表述不正确？(　　)

A. 现场检查对非现场监管有指导作用

B. 现场检查实施阶段可分为五个环节：进点会谈、检查实施、分析整理、评价定性、结束现场检查作业

C. 现场检查过程分为检查准备、检查实施、检查报告、检查处理和检查档案整理五个阶段

D. 现场检查是指监管当局及其分支机构派出监管人员到被监管的金融机构进行实地检查

25. 下列关于市场约束参与方的作用，错误的是(　　)。

A. 股东通过股票的购买和赎回，对银行的资金调度施加压力，督促银行改善经营，控制风险

B. 评级机构能够引导公众选择与资金安全性高的金融机构开展业务，并起到市场监督的作用

C. 存款人通过选择银行，增加单家银行的竞争压力，银行为了吸收更多的存款必然要照顾存款人的利益，提高银行经营管理水平，有效控制风险

D. 监管机构制定信息披露标准和指南，提高信息的可靠性和可比性

26. 商业银行向一家风险权重为 40% 的公司提供了 80 万元的贷款，为了满足资本充足率的要求，该银行为此贷款所需持有的资本应至少为(　　)。

A. 2.5 万元　　B. 3.2 万元　　C. 2.56 万元　　D. 2.88 万元

27. 银行监管的首要环节是(　　)。

A. 市场准入　　B. 信息披露　　C. 现场检查　　D. 非现场监管

28. 关于专有信息和保密信息的内容，下列表述错误的是(　　)。

A. 保密信息通常包括有关客户的信息，以及内部安排的一些详细情况，如使用的方法论、估计参数和数据等

B. 如果专有信息和保密信息的披露会严重损害银行的地位，那么银行可以选择不披露其具体内容，一般性披露也可以免除

C. 专有信息是指如果与竞争者共享这些信息，会导致银行在这些产品和系统的投资价值下降，并进而削弱其竞争地位

D. 有关专有信息和保密信息的免除规定不得与会计准则的披露要求产生冲突

29. 风险监管的核心步骤是(　　)。

A. 了解机构　　B. 规划监管行动　　C. 风险评估　　D. 风险衡量

30. 关于信息披露的频率，下列表述错误的是(　　)。

A. 如果有关风险暴露或其他项目的信息变化较快，银行也要按季披露这些信息

B. 国际活跃银行和其他大银行(及其主要分支机构)必须按季度披露一级资本充足率、资本充足率及其组成成分

C. 按规定银行披露信息的频率应该每半年进行一次

D. 对于有关银行风险管理目标及政策、报告系统及各项口径的一般性概述的定性披露，需要每半年进行一次

31. 下列关于风险监管的说法，不正确的是(　　)。

A. 银行机构风险状况不包括分支机构的风险水平

B. 按照诱发风险的原因，通常可将风险分为信用风险、市场风险、操作风险、流动性风险、国家风险、声誉风险、法律风险以及战略风险八大类

C. 银行监管部门通过现场检查和非现场监管等手段，对银行机构风险状况进行全面评估和监控

D. 监管部门所关注的风险状况包括行业整体风险状况、区域风险状况和银行机构自身的风险状况

32. 下列不属于银行风险监管指标的监测评价的原则的是(　　)。

A. 可比性原则　B. 有效性原则　C. 法人并表原则　D. 准确性原则

33. 等同于贷款的授信业务，其信用转换系数为(　　)。

A. 100%　B. 50%　C. 20%　D. 0

34. 严格按照 1988 年《巴塞尔资本协议》的规定，对商业银行的其他资产，包括对企业、个人的贷款和自用房地产等资产，都给予(　　)的风险权重，个人住房贷款风险权重为(　　)。

A. 40%；60%　B. 60%；40%　C. 50%；100%　D. 100%；50%

35. 下列关于风险评级的顺序，正确的是(　　)。

A. 收集评级信息、得出评级结果、分析评级信息、制定监管措施、整理评级档案

B. 收集评级信息、得出评级结果、制定监管措施、分析评级信息、整理评级档案

C. 收集评级信息、分析评级信息、得出评级结果、制定监管措施、整理评级档案

D. 收集评级信息、分析评级信息、制定监管措施、得出评级结果、整理评级档案

36. 关于表外项目的处理，下列说法不正确的是(　　)。

A. 对于汇率、利率及其他衍生产品合约的风险加权资产，使用现期风险暴露法计算

B. 商业银行首先将表外项目的实际成本金额乘以信息转换系数，获得等同于表内项目的风险资产，然后根据交易对象的属性确定风险权重，计算表外项目相应的风险加权资产

C. 对于汇率、利率及其他衍生产品合约的风险加权资产，主要包括互换、期权、远期和贵金属交易

D. 与贸易相关的短期或有负债，主要指有优先索偿权的装运货物作抵押的跟单信用证其信用转换系数为 20%

37. 承诺，其中原始期限在 1 年以下或原始期限在 1 年以上但随时可无条件撤销的承诺，其信用转换系数为(　　)。

A. 100%　B. 50%　C. 20%　D. 0

38. 下列关于银行监管法律法规的说法，错误的是(　　)。

A. 在我国，按照法律的效力等级划分，银行监管法律框架由法律、行政法规和规章三个层级的法律规范构成

B. 规章是银行监督管理部门根据法律和行政法规，在权限内制定的规范性文件，其效力等同于法规

C. 金融自律性规范、司法解释、行政解释和国际金融条约四个部分作为法律框架的有效补充

D. 法律是由全国人民代表大会及其常务委员会根据《宪法》，并依照法定程序制定的有关法律规范，是法律框架的最基本组成部分

39. 下列关于市场约束参与方作用的说法，不正确的是(　　)。

A. 股东通过对股票的购买和赎回，对银行的资金调度施加压力，督促银行改善经营，控制风险

B. 评级机构作为独立的第三方，能够对银行进行客观公正的评价，为投资者和债权人提供有关资金安全的风险信息，引导公众选择与资金安全性高的金融机构开展业务，并起到市场监督的作用

C. 银行为了吸收更多的存款必然要照顾存款人的利益，提高银行经营管理水平，有效控制风险

D. 监管机构制定信息披露标准和指南，提高信息的可靠性和可比性

40. 2004 年 6 月，巴塞尔委员会颁布的《巴塞尔新资本协议》中明确提出，(　　)形成三大支柱，它们相辅相成，不可或缺，共同为促进金融体系的安全和稳健发挥作用。

A. 资本比例、外部审计、市场纪律　　B. 资本要求、监督检查、市场纪律

C. 资本要求、监督监管、市场竞争　　D. 资本构成、内部审计、市场竞争

41. 银行业监管机构对银行业实施监督管理，应当遵守的原则是(　　)。

A. 依法、公开、公平、有效　　B. 依法、公开、公平、效率

C. 依法、公开、公正、效率　　D. 依法、公开、公正、有效

42. 下列关于风险迁徙类指标的说法，正确的是(　　)。

A. 包括流动性风险指标

B. 衡量商业银行风险变化的范围

C. 包括正常贷款迁徙率和不良贷款迁徙率

D. 属于静态指标

43. 下列关于银行监管的法律法规的说法，不正确的是(　　)。

A. 法律是由全国人民代表大会及其常务委员会根据《宪法》，并依照法定程序制定的有关法律规范，是法律框架的最基本组成部分

B. 规定是银行监督管理部门根据法律和行政法规，在权限范围内制定的规范性文件

C. 行政法规是由国务院依法制定的，以国务院令的形式发布的各种有关活动的法律规范，其效力等同于法律

D. 在我国，按照法律的效力等级划分，银行监管法律框架由法律、行政法规和规章三个层级的法律规范构成

44. 在认真总结和借鉴国内外银行监管经验的基础上，中国银监会提出的监管理念是(　　)。

A. 管法人、管经营、管风险、提高透明度

B. 管法人、管风险、管内控、提高透明度

C. 管股东、管经营、管内控、提高透明度

D. 管股东、管风险、管效益、提高透明度

45. 下列关于市场准入的说法，不正确的是(　　)。

A. 高级管理人员的准入，是指对银行机构高管理人员任职资格的核准或认可

B. 业务准入是指按照盈利性原则，批准银行机构的业务范围和开办新的业务品种

C. 机构准入是指依据法定标准，批准银行机构法人或其分支机构的设立

D. 市场准入是指监管部门采取行政许可手段审查、批准市场主体可以进入某一领域并从事相关活动的机制

46. 监管部门是市场约束的核心，其作用不包括(　　)。
   A. 制定信息披露标准和指南，提高信息的可靠性和可比性
   B. 实施惩戒，即建立有效的监督检查确保政策执行和有效信息披露
   C. 引导其他市场参与者改进做法，强化监督
   D. 建立风险处置和退出机制，促进行政约束机制最终发挥作用
47. 效率原则是四大监管原则之一，它具体是指银监会在进行监管活动中要(　　)，既要保证全面履行监管职责，确保监管目标的实现，又要努力降低监管成本，不给纳税人、被监管对象带来负担。
   A. 合理配置和利用监管资源，提出监管建议
   B. 规范监管标准，提高监管效率
   C. 提出有效的监管建议
   D. 合理配置和利用监管资源，提高监管效率
48. 巴塞尔委员会于(　　)重新修订并发布了新的《有效监管的核心原则》。
   A. 2006 年 10 月　B. 2006 年 8 月　C. 2006 年 5 月　D. 2007 年 10 月
49. 下列关于贷款迁徙类指标说法不正确的是(　　)。
   A. 期初可疑类贷款向下迁徙金额，是期初可疑类贷款中，在报告期末分类为损失类的贷款余额
   B. 期初关注类贷款向下迁徙金额，是期初关注类贷款中，在报告期末分为关注类/次级类/可疑类/损失类的贷款余额之和
   C. 期初正常贷款期间减少金额，是指期初正常类贷款中，在报告期内，由于贷款正常收回、不良贷款处置或贷款核销等原因而减少的贷款
   D. 风险迁徙类指标是衡量商业银行风险变化的程度，表示为资产质量从前期到本期变化的比率，属于动态指标
50. 管理信息系统包括两大基础模块是(　　)。
   A. 组织结构和业务政策　B. 业务政策和管理报告系统
   C. 业务运营系统和组织结构　D. 业务运营系统和管理报告系统
51. 关于外部审计与银行监管之间关系，下列表述错误的是(　　)。
   A. 银行监管政策、相关标准和准则是实施外部审计所依据和关注的重点
   B. 适度发挥外部审计对银行的监督作用，有利于大幅降低监管成本，提高监管效率
   C. 外部审计与银行监管的侧重点不同，前者侧重于财务报表审计，后者侧重于金融机构合规管理与风险控制的分析和评价
   D. 尽管外部审计和监管意见的方式和内容并不存在共性，但二者都是市场主体关注、评价、选择银行的重要依据
52. 为确保客观、公正地发表审计意见，外部审计机构有权(　　)。
   A. 要求被审计银行提供员工个人信息
   B. 要求被审计银行提供财务收支计划等相关资料
   C. 检查被审计银行的会计凭证等资料，但涉及被审计银行的客户信息时，银行可以拒绝提供
   D. 要求被审计银行为其提供生活便利

53. 下列哪项不属于银监会提出的良好银行监管标准？(　　)

A. 对各类监管设限做到科学合理，有所为有所不为，减少一切不必要的限制

B. 确保银行业金融机构不破产

C. 对监管者和被监管者都要实施严格、明确的问责制

D. 高效、节约地使用一切监管资源

54. 现金头寸指标等于(　　)。

A.（现金头寸 + 应收存款）× 总资产　　B.（现金头寸 - 应收存款）× 总资产

C.（现金头寸 + 应收存款）÷ 总资产　　D.（现金头寸 - 应收存款）÷ 总资产

55. 银行监管的基本目标可以概括为(　　)。

A. 保护股东的利益，维护金融体系的安全和稳定

B. 保护银行的利益，维护金融体系的安全和稳定

C. 保护借款人的利益，维护金融体系的安全和稳定

D. 保护存款人利益，维护金融体系的安全和稳定

56. 下列关于商业银行流动性监管核心指标的说法，不正确的是(　　)。

A. 流动性缺口为 60 天内到期的流动性资产减去 60 天内到期的流动性负债的差额

B. 核心负债比率不得低于 60%

C. 人民币超额准备金存款是指银行存人中央银行的各种存款中高于法定准备金要求的部分

D. 流动性比例 = 流动性资产余额/流动性负债余额 × 100%

57. 正常贷款迁徙率计算公式是由(　　)中变为不良贷款的金额与正常贷款的比值，正常贷款包括正常贷款和关注贷款两种。

A. 关注类贷款　B. 可疑类贷款　C. 正常类贷款　D. 次级类贷款

58. 下列关于贷款迁徙率指标计算的说法，不正确的是(　　)。

A. 正常贷款迁徙率 =（期初正常类贷款中转为不良贷款的金额 + 期初关注类贷款中转为不良贷款的金额）/（期初正常类贷款余额 - 期初正常类贷款期间减少金额 + 期初关注类贷款余额 - 期初关注类贷款期间减少金额）× 100%

B. 期初关注类贷款期间减少金额是指期初关注类贷款中，在报告期内，由于贷款正常收回、不良贷款处置或贷款核销等原因而减少的贷款

C. 次级类贷款迁徙率：期初次级类贷款向下迁徙金额/（期初次级类贷款余额 - 期初次级类贷款期间减少金额）× 100%

D. 期初次级类贷款向下迁徙金额，是指期初次级类贷款中，在报告期末分类为可疑类的贷款余额

59.《巴塞尔新资本协议》要求实施内部评级法初级法的商业银行(　　)。

A. 必须自行估计每笔债项的违约损失率

B. 参照其他同等规模商业银行的违约损失率

C. 由监管当局根据资产类别给定违约损失率

D. 由信用评级机构根据商业银行要求给出违约损失率

60. 管理的评价包括两个方面(　　)。

A. 董事会和管理层的能力和效率　　B. 利润的水平、趋势和稳定性

C. 资金来源的构成、变化趋势和稳定性　D. 现有资本的水平、资本的构成和质量

二、多选题(以下各小题所给出的五个选项中，有两项或两项以上符合题目的要求，请选择相应选项，多选、少选、错选均不得分。)

1. 市场准入是指监管部门采职行政许可手段亩查、批准市场主体可以进入某一领域并从事相关活动的机制。广义上讲，银行的市场准入包括(　　)。
A. 人员招聘准入　B. 干部任免准入　C. 高级管理人员准入　D. 业务准入
E. 机构准入
2. 信息披露的形式包括(　　)。
A. 财务报表　B. 定期报告　C. 上市公告书　D. 招股说明书
E. 临时报告
3. 在我国，按照法律的效力等级划分，银行监管法律框架由下列哪些层次的法律规范构成？(　　)。
A. 规章　B. 程序　C. 行政法规　D. 法律
E. 司法解释
4. 商业银行董事会负责本行资本充足率的信息披露，信息披露需保证其(　　)，以便市场参与者能够对商业银行资本充足率做出正确的判断。
A. 配比性　B. 及时性　C. 相关性　D. 真实性
E. 可靠性
5. 风险抵补类指标用于衡量商业银行抵补风险损失的能力，主要包括(　　)。
A. 盈利能力　B. 核心负债比例　C. 资本充足程度　D. 不良贷款迁徙率
E. 准备金充足程度
6. 下列关于外部审计和银行监管的关系，说法正确的有(　　)。
A. 外部审计意见具有相对独立、客观、公正的立场
B. 外部审计和银行监管的实施方式统一于现场检查
C. 银行监管侧重于财务报表审计
D. 外部审计侧重于金融机构风险和合规性的分析、评价
E. 外部审计有权要求被审计单位按照规定提供预算或财务收支计划
7. 中国银监会评估国有商业银行和股份制商业银行的资产质量指标包括以下哪几项？(　　)。
A. 不良资产、贷款率　B. 预期损失率
C. 贷款风险迁徙　D. 不良贷款拨备覆盖率
E. 贷款损失准备充足率
8. 下列说法不正确的有(　　)。
A. 累计外汇敞口头寸比率为累计外汇敞口头寸与资本净额之比，不得高于30%
B. 预期损失是指信用风险损失分布的数学期望，是银行已经预计到将会发牛的损失
C. 外资银行单个机构从中国境内吸收的外汇存款不得超过其境内外汇总资产的70%
D. 商业银行的存贷款比例不得超过75%
E. 市值敏感度为修正持续期缺口乘以2%/年
9. 下列关于风险迁徙类指标说法正确的有(　　)。
A. 表示为资产质量从本期到前期变化的比率

B. 属于动态指标
C. 是衡量商业银行风险变化的程度
D. 风险迁徙类指标包括正常贷款迁徙率和不良贷款迁徙率
E. 属于静态指标

10. 构成商业银行有效管理控制风险的外部保障的要素包括(　　)。
A. 监管部门监督检查　　B. 公司治理
C. 市场准入　　D. 市场约束
E. 资本监管

11. 风险监管代表着国际银行业监管发展的趋势和方向，它在实践中发挥的重要作用主要表现在(　　)。
A. 能更好地了解机构的风险状况和管理素质，具有前瞻性
B. 可根据每个机构的风险特点进行设计检查，更有计划性和灵活性
C. 能减少低风险业务的测试量和重复劳动，具有针对性
D. 能使得现场检查和非现场监管分工更清晰、结合更紧密
E. 提高银行管理层对风险管理的关注程度，同时也提高管理层对监管的认同感，形成共识和良性互动

12. 银行监管中，采取市场准入的主要目的有(　　)。
A. 维护国有商业银行的利益　　B. 保护存款者的利益
C. 防止海外游资流入国内银行系统　　D. 维护银行市场秩序
E. 保证注册银行具有良好的品质，预防不稳定机构进入银行体系

13. 下列属于监管当局对银行类金融机构现场检查的重点内容的有(　　)。
A. 业务经营的合法合规性　　B. 管理水平和内部控制
C. 市场风险敏感度　　D. 资产质量和流动性状况
E. 风险状况和资本充足性

14. 下列关于外部审计的说法，正确的有(　　)。
A. 外部审计有利于提高信息披露质量
B. 外部审计和银行监管的方式、目标、内容存在共性
C. 透明的信息披露有利于提高审计效率、降低审计风险
D. 外部审计与银行监管相辅相成
E. 加强外部审计对银行的监督作用，虽然提高监管效率，但是大大增加了监管成本

15. 巴塞尔委员会在《核心原则》中要求银行监管者可以视检查人员资源状况，全部或部分地使用外部审计师对商业银行实施检查并达到一些目的。关于《核心原则》要求达到的目的，下列说法正确的有(　　)。
A. 评价商业银行总体经营情况　　B. 评估其从商业银行收到报告的精确性
C. 评价商业银行各项风险管理制度　　D. 评价管理层的能力
E. 商业银行遵守有关合规经营的情况

16. 中国银行监管应当遵循的基本原则包括下列哪几项？(　　)
A. 公正原则　　B. 公开原则　　C. 效率原则　　D. 公平原则
E. 依法原则

17. 下列各项中，(　　)属于银行盈利能力监管指标。

A. 资产收益率　B. 净业务收益率　C. 争利息收入率　D. 资本金收益率
E. 非利息收入比率

18. 关于市场约束和信息披露，下列表述正确的有(　　)。
A. 在市场约束和信息披露过程中，风险信息居于最为关键的地位
B. 巴塞尔委员会对风险披露提出了两点附加考虑：第一，信息披露应该特别考虑到银行所采用的各种内部模型；第二，建立一种共同的披露框架是将银行风险披露告知市场的有效途径
C. 巴塞尔委员会认为，如果商业银行能够建立一套完善的信息披露体系，并将相关的适用范围、资本和风险披露及评估内容加以公布，那么市场上的利益相关者就可以利用自身力量通过市场手段来对银行进行评价，从而突出金融机构的盈利性
D. 银行业是通过承担风险来获得收益、推进储蓄向投资转移的中介机构，银行承担的风险状况以及内部对于风险的识别、衡量、监控等程序的完整性和充足性，直接影响到银行业的经营状况，进而影响到对股东的投资回报、金融体系的稳定等
E. 信息披露是市场约束发挥作用的基础

19. 银行监管的"公开原则"的"公开'，包含(　　)。
A. 监管职权的信息公开　B. 监管立法和政策标准公开
C. 监管执法和行为标准公开　D. 行政复议的依据、标准、程序公开
E. 监管范围的信息公开

20. 中国银监会成立后，及时总结国内外银行监管工作经验，明确提出良好银行监管的一些标准，主要有(　　)。
A. 努力提升我国银行业在国际金融服务中的竞争力
B. 鼓励公平竞争，反对无序竞争
C. 高效大胆地使用一切监管资源
D. 促进金融稳定和金融创新共同发展
E. 实现利润最大化

21. 广义上讲，银行业机构的市场准入包括(　　)。
A. 机构准入　B. 业务准入　C. 区域准入　D. 高级管理人员准入
E. 级别准入

22. 市场风险指标包括(　　)。
A. 市值敏感性比率　B. 累积外汇敞口头寸比例
C. 预期损失率　D. 不良资产率
E. 贷款损失准备金率

23. 下列关于风险监管的说法，正确的有(　　)。
A. 必须在实现本外币、表内外、境内外并表监管的基础上，建立对各类风险的识别、监控、分析、预警和处置机制
B. 银行机构风险状况既包括银行整体并表基础上的总体风险水平，还包括其单一或分支机构的风险水平
C. 监管部门关注的风险状况包括行业整体风险状况、区域风险状况和银行机构风险状况
D. 银行监管部门通过现场检查和非现场监测等手段，对银行机构风险状况进行全面评估和监控

E. 良好的公司治理是商业银行风险管理的第一道防线

24. 风险为本的监管模式的特点包括(　　)。

A. 计划性强　B. 目标明确　C. 提高效率　D. 节省资源

E. 操作复杂

25. 监管部门参与市场约束的作用表现在(　　)。

A. 制定信息披露标准　B. 建立风险的处置和退出机制

C. 指导市场参与者改进做法　D. 实施惩戒

E. 引导公众对银行业务的选择

26. 中国银监会提出的银行监管的具体目标包括(　　)。

A. 保护广大存款人和金融消费者的利益　B. 增进市场信心

C. 提高银行业的整体盈利能力　D. 增进公众对现代金融的了解

E. 努力减少金融犯罪，维护金融稳定

27. 关于外部审计和监督检查的关系，下列说法正确的有(　　)。

A. 外部审计意见和监管意见同样作为信息披露的内容，并因此具有相对独立、客观、公正的立场

B. 外部审计和银行监管都将审查银行会计信息、管理信息以及相关记录

C. 外部审计和银行监管统一于非现场检查

D. 外部审计侧重于金融机构风险和合规性的分析，银行监管侧重于财务报表审计

E. 外部审计报告是银行监管的重要资料，银行监管政策、相关标准和准则点也是外部审计所依据和关注的重点

28. 风险监管核心指标主要类别包括(　　)。

A. 风险迁徙类指标　B. 风险水平类指标

C. 风险保留类指标　D. 风险暴露类指标

E. 风险抵补类指标

29. 下列属于 CAMELS 的有(　　)。

A. 盈利性　B. 资产质量　C. 资产结构　D. 资本充足性

E. 市场风险敏感度

30. 中国银监会提出的银行监管理念包括(　　)。

A. 管风险　B. 管内控　C. 提高监管标准　D. 管法人

E. 提高透明度

31. 良好的公司治理的特征包括(　　)。

A. 科学的激励约束机制

B. 完善内部控制和风险管理体系

C. 对经营中的各种风险有充分的认识和衡量

D. 银行内部有效的制衡关系和清晰的职责边界

E. 建立良好的控制结构和具体控制措施

32. 风险计量模型的监督检查主要包括(　　)。

A. 对风险计量目标、方法、结果的制定、报告体系是否健全

B. 是否建立对管理体系、业务、产品发生重大变化，以及其他突发事件的例外安排

C. 是否积累足够的经验的历史数据

D. 建立各类风险计量模型的原理、逻辑和模型函数是否正确合理
E. 风险管理人员是否充分理解模型设计原理，并充分应用其结果

33. 下列关于资本监管的说法正确的有(　　)。
A. 资本监管是维护银行业公平竞争的重要手段
B. 资本监管是促使商业银行可持续发展的有效监管手段
C. 资本监管是审慎银行监管的核心
D. 经济资本是商业银行用于弥补预期损失的资本
E. 资本充足率监管贯穿于商业银行设立、持续经营、市场退出的全过程

34. 信息披露是市场约束发挥作用的基础。我国银行监管部门于 2002 年 5 月 21 日制定的《商业银行信息披露暂行办法》规定，商业银行必须披露的信息包括(　　)。
A. 年度重大事项　B. 公司治理信息　C. 各类风险管理状况　D. 财务会计报告
E. 存款人的获利情况

35. 构成商业银行有效管理控制风险的外部保障的要素包括(　　)。
A. 监管部门监督检查　B. 外部审计
C. 市场准入　D. 市场约束
E. 信息披露

36. 银行监管的“公开原则”的“公开”包含(　　)。
A. 监管职权的信息　B. 监管立法和政策标准公开
C. 监管执法和行为标准公开　D. 公开行政复议的依据、标准、程序公开
E. 行政诉讼的依据、标准、程序公开

37. 下列各项中，(　　)属于风险评估环节。
A. 了解银行的业务和风险管理制度
B. 界定其主要的业务领域
C. 用风险矩阵对每一业务领域的八种潜在风险逐一进行识别和衡量
D. 分析风险产生的原因
E. 形成风险评估报告

38. 我国银行监管应当逐步从合规监管向风险监管的方向转变。风险监管是一种全面、动态掌握银行情况的监管，其目的是重点检查和评价涉及银行业务的各个方面，并关注银行的(　　)。
A. 盈利能力　B. 风险管理水平　C. 内部控制　D. 业务风险
E. 支付能力

39. 资本监管的重要性体现在（　　)。
A. 资本监管是审慎银行监管的核心
B. 资本监管是提升银行体系稳定性，维护银行业公平竞争的重要手段
C. 资本监管是促进商业银行可持续发展的有效监管手段
D. 资本监管是商业银行的基础
E. 资本监管可以提高商业银行的资金使用效率

40. 风险评级的原则包括(　　)原则。
A. 持续性　B. 系统性　C. 可靠性　D. 全面性
E. 审慎性

三、判断题(请对以下各项的描述做出判断，正确的为 A，错误的为 B。)

1. 商业银行对维持本行资本充足率承担最终责任。(　)
   A. 正确　　B. 错误
2. 商业银行应予每年 3 月底之前以年度报告的形式对外披露信息，并将年度报告置放在商业银行的主要营业场所。(　)
   A. 正确　　B. 错误
3. 风险救助主要是针对正常或基本正常的银行业机构，以及存在潜在风险隐患的关注类机构多采取的措施。(　)
   A. 正确　　B. 错误
4. 外部审计与银行监管的方式、内容、目标存在共性。(　)
   A. 正确　　B. 错误
5. 《有效银行监管的核心原则》是有效银行监管的最高要求或规范做法。(　)
   A. 正确　　B. 错误
6. 质押的处理非常严格，仅包括一些高质量的金融工具，被认可的质押品分成两类：一类是非现金类资产，另一类是高质量的金融工具。(　)
   A. 正确　　B. 错误
7. 非利息收入率是衡量银行的非利息纯收入占净营业收入的比率。(　)
   A. 正确　　B. 错误
8. 行政法规是由国务院依法制定的，以国务院令的形式发布的各种有关活动的法律规范，其效力等级最高。(　)
   A. 正确　　B. 错误
9. 监管意见是市场主体关注、评价、选择银行的最重要的依据。(　)
   A. 正确　　B. 错误
10. 贷款人贷款是对银行业稳定的最大威胁。(　)
    A. 正确　　B. 错误
11. 良好的机构准入不仅能创造一个高效和富有竞争性的银行经营环境，更是“关口前移”、防范银行风险的关键所在。(　)
    A. 正确　　B. 错误
12. 商业银行流动性监管核心指标中的流动性指标比例不得低于 15%。(　)
    A. 正确　　B. 错误
13. 我国银行的信息披露指上市银行信息披露。(　)
    A. 正确　　B. 错误
14. ROCA 评级法主要针对国内银行。(　)
    A. 正确　　B. 错误
15. 银行监管的法律框架中法律的效力等级最高。(　)
    A. 正确　　B. 错误
16. 我国银行监管提出应当逐步从风险监管向合规监管的方向转变。(　)
    A. 正确　　B. 错误

17. 审计师能为监管部门提供协助，如有利于监管部门对监管对象进行分级、分类管理，为市场参与者提供关于金融机构目前状况的参考。(　　)
A. 正确　　B. 错误
18. 以银行资产为抵押或质押的长期次级债务可列入商业银行的附属资本。(　　)
A. 正确　　B. 错误
19. 有效资本监管的起点是商业银行自身严格的资本约束。
A. 正确　　B. 错误
20. 根据银行监管的公正原则，监管部门应对银行资本进行统一规定，不能根据商业银行的风险状况和风险管理能力对商业银行资本实行分类监管。
A. 正确　　B. 错误
21. 风险为本的监管是一种计划性强、目标明确、提高效率和节省资源的监管模式。(　　)
A. 正确　　B. 错误
22. 风险迁徙类指标衡量商业银行风险变化的程度，表示为资产质量从前期到本期变化的比率，属于静态的指标。(　　)
A. 正确　　B. 错误
23. 贷款损失准备金率等于或大于不良贷款率，说明该行足额提取了拨付，风险较高。(　　)
A. 正确　　B. 错误
24. 资本金又被称为保护债权人，使债权人面对风险免遭损失的“缓冲器”。(　　)
A. 正确　　B. 错误
25. 根据中国银监会颁布的《商业银行风险监管核心指标》以及银行业金融机构监管信息系统中“非现场监管报表指标体系”中的有关内容，我国共设定了8个流动性监管指标。(　　)
A. 正确　　B. 错误
26. 不良贷款率＝(关注类贷款＋次级类贷款＋可疑类贷款)/各项贷款×100%。(　　)
A. 正确　　B. 错误
27. 合规风险就是法律风险的一种重要表现形式。(　　)
A. 正确　　B. 错误
28. 长期次级债务，是指原始期限最少在三年以上的次级债务。(　　)
A. 正确　　B. 错误
29. 对中央政府投资的公用企业的债权风险权重统一给予0的风险权重。(　　)
A. 正确　　B. 错误
30. 监控机构监控得当，银行内部控制体系健全，则风险是可以消除的。(　　)
A. 正确　　B. 错误

第二篇 参考答案及详细解析

第一章 风险管理基础强化训练题

一、单项选择题

1.【答案】D。资本的构成。资本由核心资本(核心一级资本)和附属资本部分构成核心资本包括实收资本或普通股、资本公积、盈余公积、未分配利润和少数股权。附属资本包括重估储备、一般准备、优先股、可转换债券、混合资本债券和长期次级债务。

2.【答案】B。随着我国市场经济竞争日益加剧，商业银行面临的风险也呈现出复杂多变的特征，对这些风险进行正确的识别、计量、监测并采取有效的控制手段和方法，是商业银行保持稳健经营，实现“安全性、流动性、效益性”经营原则的根本所在。因此，风险管理已经成为商业银行经营管理的核心内容之一。

3.【答案】C。根据不同的分类标准可以将风险分为不同的类型。根据商业银行的业务特征及诱发风险的原因，巴塞尔委员会将商业银行面临的风险划分为信用风险、市场风险、操作风险、流动性风险、国家风险、声誉风险、法律风险以及战略风险八大类。

4.【答案】D。A 项是按风险的范围划分；B 项是按风险事故划分；C 项是按损失结果划分；D 项是按诱发的原因划分，所以 D 项正确。根据商业银行的业务特征及诱发风险的原因，巴塞尔委员会将商业银行面临的风险划分为信用风险、市场风险、操作风险、流动性风险、国家风险、声誉风险、法律风险以及战略风险八大类。

5.【答案】A。市场风险可以分为利率风险、股票风险、汇率风险和商品风险四种，其中利率风险尤为重要，所以 A 项正确。

6.【答案】D。声誉风险是指由商业银行经营、管理及其他行为或外部事件导致利益相关方对商业银行负面评价的风险。商业银行通常将声誉风险看做是对其经济价值最大的威胁，因为商业银行的业务性质要求其能够维持存款人、贷款人和整个市场的信心。这种信心一旦失去，商业银行的业务及其所能创造的经济价值都将不复存在。

7.【答案】D。流动性风险与信用风险、市场风险和操作风险相比，形成的原因更加复杂，涉及的范围更广，通常被视为一种多维风险。

8.【答案】A。商业银行通常运用的风险管理策略可以大致概括为风险分散、风险对冲、风险转移、风险规避和风险补偿五种策略。所以本题答案为 A，其余三项都属于偷换概念。本题主要考查对商业银行风险管理的基本知识，需要大家准确记忆。

9.【答案】B。商业银行通常运用的风险管理策略可以大致概括为风险分散、风险对冲、风险转移、风险规避和风险补偿五种策略。而风险对冲对管理市场风险(利率风险、汇率风险、股票风险和商品风险)非常有效，可以分为自我对冲和市场对冲两种情况。

10.【答案】B。风险对冲是指通过投资或购买与标的资产(Underlying Asset) 收益波动负相关的某种资产或衍生产品，来冲销标的资产潜在损失的一种策略性选择。

11.【答案】A。声誉风险是商业银行所有的利益持有者通过持续努力、长期信任建的宝贵的无形资产，管理声誉风险的最好的办法就是：强化全面风险管理意识，改善公司的治理，预先做好应对声誉危机的准备，确保其他主要风险被正确识别，优先排序，并得到有效管理，所以 BCD 项正确，A 项错误，题干是要不正确的。

12.【答案】A。经风险调整的资本收益率(Risk Adjusted Return on Capital ，RAROC)计算公式，RAROC =(税后净利润 - 预期损失)/经济资本(或非预期损失)；税后净利润 - 预期损失 =(800 - 90 - 60)万元 =650 万元，经济资本 =9000 万，则 RAROC =0. 072。

13.【答案】B。国际经济金融活动中，不论是政府、商业银行、企业，还是个人，都可能遭受国家风险所带来的损失，所以 A 错误。国家风险可分为政治风险、经济风险和社会风险三大类，所以 B 正确。国家风险存在于授信、国际资本市场业务、设立境外机构、外包服务等经营活动中，所以 C 的说法是错误的。风险管理实践中，商业银行通常将国家风险管理归属于信用风险管理范畴，所以 D 错误。

14.【答案】C。国家风险是指经济主体在与非本国居民进行国际经贸与金融往来时，由于别国政治、经济和社会等方面的变化而遭受损失的风险。国家风险通常是由债务人所在国家的行为引起的，已超出了债权人的控制范围。

15.【答案】A。全面风险管理代表了国际先进银行风险管理的最佳实践，符合《巴塞尔新资本协议》和各国监管机构的监管要求，已经成为现代商业银行谋求发展和保持竞争优势的重要基石。由此可知，答案是 A。

16.【答案】A。A 是正确的。作为一种特殊的信用风险，结算风险是指交易双方在结算过程中，一方支付了合同资金但另一方发生违约的风险。所以结算风险是一种信用风险，故 B 错误。选项 C 是张冠李戴了。信用风险具有明显的非系统性风险特征，选项 D 的描述恰恰相反。

17.【答案】B。在商业银行的经营过程中，有两个因素决定其风险承担能力：一是资本金规模，二是商业银行的风险管理水平，所以 B 项正确。

18.【答案】A。资本充足率是指资本与风险加权资产的比率，这里的资本就是监管资本，是在商业银行实收资本的基础上再加上其他资本工具计算而来。以监管资本为基础计算的资本充足率，是监管当局限制商业银行过度风险承担行为、保障市场稳定运行的重要工具。

19.【答案】A。商业银行的风险管理模式大体经历了四个阶段，资产风险管理模式阶段—负债风险管理模式阶段—资产负债风险管理模式阶段—全面风险管理模式阶段，A 项正确。

20.【答案】C。总资产的百分比收益率是：Rp。

Rp =35% ×15% +35% ×22% +30% ×12% =16. 55%，则答案为 C。

21.【答案】D。充分理解风险与收益的关系，一方面有助于商业银行对损失可能性和盈利可

能性的管理，防止过度强调风险损失而制约机构的盈利和发展；另一方面有利于商业银行在经营管理活动中主动承担风险，利用经济资本配置、经风险调整的业绩评估(Risk Adjusted Performance)等现代风险管理办法，遵循风险与收益相匹配的原则，合理地促进商业银行优势业务的发展，进行科学的业绩评估，并以此产生良好的激励效果，所以 ABC 项正确。在风险和收益匹配的原则下，需要利用过去承担风险的水平调整已经实现的盈利，依此合理地衡量业绩产生良好的激励效果，所以 D 项说法错误。

22. **【答案】**C。是 20 世纪 90 年代中后期，商业银行的损失不再是由单一风险造成，而是由信用风险、市场风险、操作风险等多种风险因素交织而成。在此情况下，金融学、数学、概率统计等一系列知识技术逐渐应用于商业银行的风险管理，进一步加深了人们对金融风险的认识，风险管理理念和技术也因此得到了迅速发展，由以前单纯的信贷风险管理模式转向全面风险管理模式。

23. **【答案】**D。商业银行从本质上来说就是经营风险的金融机构，以经营风险为其盈利的根本手段。商业银行是否愿意承担风险、能否有效管理和控制风险，直接决定商业银行的经营成败。风险管理与商业银行经营的关系主要体现在以下几个方面：第一，承担和管理风险是商业银行的基本职能，也是商业银行业务不断创新发展的原动力；第二，风险管理从根本上改变了商业银行的经营模式，从传统上片面追求扩大规模、增加利润的粗放经营模式，向风险与收益相匹配的精细化管理模式转变；第三，风险管理能够为商业银行风险定价提供依据，并有效管理金融资产和业务组合；第四，健全的风险管理体系能够为商业银行创造价值；第五，风险管理水平体现了商业银行的核心竞争力，不仅是商业银行生存发展的需要，也是现代金融监管的迫切要求。

24. **【答案】**B。全面风险管理模式体现了以下先进的风险管理理念和方法：(1)全球的风险管理体系；(2)全面的风险管理范围；(3)全程的风险管理过程；(4)全新的风险管理办法；(5)全员的风险管理文化。选项 B 没有体现先进的风险管理理念和方法。

25. **【答案】**C。市场风险包括利率风险、汇率风险、股票风险和商品风险四种，其中利率风险尤为重要。法律风险属于操作风险的范畴。答案是 C。

26. **【答案】**B。中国银监会 2012 年颁布的《商业银行资本管理办法(试行)》明确提出，最低资本要求，核心一级资本充足率、一级资本充足率和资本充足率分别为 5%、6% 和 8%。

27. **【答案】**A。目前被广泛接受和普遍使用的是经风险调整的资本收益率(Risk Adjusted Return on Capital , RAROC)，其计算公式 RAROC = (NI - EL)/UL，其中，NI(Net Income)为税后净利润，EL 为预期损失，UL 为非预期损失或经济资本。

28. **【答案】**B。目前，国际先进银行已经广泛采用经风险调整的资本收益率，这一指标在商业银行各个层面的经营管理活动中发挥着重要作用：(1) 在单笔业务层面上，RAROC 可用于衡量一笔业务的风险与收益是否匹配，为商业银行决定是否开展该笔业务以及如何进行定价提供依据；(2) 在资产组合层面上，商业银行在考虑单笔业务的风险和资产组合效应之后，可依据 RAROC 衡量资产组合的风险与收益是否匹配，及时对 RAROC 指标出现明显不利变化趋势的资产组合进行处理，为效益更好的业务配置更多资源；(3) 在商业银行总体层面上，RAROC 指标可用于目标设定、业务决策、资本配置和绩效考核等。

29. **【答案】**B。预期损失是指商业银行业务发展中基于历史数据分析可以预见到的损失，通常为一定历史时期内损失的平均值(有时也采用中间值)。

30.【答案】C。商业银行通常采取提取损失准备金和冲减利润的方式来应对和吸收预期损失；利用资本金来应对非预期损失；对于规模巨大的灾难性损失，如地震、火灾等，可以通过购买商业保险来转移风险；但对于因衍生产品交易等过度投机行为所造成的灾难性损失，则应当采取严格限制高风险业务、行为的做法加以规避。选项 AB 是应对和吸收预期损失，选项 D 是应对非预期损失的。

31.【答案】A。商业银行通常采取提取损失准备金和冲减利润的方式来应对和吸收预期损失；利用资本金来应对非预期损失；对于规模巨大的灾难性损失，如地震、火灾等，可以通过购买商业保险来转移风险；但对于因衍生产品交易等过度投机行为所造成的灾难性损失，则应当采取严格限制高风险业务/行为的做法加以规避。答案是 A。

32.【答案】C。根据商业银行的业务特征及诱发风险的原因，巴塞尔委员会将商业银行面临的风险划分为信用风险、市场风险、操作风险、流动性风险、国家风险、声誉风险、法律风险以及战略风险八大类。

33.【答案】B。在进行商业银行风险管理时，我们要运用随机变量的概率分布、期望和方差来估计风险的程度。根据所给出的结果和对应到实数空间的函数取值范围，可以把随机变量分为离散型随机变量和连续型随机变量。

34.【答案】A。世纪 70 年代，1973 年的石油危机导致西方国家通货膨胀加剧，利率的波动也开始变得更为剧烈，利率和汇率的双重影响使得商业银行的资产和负债价值的波动更为显著单一的资产风险管理模式显得稳健有余而进取不足，单一的负债风险管理模式进取有余而稳健不足，两者均不能保证商业银行安全性、流动性和效益性的均衡。正是在此情况下，资产负债风险管理理论应运而生。可知，资产负债风险管理理论产生于资产负债风险管理模式阶段。

35.【答案】B。答案是 B，很多银行倒闭案例由信用风险引发。

36.【答案】。利用风险对冲策略管理风险的关键问题在于对冲比率的确定，A 项正确；市场对冲是指对于无法通过资产负债表和相关业务调整进行自我对冲的风险(又称残余风险)，B 项正确；风险对冲可以管理系统性风险和非系统性风险，C 项正确；风险对冲策略也被广泛应用于信用风险管理领域，D 项不正确。

37.【答案】C。概率是对不确定事件进行描述的最有效的数学工具，是对不确定性事件发生可能性的一种度量，所以 A 正确；不确定性事件是指在相同的条件下重复一个行为或试验，所出现的结果有多种，但具体是哪种结果事前不可预知，所以 B 正确；确定性事件是指，在相同的条件下重复同一行为或试验，出现的结果是相同的，所以 C 错误；在每次随机试验中可能出现，也可能不出现的结果称为随机事件，所以 D 项正确。

38.【答案】。国家风险可分为政治风险、经济风险和社会风险三大类，因此 A 正确；国家风险发生在国际经济金融活动中，在同一个国家范围内的经济金融活动不存在国家风险，因此 B 说法有误；在国际经济金融活动中，不论是政府、商业银行、企业，还是个人，都可能遭受国家风险所带来的损失，因此 C 正确；国家风险通常是由债务人所在国家的行为引起的，已超出了债权人的控制范围，因此 D 的说法正确。

39.【答案】D。国家风险通常是由债务人所在国家的行为引起的，已超出了债权人的控制范围。

40.【答案】A。风险管理能够为商业银行风险定价提供依据，并有效管理商业银行的业务模式。A 是错的，其他选项的表述是正确的，

41.【答案】A。国家风险是指经济主体在与非本国居民进行国际经贸与金融往来时，由于别国政治、经济和社会等方面的变化而遭受损失的风险。国家风险通常是由债务人所在国家的行为引起的，已超出了债权人的控制范围。

42.【答案】C。采用经风险调整的业绩评估方法（Risk Adjusted Performance Measurement，RAPM）来综合考量商业银行的盈利能力和风险水平，已经成为国际先进银行的通行做法。

43.【答案】A。资本充足率是指资本与风险加权资产的比率，这里的资本就是监管资本，是在商业银行实收资本的基础上再加上其他资本工具计算而来。以监管资本为基础计算的资本充足率，是监管当局限制商业银行过度风险承担行为、保障市场稳定运行的重要工具。

44.【答案】C。风险转移是指通过购买某种金融产品或采取其他合法的经济措施将风险转移给其他经济主体的一种策略性选择。风险转移可分为保险转移和非保险转移。非保险转移是指，担保、备用信用证等能够将信用风险转移给第三方。例如，商业银行在发放贷款时，通常会要求借款人提供第三方信用担保作为还款保证，若借款人到期不能如约偿还贷款本息，则由担保人代为清偿。

45.【答案】A。资本是风险的第一承担者，因而也是风险管理最根本的动力来源。在商业银行的经营管理活动中，风险管理始终都是由代表资本利益的董事会来推动并承担最终风险责任的。

46.【答案】C。按照一年计息方式时，客户支付利息 $=100000\times8\%=8000$ 元；按照半年复利计息，客户支付利息 $=100000\times(1+4\%)^2-100000=8160$ 元，相差 160 元。

47.【答案】B。资产组合的预期收益率等于各资产预期收益率的加权，但是资产组合的风险并不是组合中各资产风险的简单加权，还应考虑组合中各资产的相关关系。

48.【答案】A。风险转移是指通过购买某种金融产品或采取其他合法的经济措施将风险转移给其他经济主体的一种策略性选择。理解题干可知，答案是 A。

49.【答案】D。需要比较不同投资期限金融产品的投资收益率，通常需要计算这些金融产品的年化收益率，同时考虑复利收益。产品 Y 的年化收益率 $=(1+2.46\%)^2-1=4.98\%$；产品 Z 的年化收益率 $=(1+1.23\%)^2-1=5.01\%$。

50.【答案】A。风险分散是指通过多样化的投资来分散和降低风险的策略性选择。“不要将所有的鸡蛋放在一个篮子里”的古老投资格言形象地说明了这一方法。

51.【答案】D。风险分散对商业银行信用风险管理具有重要意义，商业银行可以通过资产组合管理或与其他商业银行组成银团贷款的方式，使自己的授信对象多样化，从而分散和降低风险。

52.【答案】B。风险对冲对管理市场风险（利率风险、汇率风险、股票风险和商品风险）非常有效，近年来由于信用衍生产品不断创新和发展，风险对冲策略也被广泛应用于信用风险管理领域。

53.【答案】。在本题题干的描述中，“其资金交易业务主要集中于高收益的次级债券“属于信用风险；“2008 年起因受到金融危机的冲击”属于市场风险；“其信贷资产主要投向房地产行业”是战略风险。题干所述没有声誉风险和操作风险。

54.【答案】D。声誉是商业银行所有的利益持有者基于持久努力、长期信任建立起来的无形资产。商业银行通常将声誉风险看做是对其经济价值最大的威胁，因为商业银行的业务性质要求其能够维持存款人、贷款人和整个市场的信心。商业银行提供的产品或服务存在缺陷，引发公众抗议活动或言论，首先造成声誉风险损失。

55.【答案】D。流动性风险是指商业银行无力为负债的减少和/或资产的增加提供融资而造成损失或破产的风险。流动性风险管理除了应当做好流动性安排之外，还应当重视和加强跨风险种类的风险管理。从这个角度来说，流动性风险管理水平体现了商业银行的整体经营管理水平。

56.【答案】B。经济资本是商业银行为了应对未来一定期限内资产的非预期损失，而应该持有的资本金。经济资本的重要意义在于强调资本的有偿占用，即占用资本来防范风险是需要付出成本的。经济资本是一种取决于商业银行实际风险水平的资本，商业银行的整体风险水平高，要求的经济资本就多，反之要求的经济资本就少。

57.【答案】C。商业银行可以通过资产组合管理或与其他商业银行组成银团贷款的方式，使自己的授信对象多样化，从而分散和降低风险。在风险管理实践中，商业银行可以利用资产组合分散风险原理，将贷款分散到不同行业、区域，通过积极实施风险分散策略，显著降低风险损失的可能性。

58.【答案】C。与市场风险主要存在于交易账户和信用风险主要存在于银行账户不同，操作风险广泛存在于商业银行业务和管理的各个领域，具有普遍性和非营利性，不能给商业银行带来盈利。

59.【答案】D。商业银行资本是商业银行资产负债表中资产减去负债后的所有者权益部分，包括实收资本、资本公积、盈余公积、一般准备、信托赔偿准备和未分配利润等。因为商业银行时刻面临着风险的挑战，其资本所肩负的责任和发挥的作用比一般企业更为重要，主要体现在以下几个方面：第一，资本为商业银行提供融资；第二，吸收和消化损失、资本的本质特征是可以自由支配，是承担风险和吸收损失的第一资金来源；第三，限制业务过度扩张和风险承担，增强银行系统的稳定性；第四，维持市场信心；第五，为风险管理提供最根本的驱动力。因此，银行资本不能使银行免遭损失。

60.【答案】B。风险转移是指通过购买某种金融产品或采取其他合法的经济措施将风险转移给其他经济主体的一种策略性选择。风险转移可分为保险转移和非保险转移。)保险转移是指商业银行购买保险，以缴纳保险费为代价，将风险转移给承保人。题干中的行为在风险管理中属于风险转移。

二、多项选择题

1.【答案】ADE。风险转移是指通过购买某种金融产品或采取其他合法的经济措施将风险转移给其他经济主体的一种策略性选择。风险转移可分为保险转移和非保险转移。保险转移是指商业银行购买保险，以缴纳保险费为代价，将风险转移给承保人。非保险转移是指担保、备用信用证等能够将信用风险转移给第三方。因此，AD 属于非保险转移，E 属于保险转移。B 选项属于风险补偿，C 选项属于风险规避。

2.【答案】DE。在实践中，通常将金融风险可能造成的损失分为预期损失(Expected Loss，EL)、预期损失(Unexpected Loss，UL)和灾难性损失(Stress Loss，SL)三大类。预期损失

是指商业银行业务发展中基于历史数据分析可以预见到的损失，通常为一定历史时期内损失的平均值(有时也采用中间值)。商业银行通常采取提取损失准备金和冲减利润的方式来应对和吸收预期损失。因此答案是 DE，ABC 都属于风险管理策略。

3.【答案】ABE。承担和管理风险是商业银行的基本职能。积极、主动地承担和管理风险有助于商业银行改善资本结构，更加有效地配置资本，以及大力推动金融产品开发。

4.【答案】ABCDE。全面风险管理模式体现了以下先进的风险管理理念和方法：(1)全球的风险管理体系；(2)全面的风险管理范围；(3)全程的风险管理过程；(4)全新的风险管理办法；(5)全员的风险管理文化。

5.【答案】ACE。如果资产组合中各资产存在相关性，则风险分散的效果会随着各资产间的相关系数有所不同。假设其他条件不变，当各资产间的相关系数为正时，风险分散效果较差；当相关系数为负时，风险分散效果较好。如果资产之间的风险不存在相关性，那么分散化策略将不会有风险分散的效果。

6.【答案】ABCDE。操作风险是指由不完善或有问题的内部程序、员工、信息科技系统以及外部事件所造成损失的风险。根据监管机构的规定，操作风险包括法律风险，但不包括声誉风险和战略风险。操作风险可分为人员因素、内部流程、系统缺陷和外部事件四大类别，并由此分为内部欺诈，外部欺诈，就业制度和工作场所安全事件，客户、产品和业务活动事件，实物资产损坏，信息科技系统事件，执行、交割和流程管理事件等七种可能造成实质性损失的事件类型。

7.【答案】ADE。以经济资本配置为基础的经风险调整的业绩评估方法，克服了传统绩效考核中盈利目标未充分反映风险成本的缺陷，促使商业银行将收益与风险直接挂钩，体现了业务发展与风险管理的内在平衡，实现了经营目标与绩效考核的协调一致。从根本上改变了商业银行忽视风险、盲目追求利润的经营方式。

8.【答案】BCDE。风险却是一个明确的事前概念，损失是一个事后概念。因此，A 的描述是正确的，BCD 是错误的。风险虽然通常采用损失的可能性以及潜在的损失规模来计量，但绝不等同于损失本身。风险和损失是不能同时并存的事物发展的两种状态。因此，E 的描述也是错的。

9.【答案】ABDE。市场风险包括利率风险、汇率风险、股票风险和商品风险四种，其中利率风险尤为重要。因此，A 正确。信用风险是指债务人或交易对手未能履行合同所规定的义务或信用质量发生变化，影响金融产品价值，从而给债权人或金融产品持有人造成经济损失的风险。因此，B 正确。根据监管机构的规定，操作风险包括法律风险，但不包括声誉风险和战略风险，因此 C 错误。流动性风险管理除了应当做好流动性安排之外，还应当重视和加强跨风险种类的风险管理。从这个角度来说，流动性风险管理水平体现了商业银行的整体经营管理水平。因此，答案 D 正确。国家风险发生在国际经济金融活动中，在同一个国家范围内的经济金融活动不存在国家风险。

10.【答案】ABD。风险对冲对管理市场风险(利率风险、汇率风险、股票风险和商品风险)非常有效，可以分为自我对冲和市场对冲两种情况。A 选项正确。根据多样化投资分散风险的原理，商业银行的信贷业务应是全面的，而不应集中于同一业务、同一性质甚至同一个借款人。B 项考查风险分散管理策略。风险补偿是指商业银行在所从事的业务活动造成实质性损失之前，对所承担的风险进行价格补偿的策略性选择。因此 C 错误。不做业务，不承担风险是风险规避的做法，因此 D 正确。风险分散只能是降低非系统性风险，而对共同因素引起的系统性风险却无能为力，因此 E 错误。

11.【答案】ABCDE。选项中的是常见概率知识在在投资、收益和分散上的应用，描述都是正确的。

12.【答案】ABCDE。信用风险既存在传统的贷款、债券投资等表内业务中，也存在于信用担保、贷款承诺及衍生产品交易等表外业务中，信用风险对基础金融产品和衍生产品的影响不同；信用风险是最为复杂的风险，包括违约风险、结算风险；违约风险既可以针对个人，也可以针对企业；结算风险在外汇交易中较为常见，涉及在不同的时间以不同的货币进行结算交易；信用风险存在于表内外业务以及衍生产品交易中。

13.【答案】ABCE。市场风险主要存在于交易账户和信用风险主要存在于银行账户；操作风险广泛存在于商业银行业务和管理的各个领域，具有普遍性和非营利性，不能给商业银行带来盈利；操作风险与市场风险、信用风险存在内在的联系。

14.【答案】AC。会计资本虽然不和风险直接挂钩，但风险带来的任何损失都会反映在账面资本上，两者之间的媒介就是经济资本，因此的 A 说法不正确；经济资本是一种取决于商业银行实际风险水平的资本，商业银行的整体风险水平高，要求的经济资本就多，反之要求的经济资本就少，因此，B 正确；经济资本是指商业银行在一定的置信水平下，为了应对未来一定期限内资产的非预期损失而应该持有的资本金，因此 C 说法错误；监管资本被区分为核心资本和附属资本，因此选项 D 是正确说法；资本充足率是指资本与风险加权资产的比率，这里的资本就是监管资本，E 选项的说法也是正确的。

15.【答案】ABCE。在单笔业务层面上，RAROC 可用于衡量一笔业务的风险与收益是否匹配，为商业银行决定是否开展该笔业务以及如何进行定价提供依据，因此 A 是正确的；在商业银行总体层面上，RAROC 指标可用于目标设定、业务决策、资本配置和绩效考核等，因此 B 是正确的；以经济资本配置为基础的经风险调整的业绩评估方法，克服了传统绩效考核中盈利目标未充分反映风险成本的缺陷，促使商业银行将收益与风险直接挂钩、体现了业务发展与风险管理的内在平衡，实现了经营目标与绩效考核的协调一致，因此 C 是正确的；使用经风险调整的业绩评估方法，有利于在银行内部建立正确的激励机制，从根本上改变银行忽视风险、盲目追求利润的经营方式，因此 D 的说法不正确，E 的正确。

16.【答案】ACDE。风险不仅是损失的概率分布，也体现了盈利的概率分布，因此风险是收益的概率分布，选项 A 正确；风险和损失是不能同时并存的事物发展的两种状态，因此选项 B 的说法不正确；风险是一个明确的事前概念，反映的是损失发生前的事物发展状态，选项 C 正确；可以采用概率和统计方法计算出可能的损失规模和发生的可能性，选项 D 正确；一般情况下，金融风险可能造成的损失分为预期损失、非预期损失和灾难性损失，选项 E 正确。

17.【答案】ABCDE。风险管理与商业银行经营的关系主要体现在以下几个方面：第一，承担和管理风险是商业银行的基本职能，也是商业银行业务不断创新发展的原动力。第二，风险管理从根本上改变了商业银行的经营模式。第三，风险管理能够为商业银行风险定价提供依据，并有效管理金融资产和业务组合。第四，健全的风险管理体系能够为商业银行创造价值。第五，风险管理水平体现了商业银行的核心竞争力。

18.【答案】AC。信用风险是风险管理的主要风险之一，它被认为是最为复杂的风险种类，通常包括违约风险、结算风险等主要形式。

19.【答案】ABD。在《巴塞尔新资本协议》中，首先根据商业银行资本工具的不同性质，对监管资本的范围作出了界定，监管资本被区分为核心资本和附属资本。核心资本又称一级资本，包括商业银行的权益资本（股本、盈余公积、资本公积和未分配利润）和公开储备；附属资本又称二级资本，包括未公开储备、重估储备、普通贷款储备以及混合性债务工具等。

20.【答案】AB。最常用的两种相对收益计量方法是百分比收益率和对数收益率。C 项预期收益率是一种平均水平的概念；D 项标准差是随机变量方差的平方根；E 项方差描述了随机变量偏离其期望值的程度。

21.【答案】ACE。国家风险可分为政治风险、经济风险和社会风险三大类。对外关系风险属于政治风险，法律风险也不属于国家风险的范畴。

22.【答案】ABDE。政治风险是指商业银行受特定国家的政治动荡等不利因素影响（例如长期以来部分南亚和非洲国家政局不稳），无法正常收回在该国的金融资产而遭受损失的风险。政治风险包括政权风险、政局风险、政策风险和对外关系风险等。

23.【答案】BE。从狭义上讲，法律风险主要关注商业银行所签署的各类合同、承诺等法律文件的有效性和可执行力。从广义上讲，与法律风险密切相关的还有违规风险和监管风险。

24.【答案】ACDE。市场风险是指金融资产价格和商品价格的波动给商业银行表内头寸、表外头寸造成损失的风险。市场风险包括利率风险、汇率风险、股票风险和商品风险四种。

25.【答案】BC。房地产企业也由于倒闭无力偿还贷款，这是信用风险；居民大量提取存款买房，属于流动性风险；选项中的其他风险在题干中无法判断。

26.【答案】ADE。风险分散可以通过多样化的投资组合来分散和降低非系统风险，但是不能降低系统性风险。

27.【答案】ABCD。在商业银行总体层面上，经风险调整的资本收益率 RAROC 指标可用于目标设定、业务决策、资本配置和绩效考核等。RAROC 只能计算非预期损失，不能计算预期损失。

28.【答案】AE。经济资本是指商业银行在一定的置信水平下，为了应对未来一定期限内资产的非预期损失而应该持有的资本金。经济资本的重要意义在于强调资本的有偿占用，即占用资本来防范风险是需要付出成本的。

29.【答案】ABCD。长期以来，股本收益率（ROE）和资产收益率（ROA）这两项指标被广泛用于衡量商业银行的盈利能力。但由于这两项指标无法全面、深入地揭示商业银行在盈利的同时所承担的风险水平，因此，用来衡量商业银行这样经营风险的特殊企业具有明显的局限性。如果一家商业银行因为大规模投资短期能源市场而获得超额当期收益，则其所创造的高股本收益率和资产收益率也必然具有短期性，不足以真实反映其长期稳定性和健康状况。但是，经风险调整的资本收益率 RAROC 完全代替股本收益率（ROE）和资产收益率（ROA）是不可能的。

30.【答案】ABCDE。商业银行为了避免信贷资产在某些地区、行业和客户过度集中，商业银行可以采用统一授信管理、资产组合管理、资产证券化、信用衍生品等一系列全新的技术和方法来降低各类风险。从信贷业务的层面，商业银行分散信用风险、降低信贷集中度的通常做法就是对客户、行业、区域和资产组合实行授信限额管理。ABCDE 这五个选项都符合题意。

三、判断题

1.【答案】B。1988 年《巴塞尔资本协议》的出台，标志着国际银行业的全面风险管理原则体系基本形成。2006 年《巴塞尔新资本协议》提出一系列风险计量的规范标准，商业银行风险管理的模式发生了本质变化。

2.【答案】B。结算风险是指交易双方在结算过程中，一方支付了合同资金但另一方发生违约的风险。既可以针对个人，也可以针对企业的是违约风险。题干说法是错的。

3.【答案】A。相对于信用风险而言，市场风险具有数据充分和易于计量的特点，更适于采用量化技术加以控制，可供选择的金融产品种类丰富。

4.【答案】A。信用风险既存在传统的贷款、债券投资等表内业务中，也存在于信用担保、贷款承诺及衍生产品交易等表外业务中。

5.【答案】B。对商业银行资本最传统的理解就是会计资本(也称账面资本)，是商业银行资产负债表中资产减去负债后的所有者权益部分。账面(或会计)资本是商业银行可以利用的资本，虽然不与风险直接挂钩，但是风险造成的任何损失都会反映在账面上，两者之间的媒介是经济资本。

6.【答案】A。随机变量的方差描述了随机变量偏离其期望值的程度，当一个随机变量以很大的可能性偏离其期望值时，方差就比较大。

7.【答案】B。如果商业银行的大量债权人在某一时刻同时要求兑现债权(银行挤兑)，商业银行就可能面临流动性危机。

8.【答案】B。马柯维茨的投资组合理论认为，只要两种资产收益率的相关系数不为 1（即不完全正相关)，分散投资于两种资产就具有降低风险的作用。马柯维茨的资产组合管理理论体现了风险管理的风险对冲。

9.【答案】A。关于随机变量的数字特征，最常用的两个概念就是期望值和方差。期望值是随机变量的概率加权和，方差描述了随机变量偏离其期望的程度。方差越大，随机变量取值偏离期望值的可能性比较大。

10.【答案】B。全面风险管理体系有三个维度，第一维是企业的目标，第二维是全面风险管理要素，第三维是企业的各个层级。题干中的叙述顺序有误。

11.【答案】A。操作风险可分为人员因素、内部流程、系统缺陷和外部事件四大类别。

12.【答案】B。商业银行的风险管理的主要策略是风险分散、风险对冲、风险转移、风险规避、风险补偿。题干所述明显是不对的。

13.【答案】B。相对于信用风险而言，市场风险具有数据充分和易于计量的特点，更适于采用量化技术加以控制。

14.【答案】B。在实践中，通常将金融风险可能造成的损失分为预期损失(Expected Loss，EL)、非预期损失(Unexpected Loss，UL)和灾难性损失(Stress Loss，SL)三大类。因衍

生产品交易等过度投机行为所造成的灾难性损失，则应当采取严格限制高风险业务/行为的做法加以规避。

15.【答案】B。相对于信用风险而言，市场风险具有数据充分和易于计量的特点，更适于采用量化技术加以控制。因此，与市场风险相比，信用风险观察数据少且不易获取的特点。题干所述是错的。

16.【答案】B。战略风险是指商业银行在追求短期商业目的和长期发展目标的过程中，因不适当的发展规划和战略决策给商业银行造成损失或不利影响的风险。战略风险与其他主要风险密切联系且相互作用，因此同样是一种多维风险。它不是简单的风险体系。

17.【答案】A。风险对冲是指通过投资或购买与标的资产收益波动负相关的某种资产或衍生产品，来冲销标的资产潜在损失的一种策略性选择。风险对冲对管理市场风险(利率风险、汇率风险、股票风险和商品风险)非常有效，可以分为自我对冲和市场对冲两种情况。可知，题干所述是正确的。

18.【答案】B。经济资本是指商业银行在一定的置信水平下，为了应对未来一定期限内资产的非预期损失而应该持有的资本金。监管资本是监管部门规定的商业银行应持有的同其所承担的业务总体风险水平相匹配的资本，是监管当局针对商业银行的业务特征按照统一的风险资本计量方法计算得出的。

19.【答案】B。绝对收益是对投资成果的直接衡量，反映投资行为得到的增值部分的绝对量。绝对收益是实际生活中对投资收益最直接和直观的计量方式，是投资成果的直接反映。百分比收益率是当期资产总价值的变化及其现金收益占期初投资额的百分比。百分比收益通常用百分数表示，是最常用的评价投资收益的方式。

20.【答案】A。根据投资组合理论，构建资产组合即多元化投资能够降低投资风险，在风险管理实践中，商业银行可以利用资产组合分散风险的原理，将贷款分散到不同的行业、区域，通过积极实施风险分散策略，显著降低发生大额风险损失的可能性，从而达到管理和降低风险、保持收益稳定的目的。

21.【答案】A。经济资本是指在一定的置信度和期限下，为了覆盖和抵御银行超出预期的经济损失(即非预期损失)所需要持有的资本数额，是银行抵补风险所要求拥有的资本，并不必然等同于银行所持有的账面资本，可能大于账面资本，也可能小于账面资本。

22.【答案】B。一笔大额信贷资产的违约，常常导致一家商业银行出现流动性困难，甚至停业倒闭，因此信用风险通常会影响商业银行资产的流动性；声誉风险是一种多维风险，通常会影响商业银行资产和负债的流动性。

23.【答案】B。目前被广泛接受和普遍使用的是经风险调整的资本收益率(Risk Adjusted Return on Capital，RAROC)，其计算公式 $RAROC=(NI-EL)/UL$，其中，NI(Net Income)为税后净利润，EL为预期损失，UL为非预期损失或经济资本。这个公式衡量的是经济资本的使用效益，正常情况下其结果应当大于商业银行的资本成本。

24.【答案】B。与市场风险主要存在于交易账户和信用风险主要存在于银行账户不同，操作风险广泛存在于商业银行业务和管理的各个领域，具有普遍性和非营利性，不能给商业银行带来盈利。

25.【答案】B。市场风险是指金融资产价格和商品价格的波动给商业银行表内头寸、表外头寸造成损失。本题指的是战略风险。战略风险是指商业银行在追求短期商业目的和长期发展目标的过程中，因不适当的发展规划和战略决策给商业银行造成损失或不利影响的风险。

26.【答案】B。如果资产组合中各资产存在相关性，则风险分散的效果会随看各资产间的相关系数有所不同。假设其他条件不变，当各资产间的相关系数为正时，风险分散效果较差，当相关系数为负时，风险分散效果较好。

27.【答案】A。巴塞尔委员会在颁布的《巴塞尔新资本协议》中明确最低资本充足率要求、监管部门的监督检查和市场约束三大支柱，对促进全球金融体系的安全和稳健发挥重要作用。

28.【答案】B。经济资本又称为风险资本，是指在一定的置信度和期限下，为了覆盖和抵御银行超出预期的经济损失(即非预期损失)所需要持有的资本数额，是银行抵补风险所要求拥有的资本，并不必然等同于银行所持有的账面资本，可能大于账面资本，也可能小于账面资本。

29.【答案】B。经济资本是指商业银行在一定的置信水平下，为了应对未来一定期限内资产的非预期损失而应该持有的资本金。经济资本的重要意义在于强调资本的有偿占用，即占用资本来防范风险是需要付出成本的。监管资本是监管部门规定的商业银行应持有的同其所承担的业务总体风险水平相匹配的资本，是监管当局针对商业银行的业务特征按照统一的风险资本计量方法计算得出的。

30.【答案】B。操作风险是指由不完善或有问题的内部程序、员工、信息科技系统以及外部事件所造成损失的风险。根据监管机构的规定，操作风险包括法律风险，但不包括声誉风险和战略风险。法律风险包括但不限于因监管措施和解决民商事争议而支付的罚款、罚金或者惩罚性赔偿所导致的风险敞口。本题要求考生能够分辨八大风险的内容。

第二章　商业银行风险管理基本架构强化训练题

一、单项选择题

1. 【答案】C。我国商业银行监管当局借鉴经济合作与发展组织（OECD）的公司治理准则和巴塞尔委员会的商业银行公司治理原则，提出了我国商业银行公司治理的要求，主要内容包括：(1) 完善股东大会、董事会、监事会、高级管理层的议事制度和决策程序；(2) 明确股东、董事、监事和高级管理人员的权利、义务；(3) 建立、健全以监事会为核心的监督机制；(4) 建立完善的信息报告和信息披露制度；(5) 建立合理的薪酬制度，强化激励约束机制。
2. 【答案】D。良好的银行公司治理应具备以下五个方面的特征：(1) 银行内部有效的制衡关系和清晰的职责边界；(2) 完善的内部控制和风险管理体系；(3) 与股东价值相挂钩的有效监督考核机制；(4) 科学的激励约束机制；(5) 先进的管理信息系统，能够为产品定价、成本核算、风险管理和内部控制提供有力支撑。选项 ABC 是良好的银行公司治理应具备的特征。D 是错的。
3. 【答案】B。内部控制是商业银行为实现经营目标，通过制定和实施一系列制度、程序和方法，对风险进行事前防范、事中控制、事后监督和纠正的动态过程和机制。
4. 【答案】A。董事会是商业银行的最高风险管理/决策机构，确保商业银行有效识别、计量、监测和控制各项业务所承担的各种风险，并承担商业银行风险管理的最终责任。监事会对股东大会负责，从事商业银行内部尽职监督、财务监督、内部控制监督等监察工作。监事会需要处理好与股东大会、董事会、高级管理层之间的关系，加强相互的理解、沟通与协调。
5. 【答案】B。商业银行的风险管理流程可以概括为风险识别、风险计量、风险监测和风险控制四个主要步骤。
6. 【答案】C。内部控制应当以防范风险、审慎经营为出发点，尤其是设立新的机构或开办新的业务，均应当体现“内控优先”的要求，所以 A 项是错的；内部控制的监督、评价部门应当独立于内部控制的建设、执行部门，并有直接向董事会、监事会和高级管理层报告的渠道，所以 B 项是错的；内部控制须有高度的权威性，任何人不得拥有不受内部控制约束的权力，内部控制存在的问题应当能够得到及时反馈和纠正，所以 D 项是错的。内部控制应当渗透到商业银行的各项业务过程和各个操作环节，覆盖所有的部门和岗位，并由全体人员参与，任何决策或操作均应当有案可查。
7. 【答案】D。制作风险清单是商业银行识别风险的最基本、最常用的方法。它是指采用类似于备忘录的形式，将商业银行所面临的风险逐一列举，并联系经营活动对这些风险进行深入理解和分析。此外，常用的风险识别方法还有：(1) 资产财务状况分析法；(2) 失误树分析方法；(3) 情景分析法；(4) 分解分析法。

8.【答案】C。风险识别包括感知风险和分析风险两个环节，所以A选项是正确说法；制作风险清单是商业银行识别风险的最基本、最常用的方法，B项说法也是正确的；感知风险是通过系统化的方法发现商业银行所面临的风险种类和性质；分析风险是深入理解各种风险的成因及变化规律，因此C是错的。适时、准确地识别风险是风险管理的最基本要求，但却对商业银行的风险管理水平提出了严峻的挑战，因此D时正确的。

9.【答案】A。制作风险清单是商业银行识别风险的最基本、最常用的方法。它是指采用类似于备忘录的形式，将商业银行所面临的风险逐一列举，并联系经营活动对这些风险进行深入理解和分析。此外，常用的风险识别方法还有：(1)资产财务状况分析法；(2)失误树分析方法；(3)情景分析法；(4)分解分析法。

10.【答案】C。集中型风险管理部门所需的主要专业技能中，价格核准能力是商业银行核心竞争力的重要体现。

11.【答案】D。从内部控制的角度看，商业银行的风险控制体系可以采取从基层业务单位到业务领域风险管理委员会，最终到达董事会和高级管理层的三级管理方式。答案是D。

12.【答案】A。由于公司治理涉及董事会和高级管理层管理商业银行业务及各项事务的方式。董事会和高级管理层切实承担起政策制定、政策实施以及监督合规操作的职能，是商业银行实施有效风险管理的关键。答案是A。

13.【答案】C。本题考查的是商业银行内部控制体系的各项要素中的内部控制环境。为有效实现内部控制目标，商业银行应不断自我完善内部控制体系的各项要素。董事会负责建立并实施一个充分有效的内部控制体系；高级管理层制定适当的内部控制政策；监事会负责监督董事会、高级管理层完善内部控制体系；董事会和高级管理层负责在商业银行内部建立科学、有效的激励约束机制。所以A、B、D项正确；内部控制是商业银行日常工作的一个重要部分，所以C项错误。

14.【答案】C。监事会对股东大会负责，从事商业银行内部尽职监督、财务监督、内部控制监督等监察工作，A项属于监事会的职责；高级管理层的主要职责是执行风险管理政策，制定风险管理的程序和操作规程，及时了解风险水平及其管理状况，B项属于高级管理层的职责；董事会是商业银行的最高风险管理/决策机构，确保商业银行有效识别、计量、监测和控制各项业务所承担的各种风险，并承担商业银行风险管理的最终责任，D项属于董事会的职责。风险管理部门主要负责组织、协调、推进风险管理政策在全行内的有效实施。

15.【答案】C。风险管理信息系统作为商业银行的重要“无形资产”，必须设置严格的安全保障，确保系统能够长期、不间断地运行。风险信息管理系统要求为每个系统用户设置独特的识别标志，并定期更换登录密码或磁卡。密码泄露或借给他人使用违背了这一要求。

16.【答案】B。商业银行在追求和采用高级风险量化方法时，应当意识到，高级量化技术随着复杂程度增加，通常会产生新的风险，如模型风险。因此，使用高级风险量化技术进行辅助决策以及核算监管资本的数量时，商业银行应当具备相应的知识和技术条件，并且事先通过监管机构的审核与批准。

17.【答案】B。随着公众风险意识显著提高，越来越多的机构/个人投资者、客户开始重新审视商业银行的风险管理能力，要求商业银行发布风险信息，特别是发布投资风险报告已经成为基本要求。

18. 【答案】C。商业银行管理战略包括战略目标和实现路径两方面内容，A 正确；战略目标可以分解为战略愿景、阶段性战略目标和主要发展指标等细项，因此 B 正确；战略目标决定实现路径，商业银行的各项工作必须紧紧围绕战略目标展开，风险管理过程本身就是实现风险管理目标以及整个战略目标的重要路径，所以 C 表述错误；各家商业银行的风险管理模式和水平不尽相同，正是由于战略目标不同所致，因此 D 正确。

19. 【答案】A。风险计量/评估是全面风险管理、资本监管和经济资本配置得以有效实施的重要基础，因此 B 正确。准确的风险计量结果建立在卓越的风险模型基础上，而开发一系列准确的并且能够在未来一定时期内满足商业银行风险管理需要的数量模型，因此 C 正确；风险计量可以基于专家经验，D 正确；风险计量既需要对单笔交易承担的风险进行计量，也要对组合层面、银行整体层面承担的风险水平进行评估，也就是通常所说的风险加总。

20. 【答案】C。《加强银行公司治理的原则》对首席风险官的独立性提出明确要求：（1）首席风险官的独立性是首要的，首席风险官可以向首席执行官或其他高管人员报告，也应该向董事会及其风险管理委员会报告，且这个报告路线不应受任何阻碍；（2）首席风险官应与业务经营条线和盈利部门分离，不负管理和财务职责。

21. 【答案】D。风险文化由风险管理理念、知识和制度三个层次组成，其中风险管理理念是风险文化的精神核心，也是风险文化中最为重要和最高层次的因素，比起知识和制度来说，它对员工的行为具有更直接和长远影响力。

22. 【答案】A。风险管理部门应当是一个相对独立的部门，需要最高管理层提供全方位支持，同时配备具有高度职业精神和专业技能的人员。风险管理部门应当与业务部门保持相对独立，并具有独立的报告路线。

23. 【答案】A。巴塞尔委员会颁布《加强银行机构公司治理》归纳提炼了稳健银行公司治理所共同遵循的八项基本原则，其中之一是：董事会应核准商业银行的战略目标和价值准则，并监督其在全行的传达贯彻。

24. 【答案】B。在某些情况下，商业银行不需要建立完善的风险管理部门，例如在规模有限的城市商业银行适合分散型风险管理部门，因此 A 是正确的；国际先进银行的通行做法是风险管理部门保持相对独立性，风险管理部门应当与业务部门保持相对独立，并具有独立的报告路线，因此 B 是错误的；监控各类限额是风险管理部门履行的具体职责之一，故 C 也是正确的；风险管理部门无权参与风险管理政策的最终执行，因此 D 是正确的。

25. 【答案】D。制作风险清单是商业银行识别风险的最基本、最常用的方法，采用类似于备忘录的形式，所以 AB 错误；感知风险是通过系统化的方法发现商业银行所面临的风险种类，所以 C 不正确；将复杂的风险分解为多个相对简单的风险因素，从中识别可能造成严重风险损失的因素，例如，可以把汇率风险分解为汇率变化率、利率变化率、收益率期间结构等影响因素的是分解分析法，所以 D 项正确。

26. 【答案】B。风险识别包括感知风险和分析风险两个环节。风险识别包括感知风险和分析风险两个环节：感知风险是通过系统化的方法发现商业银行所面临的风险种类和性质；分析风险是深入理解各种风险的成因及变化规律。

27. 【答案】C。采用分散型风险管理部门，商业银行不需要建立完善的风险管理部门，因此可以考虑将数据分析、技术支持等风险管理职能外包给专业服务供应商；分散型风险管理部门的缺点是，难以绝对控制商业银行的敏感信息，无法形成长期的核心竞争力和强大的市场定价能力。

28. 【答案】C。董事会负责审批风险管理的战略、政策和程序。董事会通常设置最高风险管理委员会，负责拟定全行的风险管理政策和指导原则，因此，答案是C。监事会对股东大会负责，从事商业银行内部尽职监督、财务监督、内部控制监督等监察工作。高级管理层的主要职责是负责执行风险管理政策，制定风险管理的程序和操作规程。

29. 【答案】A。风险检测和分析是商业银行无论采取集中型还是分散型风险管理部门都必不可少的核心职能。

30. 【答案】C。商业银行管理战略分为战略目标和实现路径两个方面的内容，战略目标分解为战略愿景、阶段性战略目标和主要发展指标；各家商业银行所处的外部经济、金融环境、内部管理以及市场定位不同，因此，战略目标各不相同，但也存在一些共性；战略目标确立后，应重点研究如何保证路径的高质量和高效率。

31. 【答案】A。风险管理信息系统作为商业银行的重要"无形资产"，必须设置严格的安全保障，确保系统能够长期、不间断地运行。

32. 【答案】C。内部控制的目标包括：确保国家法律规定和商业银行内部规章制度的贯彻执行；确保商业银行发展战略和经营目标的全面实施和充分实现；确保业务记录、财务信息和其他管理信息的及时、真实和完整；确保发现管理体系的有效性。因此，选项ABD都是正确的。明确划分股东、董事会和高级管理层、经理人员各自的权利、责任、利益形成的相互制衡关系，是内部控制的主要内容。

33. 【答案】B。商业银行公司治理是指控制、管理机构的一种机制或制度安排，其核心是在所有权、经营权分离的情况下，为妥善解决委托—代理关系而提出的董事会、高级管理层的组织体系安排和监督制衡机制。

34. 【答案】D。D项，应该是充分考虑利益相关者的期望，而不是仅仅考虑股东的期望。商业银行作为经营风险的企业，利益相关者众多，主要包括股东、董事会、管理层、员工、存款人、债权人、监管机构、信用评级机构。其他的表述是正确的。

35. 【答案】C。我国商业银行监管当局借鉴经济合作与发展组织(OECD)的公司治理准则和巴塞尔委员会的商业银行公司治理原则，提出了我国商业银行公司治理的要求，主要内容包括：(1)完善股东大会、董事会、监事会、高级管理层的议事制度和决策程序；(2)明确股东、董事、监事和高级管理人员的权利、义务；(3)建立、健全以监事会为核心的监督机制；(4)建立完善的信息报告和信息披露制度；(5)建立合理的薪酬制度，强化激励约束机制。选项C属于巴塞尔委员会制定的稳健银行公司治理应遵循的八项基本原则之一。

36. 【答案】B。A项高级管理层负责执行风险管理政策；C项董事会是商业银行的最高风险管理中央策机构，确保商业银行有效识别、计量、监测和控制各项业务所承担的各种风险，并承担商业银行风险管理的最终责任；D项风险管理部门要配备具有高度职业精神和风险管理技能的专业人员，不能外包。

37. 【答案】D。现代商业银行的财务控制部门通常采取每日参照市场定价的方法，及时捕捉市场价格/价值的变化，因此所提供的数量最为真实、准确，这无疑使财务控制部门处在有效风险管理的最前端。

38.【答案】D。董事会负责保证商业银行建立并实施充分而有效的内部控制体系；监事会对股东大会负责，从事商业银行内部尽职监督、财务监督、内部控制监督等监察工作；高级管理层的主要职责是负责执行风险管理政策，制定风险管理的程序和操作规程。

39.【答案】A。董事会负责建立并实施一个充分有效的内部控制体系，商业银行的内部控制必须贯彻全面、审慎、有效、独立的原则，所以商业银行的董事会应定期核查其内部控制体系能否充分保证银行有序和审慎地开展业务。

40.【答案】B。风险管理文化一般由风险管理理念、风险管理知识、风险管理制度三个层次组成，其中风险管理理念是风险管理文化的精神核心，也是风险管理文化中最为重要和最高层次的因素。

41.【答案】C。集中型风险管理部门涉及的风险管理领域非常全面，对专业人员和管理系统的要求很高，资源投入巨大，因此，集中型风险管理部门更加适用于规模庞大、资金、技术、人力资源雄厚的大中型商业银行。C项属于分散型风险管理部门的特点。

42.【答案】B。高级管理层的主要职责是负责执行风险管理政策，制定风险管理的程序和操作规程，及时了解风险水平及其管理状况，并确保商业银行具备足够的人力、物力和恰当的组织结构、管理信息系统以及技术水平，来有效地识别、计量、监测和控制各项业务所承担的各种风险，因此B正确；董事会负责建立并实施一个充分有效的内部控制体系，商业银行的内部控制必须贯彻全面、审慎、有效、独立的原则，所以商业银行的董事会应定期核查其内部控制体系能否充分保证银行有序和审慎地开展业务，因此C不符；监事会对股东大会负责，从事商业银行内部尽职监督、财务监督、内部控制监督等监察工作，选项D也不符合。

43.【答案】C。高级管理层的主要职责是负责执行风险管理政策，制定风险管理的程序和操作规程，因此，A正确；监事会对股东大会负责，从事商业银行内部尽职监督、财务监督、内部控制监督等监察工作，因此B正确；董事会是商业银行的最高风险管理/决策机构，承担商业银行风险管理的最终责任，负责审批风险管理的整体战略和政策，因此C错误；董事会通常设置最高风险管理委员会，负责拟定全行的风险管理政策和指导原则，风险管理委员会根据风险管理部门提供的信息，作出经营或战略方面的决策并付诸实施，D也是对的。

44.【答案】B。商业银行公司治理是指控制、管理机构的一种机制或制度安排，其核心是在所有权、经营权分离的情况下，为妥善解决委托—代理关系而提出的董事会、高级管理层的组织体系安排和监督制衡机制。

45.【答案】B。建立功能强大、动态广交互式的风险监测和报告系统，对于提高商业银行风险管理效率和质量具有非常重要的作用，也直接体现了商业银行的风险管理水平和研究/开发能力。

46.【答案】D。风险控制可以分为事前控制和事后控制。其中，风险转移属于事后控制方法，ABC属于事前控制方法。

47.【答案】C。风险管理部门在高管层(首席风险官)的领导下，负责建设完善包括风险管理政策制度、工具方法、信息系统等在内的风险管理体系，组织开展各项风险管理工作，对银行承担的风险进行识别、计量、监测、控制、缓释以及风险敞口的报告，促进银行稳健经营、持续发展。

48.【答案】C。先进的风险管理理念主要包括：(1)风险管理水平体现商业银行的核心竞争力，是创造资本增值和股东回报的重要手段；(2)风险管理的目标不是消除风险，而是通过主动的风险管理过程实现风险与收益的平衡；(3)风险管理战略应纳入商业银行的整体战略之中，并服务于业务发展；(4)商业银行应充分了解所有风险，建立和完善风险控制机制，对不了解或无把握控制风险的业务，应采取审慎态度。

49.【答案】A。高效的风险管理流程应当能够确保正确的风险信息，在正确的时间传递给正确的人，不是所有人，因此，选项A是错的；选项BCD都是正确的。

50.【答案】B。风险识别包括感知风险和分析风险两个环节：(1)感知风险是通过系统化的方法发现商业银行所面临的风险种类和性质；(2)分析风险是深人理解各种风险的成因及变化规律。

51.【答案】D。经济合作与发展组织认为，如果股东的权利受到损害，他们应有机会得到有效补偿，A错误；公司治理应当维护股东的权利，确保包括小股东和外国股东在内的全体股在受到平等的待遇，B错误；治理结构框架应确保董事会对公司的战略性指导和对管理人员的有效监督，并确保董事会对公司和股东负责，C错误；治理结构反当确认利益相关者的合法权利，并且鼓励公司和利益相关者为创造财富和工作机会以及为保持企业财务健全而积极地进行合作，D正确。

52.【答案】D。对商业银行风险治理架构和风险管理组织体系，监管要求着重强调了以下三点：(1)公司治理架构，对董事会、高管层在风险管理方面的职责提出了明确的要求，强调董事会对风险管理承担最终责任；(2)风险管理组织架构，核心是构建由业务部门、风险管理职能部门、审计部门组成的风险管理“三道防线”，清晰界定风险管理职责和风险报告关系；(3)风险管理的独立性，强调独立性的根本目的是保证风险管理的执行力；不包括选项D。

53.【答案】B。风险管理的第一道防线是前台业务人员。前台业务人员处在业务操作和风险管理的最前沿，应当具备可持续的风险—收益理念，掌握最新的风险信息，并切实遵守限额管理等风险管理政策。因此，对应的是员工培训，答案是B。

54.【答案】D。银行公司治理在商业银行经营管理实践中逐步被赋予了更广泛的内容，其内涵延伸到银行内部制衡关系和职责分工、内部控制体系、监督考核机制、激励约束机制以及管理信息系统等更为广泛的领域。

55.【答案】B。现代商业银行的财务控制部门通常采取每日参照市场定价的方法，及时捕捉市场价格/价值的变化，因此所提供的数据最为真实、准确，这无疑使财务控制部门处在有效风险管理的最前端。

56.【答案】B。高级管理层所需要的是高度概括的整体风险报告；前台交易人员期待的是非常具体的头寸报告；风险管理委员会则通常要求风险管理部门提供最佳避险报告，以协助制定风险管理策略。

二、多项选择题

1.【答案】ABCDE。监事会对股东大会负责，从事商业银行内部尽职监督、财务监督、内部控制监督等工作。监事会通过列席会议、调阅文件、检查与调研、监督测评、访谈座谈等方式，以及综合利用非现场监测与现场抽查手段，对商业银行的决策过程、决策执行、经营活动，以及董事和高级管理人员的工作表现进行监督和测评。

2.【答案】BCD。高级管理层的主要职责是负责执行风险管理政策，制定风险管理的程序和操作规程，及时了解风险水平及其管理状况，并确保商业银行具备足够的人力、物力和恰当的组织结构、管理信息系统以及技术水平，来有效地识别、计量、监测和控制各项业务所承担的各种风险。A 选项为风险管理委员会的职责，E 选项为董事会的职责。

3.【答案】CE。现代商业银行的财务控制部门通常采取每日参照市场定价的方法，及时捕捉市场价格/价值的变化，因此所提供的数量最为真实、准确，财务控制部门处在有效风险管理的最前端。风险管理部门接收来自财务控制部门的收益/损失数据，并且与来自前台业务部门的信息调整一致，双方合作确保风险系统中相应的收益/损失信息是准确的，并且可以应用于事后检验的目的。据此判断 C、E 选项正确。B 选项为法律/合规部门的职责，A、D 选项为审计部门的主要工作内容。

4.【答案】ABE。风险控制/缓释是商业银行风险管理委员会对已经识别和计量的风险，采取分散、对冲、转移、规避和补偿等策略以及合格的风险缓释工具进行有效管理和控制的过程。风险控制与缓释流程应当符合以下要求：(1)风险控制/缓释策略应与商业银行的整体战略目标保持一致；(2)所采取的具体控制措施与缓释工具符合成本/收益要求；(3)能够发现风险管理中存在的问题，并重新完善风险管理程序。据此可判断，本题答案是 ABE。

5.【答案】AE。风险管理信息系统需要从很多来源收集海量的数据和信息，通常分为内部数据与外部数据。中间计量数据和组合结果数据属于经过分析和处理的数据。

6.【答案】ACD。与国际先进银行的内部控制体系相比，我国大部分商业银行在内部控制建设方面还处于起步阶段，其薄弱环节主要表现在：商业银行的所有权和经营权分离和制衡还有待完善；内部控制的组织架构还未形成；内部控制的管理水平有待提高，内部控制监督的及时性有待提高；内部控制评价体系还不完善。

7.【答案】ABDE。C 项不属于巴塞尔委员会颁布的《加强银行机构公司治理》中指导的应共同遵循的八项基本原则，所以 C 项不符合题意。巴塞尔委员会认为商业银行公司治理应遵守的原则是：(1) 董事会成员应称职，清楚理解其在公司治理中的角色，有能力对商业银行的各项事务作出正确的判断；(2) 董事会应核准商业银行的战略目标和价值准则，并监督其在全行的传达贯彻；(3) 有效的董事会应清楚地界定自身和高级管理层的权力及主要责任，并在全行实行条线清晰的责任制和问责制；(4) 董事会应确保付高级管理层是否执行董事会政策实施适当的监督；(5)董事会和高级管理层应有效发挥内部审计部门、外部审计单位及内部控制部门的作用；(6)董事会应确定薪酬政策及其做法与商业银行的公司文化、长期目标和战略、控制环境相一致；(7)商业银行应保持公司治理的透明度；(8)董事会和高级管理层应了解商业银行的运营架构，所以 A、B、D、E 项正确。

8.【答案】ABCE。商业银行风险管理组织机构包括董事会及其专门委员会、监事会、高级管理层的具体职责。董事会是商业银行的最高风险管理/决策机构，职责之一就是督促高级管理层采取必要的措施识别、计量、检测和控制各种风险，所以 A 项正确；高级管理层的支持与承诺是商业银行风险管理的基石，只有当董事会充分意识到并积极利用风险管理的潜在盈利能力时，风险管理才能够对商业银行整体产生最大的收益，所以 B 项正确；董事会通常指派最高风险管理委员会负责拟定具体的风险管理政策和指导原则，所以 C 项正确；监事会通过调阅文件、检查与调研、监督测评、访谈座谈等方式，对商业银行的决策过程、决策执行过程进行监督，D 项把监事会与董事会职责混淆，所以 D 项错误；董事会负责审批风险管理的战略、政策和控制各种风险，所以 E 项正确。

9.【答案】BCD。所开发的风险模型应该是能够在未来一定时间限度内满足商业银行风险管理需要的数量模型，因此选项 A 错；开发风险管理模型的难度不在于所应用的数理知识多么深奥，关键是模型开发所采用的数据源是否具有高度的真实性、准确性和充足性，以确保最终开发的模型可以真实反映商业银行的风险状况，因此，选项 BC 正确；商业银行应当充分认识到不同风险计量方法的优势和局限性，适时采用敏感性分析、压力测试、情景分析等，因此选项 D 是正确的；E 项商业银行应当根据不同的业务性质、规模和复杂程度，对不同类别的风险选择适当的计量方法，基于合理才的假设前提和参数，计量承担的所有风险。

10.【答案】AD。风险管理部门要具有权威性：(1)风险管理人员应充分具备从业经验和任职资格，包括掌握金融市场、金融产品以及风险管理方面的知识；(2)要掌握正确的风险管理理念，风险管理的根本目的不是为了完全消除风险、规避风险，而是建立在充分认识风险、分析风险的前提下，有选择地经营风险、管理风险，获取风险溢价，从而创造价值。据此判断，答案是 AD。

11.【答案】ABCE。内部审计的主要内容包括：(1)经营管理的合规性及合规部门工作情况；(2)内部控制的健全性和有效性；(3)风险状况及风险识别、计量、监测和控制程序的适用性和有效性；(4)信息系统规划设计、开发运行和管理维护的情况；(5)会计记录和财务报告的准确性和可靠性；(6)与风险相关的资本评估系统情况；(7)机构运营绩效和管理人员履职情况等。D 项属于法律/合规部门的职责。

12.【答案】ABCDE。法律了合规部门主要承担的职责包括：(1)协助制定法律了合规政策；(2)适时修订规童制度和操作规程，使其符合法律和监管要求；(3)开展法律了合规培训和教育项目；(4)随时关注并准确理解法律/合规以及监管要求及最新发展，为高级管理层提供建议；(5)参与商业银行的组织架构和业务流程再造；(6)参与商业银行新产品用及务开发，提供必要的法律法规测试、审核和支持。据此可知，答案是 ABCDE。

13.【答案】ABD。董事会是商业银行的最高风险管理决策机构，承担商业银行风险管理的最终责任，因此选项 AB 正确；C 项属于监事会的职责；董事会负责审批风险管理的整体战略和政策，监控和评价风险管理的全面性、有效性以及高级管理层在风险管理方面的履职情况。董事会通常设置最高风险管理委员会，负责拟定全行的风险管理政策和指导原则，D 项正确；高管层负责组织实施银行董事会亩核通过的重大风险管理事项以及在董事会授权范围内就有关风险管理事项进行决策，负责建设银行风险管理体系，组织开展各类风险管理活动，识别、计量、监测、控制或缓释银行的风险，向董事会就银行风险管理和风险承担水平进行报告并接受监督，E 项不正确。

14.【答案】ABCDE。监管机构对风险计量模型的监督检查主要包括以下几个方面：(1) 建立各类风险计量模型的原理、逻辑和模拟函数是否正确合理；(2) 是否积累足够的历史数据，用于计量、监测风险的各种主要假设、参数是否恰当；(3) 是否建立对管理体系、业务、产品发生重大变化，以及其他突发事件的例外安排；(4) 是否建立对风险计量模型的修正、检验和内部审查程序；(5) 对风险计量目标、方法、结果的制定、报告体系是否健全；(6) 风险管理人员是否充分理解模型设计原理，并充分应用其结果。

15. 【答案】ACE。风险监测、报告包含风险管理的两项重要内容：(1)监测各种风险水平的变化和发展趋势，在风险进一步恶化之前提交相关部门，以便其密切关注并采取恰当的控制措施，确保风险在银行设定的目标范围以内；(2)报告商业银行所有风险的定性/定量评估结果，并随时关注所采取的风险管理对空制措施的实施质量/效果。据此可知，本题的答案是 ACE。

16. 【答案】BDE。商业银行应当建立、健全科学的风险管理和风险损失绩效考核、责任追究制度，以加强内部控制、提升员工风险意识、促进商业银行持续提高风险管理能力。在建立风险管理和风险损失绩效考核、责任追究制度时，要注意以下几个方面：(1)对业务经营部门的绩效考核；(2)对风险管理部门的绩效考核；(3)追究责任与尽职免责。据此可知，本题答案是 BDE。

17. 【答案】BCD。风险文化由风险管理理念、知识和制度三个层次组成。风险管理理念是风险文化的精神核心，也是风险文化中最为重要和最高层次的因素，比起知识和制度来说，它对员工的行为具有更直接和长效的影响力。据此，可知本题答案是 BCD。

18. 【答案】ABCD。风险管理信息系统是商业银行实施有效风险管理的重要基础。商业银行可以从以下四个方面改进和完善风险管理信息系统：(1)统一数据标准，实现有效的风险加总；(2)加强流程管理，促进信息传导；(3)更新 IT 系统架构，扩展系统功能；(4)提升人员素质，确保系统安全。

19. 【答案】ABCD。商业银行内部控制的目标包括：确保国家法律规定和商业银行内部规章制度的贯彻执行；确保商业银行发展战略和经营目标的全面实施和充分实现；确保业务记录、财务信息和其他管理信息的及时、真实和完整；确保发现管理体系的有效性。所以，本题答案是 ABCD，选项 E 属于巴塞尔委员会商业银行公司治理的八项基本原则之一。

20. 【答案】BD。商业银行应当充分认识到不同风险计量方法的优势和局限性，适时采用敏感性分析(Sensitivity Analysis)、压力测试(Stress Testing)、情景分析(Scenario Analysis)等方法作为补充，选项 A 是正确的；风险管理措施的实施质量和效果是风险监测/报告的重要内容，所以 B 项错误；适时、准确地识别风险是风险管理的最基本要求，但却对商业银行的风险管理水平提出了严峻的挑战，选项 C 是对的；常用的风险识别的方法有资产财务状况分析法、失误树分析法、分解分析法，所以 D 项不正确；风险控制/缓释是商业银行风险管理委员会对已经识别和计量的风险，采取分散、对冲、转移、规避和补偿等策略以及合格的风险缓释工具进行有效管理和控制风险的过程，因此选项 E 正确。

21. 【答案】ABDE。公司治理涉及董事会和高级管理层商业银行业务及各项事务的方式，所以 A 项错误；商业银行公司治理是控制、管理商业银行的一种机制和制度安排，所以 B 项正确；商业银行公司治理核心是在所有权、经营权分离的情况下，为妥善解决委托——代理关系而提出的董事会、高管层组织体系和监督制衡机制，所以 C 项正确；良好的公司治理能够激励董事会和高管层追求符合商业银行和股东利益的目标，所以 D 项正确；商业银行公司治理要求建立合理的薪酬制度属于我国商业银行的主要内容之一，所以 E 项正确。

22. 【答案】ACE。内部数据，是从各个业务系统中抽取的、与风险管理相关的数据信息；

外部数据，是通过专业数据供应商所获得的数据，限于当前国内数据供应商的专业实力，很多数据需要商业银行自行采集、评估或用其他数据来替代。B 项属于商业银行内部数据的内容，所以 B 项不正确商业银行仍需依赖内部评级数据作为主要的数据源，所以 D 项不正确。

23. **【答案】**AE。风险管理部门主要负责组织、协调、推进风险管理政策在全行内的有效实施。风险管理部门的核心职能是风险信息的收集、分析和报告，风险管理部门只具有非常有限的风险管理决策执行权，商业银行风险管理部门具有高度的独立性，B、C、D 项正确；商业银行风险管理部门和风险管理委员会既要保持相互独立，又要互为支持，但决不能混为一谈，所以 A 项不正确；风险管理部门具有高度的独立性，不隶属于高级管理层，所以 E 项错误。

24. **【答案】**ABCD。风险信息各业务单元的流动可以完全是单向的，或者具有多向交互式、智能化的特点，风险管理信息系统需要从内部和外部获得信息数据，风险管理信息系统必须确保采取一种显而易见的方式来区分系统“真实的”和交易人员“假设的”分析操作，所以 A、B、C 正确；风险管理信息系统作为商业银行的重要“无形资产”，必须设置严格的安全保障，确保系统能够长期、不间断地运行，所以 D 项正确；风险管理信息系统不能制约数据的特性，所以 E 项错误。

25. **【答案】**BD。商业银行的内部控制必须贯彻全面、审慎、有效、独立的原则：(1)内部控制应当渗透到商业银行的各项业务过程和各个操作环节，覆盖所有的部门和岗位，并由全体人员参与，任何决策或操作均应当有案可查；(2)内部控制应当以防范风险、审慎经营为出发点，尤其是设立新的机构或开办新的业务，均应当体现“内控优先”的要求；(3)内部控制应当具有高度的权威性，任何人不得拥有不受内部控制约束的权力，内部控制存在的问题应当能够得到及时反馈和纠正；商业银行内部控制覆盖商业银行的所有部门和岗位；(4)内部控制的监督、评价部门应当独立于内部控制的建设、执行部门，并有直接向董事会、监事会和高级管理层报告的渠道。据此，可知选项 BD 是说法是错误的选项，ACE 说法是正确的。

26. **【答案】**ABCDE。集中型风险管理的核心要素包括风险监控、数量分析、价格确认、模型创建和相应的信息系统、技术支持。

27. **【答案】**ABE。董事会承担商业银行风险管理的最终责任，负责审批风险管理的战略、政策和程序；对商业银行的决策过程、经营活动进行监督和测评的是监事会；高级管理层的职责是负责执行风险管理政策，制定风险管理的程序和操作规程，及时了解风险水平及其管理水平；董事会通常指派专门委员会拟订具体的风险管理政策和指导原则。据此可知，CD 是错误的。

28. **【答案】**ABCDE。常用的风险识别的方法有情景分析法、分解分析法、失误树分析方法、专家调查列举法，制作风险清单是商业银行识别风险的最基本、最常用的方法。因此本题答案是 ABCDE。

29. **【答案】**ABCD。风险文化是商业银行在经营管理活动中逐步形成的风险管理理念、哲学和价值观，通过商业银行的风险管理战略、风险管理制度以及广大员工的风险管理行为表现出来的一种企业文化。由于商业银行的内外部经营管理环境不断发生变化，风险文化也会被不断修正，因此商业银行元法通过突击式的培训和教育达到培育风险文化的目

的，而只能将其贯穿到商业银行的整个生命周期。培植风险文化不是阶段性任务，而是商业银行的一项“终身事业”。商业银行应当建立管理制度并实施绩效考核，将风险文化融入到每一位员工的日常行为中。据此可知，本题答案是 ABCD。

30. 【答案】ABCD。按照良好的公司治理结构和内部控制机制，商业银行的风险管理流程可以概括为风险识别、风险计量、风险监测和风险控制四个主要步骤。其中，风险管理部门承担了风险识别、风险计量、风险监测的重要职责，而各级风险管理委员会承担风险控制/管理决策的最终责任。E 项属于风险管理的策略。

31. 【答案】ABE。风险控制与缓释流程的目标包括：(1)风险控制/缓释策略应与商业银行的整体战略目标保持一致；(2)所采取的具体控制措施与缓释工具符合成本/收益要求；(3)能够发现风险管理中存在的问题，并重新完善风险管理程序。

32. 【答案】ACDE。B 项，高级管理层的主要职责是负责执行风险管理政策，制定风险管理的程序和操作规程，及时了解风险水平及其管理状况，并确保商业银行具备足够的人力、物力和恰当的组织结构、管理信息系统以及技术水平，来有效地识别、计量、监测和控制各项业务所承担的各种风险。

33. 【答案】ACDE。良好的银行公司治理应具备以下五个方面的特征：(1)银行内部有效的制衡关系和清晰的职责边界；(2)完善的内部控制和风险管理体系；(3)与股东价值相挂钩的有效监督考核机制；(4)科学的激励约束机制；(5)先进的管理信息系统，能够为产品定价、成本核算、风险管理和内部控制提供有力支撑。据此可知，本题答案是 ACDE。

34. 【答案】ABE。企业级风险管理信息系统一般采用 B/S 结构，相关人员通过浏览器实现远程登录，便能够在最短的时间内获得所有相关的风险信息。这种信息传递方式的主要优点是：(1)真正实现风险数据的全行集中管理、一致调用；(2)不需要每个终端都安装风险管理软件，有助于最大限度地降低系统建设成本、保护知识产权和系统安全。CD 两项属于商业银行风险管理信息系统的良好标准。本题答案是 ABE。

35. 【答案】ABCD。风险文化是商业银行在经营管理活动中逐步形成的风险管理理念、哲学和价值观，通过商业银行的风险管理战略、风险管理制度以及广大员工的风险管理行为表现出来的一种企业文化。风险文化由风险管理理念、知识和制度三个层次组成，其中风险管理理念是风险文化的精神核心。

三、判断题

1. 【答案】B。风险管理是商业银行的核心竞争力，风险管理的目标不是消除风险，而是通过主动的风险管理过程实现风险与收益的平衡。本题题干描述是错误的。

2. 【答案】B。法律/合规部门的工作也需要接受内部审计部门的检查，以确保其履行职责的公正性和合规性。本题题干描述是错误的。

3. 【答案】B。商业银行数据中的内部数据是从各个业务信息系统中抽取的；外部数据是通过专业数据供应商所获得的。本题题干描述是错误的。

4. 【答案】B。本题考查的是风险管理流程和风险管理信息系统的区别。风险管理信息系统是联结商业银行各业务单元和关联市场的一条纽带。本题题干是错的。

5. 【答案】A。风险管理部门应当是一个相对独立的部门，需要最高管理层提供全方位支持。风险管理部门应当与业务部门保持相对独立，并具有独立的报告路线。本题题干是正确的。

6.【答案】B。董事会通常设置最高风险管理委员会，负责拟定全行的风险管理政策和指导原则。题干描述是错误的。

7.【答案】A。商业银行管理战略包括战略目标和实现路径两方面内容。战略目标可以分解为战略愿景、阶段性战略目标和主要发展指标等细项，以便管理层清晰了解战略的实施情况、存在的问题及修正的必要性。据此可知，本题描述是正确的。

8.【答案】B。风险文化一般由风险管理理念、知识和制度三个层次组成。，其中风险管理理念是风险文化的精神核心，也是风险文化中最为重要和最高层次的因素，题干是错误的描述。

9.【答案】A。风险管理水平体现商业银行的核心竞争力，是商业银行管理战略的一个十分重要的方面。风险管理的目标不是消除风险，而是通过主动的风险管理过程实现风险与收益的平衡。高收益必然伴随着高风险，风险管理水平越高，其控制风险、实现收益的能力就越强。本题的题干是正确的。

10.【答案】B。为鼓励商业银行提高风险管理和计量水平，巴塞尔委员会提出采用较高级别的计算方法，能够相应降低商业银行的监管资本要求。但商业银行在追求和采用高级风险量化方法时，应当意识到，高级量化技术随着复杂程度增加，通常会产生新的风险，如模型风险，因而采用高级的风险计量方法并不一定能够降低监督资本要求。本题题干是错误的。

11.【答案】B。失误树分析方法，通过图解法来识别和分析风险事件发生前存在的各种风险因素，由此判断和总结哪些风险因素最可能引发风险事件。题干描述是不正确的。

12.【答案】B。商业银行风险信息数据可以分为外部数据和内部数据两类，其中外部数据是指通过国内的专业数据供应商所获得的数据，内部数据，是从各个业务系统中抽取的、与风险管理相关的数据信息。本题题干是错的。

13.【答案】B。风险管理战略应纳入商业银行的整体战略之中，并服务于业务发展。风险管理必须与业务计划和业务策略有机结合，所有业务单位和职能部门都承受风险并获得风险带来的收益，因此必须承担相应的风险管理责任。前台业务部门、风险管理部门以及其他支持保障部门均属于商业银行全面风险管理的范畴。题干是错误描述。

14.【答案】B。商业银行内部审计部门应当定期(至少每年一次)对风险管理体系各个组成部分和环节的准确性、可靠性、充分性和有效性进行独立的审查和评价。本题题干是错误的描述。

15.【答案】B。风险管理信息系统中，经过分析和处理的数据主要分为：(1)中间计量数据；(2)组合结果数据。中间计量数据，是通过风险模型计量后的数据，可以为不同的风险管理业务目标所共享。中间数据在不同风险管理领域的一致应用，是商业银行最终实现准确经济资本计量的关键所在。组合结果数据，是基于不同的风险管理目标所产生的组合计量结果，也称为具有风险管理目标的综合数据，不仅为风险管理人员提供便于解读的信息，而且为财务部门提供辅助决策信息。题干描述是错误的。

16.【答案】B。风险文化由风险管理理念、知识和制度三个层次组成。其中风险管理理念是银行风险文化的精神核心，也是风险文化中最为重要和最高层次的因素。题干描述是错误的。

17.【答案】B。商业银行的风险管理部门主要负责组织、协调、推进风险管理政策在全行内的

有效实施。商业银行的风险管理部门是一个相对独立的部门，需要最高管理层提供全方位支持，同时配备具有高度职业精神和专业技能的人员。据此可知，本题的说法有误。

18. **【答案】**A。商业银行内部控制的监督、评价部门应当独立于内部控制的建设、执行部门，并有直接向董事会、监事会和高级管理层报告的渠道。本题干描述是正确的。

19. **【答案】**A。商业银行管理战略是商业银行在综合分析外部环境、内部管理状况以及同业比较的基础上，提出的一整套中长期发展目标以及为实现这些目标所采取的行动方案。商业银行管理战略是商业银行前进、发展的航标灯，指引商业银行的前进方向以及如何到达目的地。因此，商业银行管理战略的重要性非同寻常，商业银行应定期研究、制定或修正管理战略。本题干是正确的。

20. **【答案】**B。董事会是商业银行的最高风险管理/决策机构，确保商业银行有效识别、计量、监测和控制各项业务所承担的各种风险，并承担商业银行风险管理的最终责任。监事会对股东大会负责，从事商业银行内部尽职监督、财务监督、内部控制监督等监察工作。题干描述的是董事会职责，本题是错误的。

21. **【答案】**B。培植风险文化不是阶段性工作，而是商业银行的一项"终身事业"。由于商业银行的内外部经营管理环境不断发生变化，风险文化也会被不断修正，因此商业银行无法通过突击式的培训和教育达到培育风险文化的目的，而只能将其贯穿到商业银行的整个生命周期。题干是错的说法。

22. **【答案】**A。与内部审计部门相似，法律/合规部门同样应当独立于商业银行的经营管理活动，具有独立的报告路线、独立的调查权力以及独立的绩效考核。法律/合规部门应当有效识别、评估和监测商业银行潜在的法律风险及违规操作，并向董事会和高级管理层提出建议和报告。题干说法是正确的。

23. **【答案】**B。失误树分析方法是通过图解法来识别和分析风险事件发生前存在的各种风险因素，由此判断和总结哪些风险因素最可能引发风险事件。分解分析法是风险管理人员将复杂的风险分解为多个相对简单的风险因素，从中识别可能造成严重风险损失的因素。题干是混淆了概念，是错的。

24. **【答案】**B

【解析】风险计量/评估是全面风险管理、资本监管和经济资本配置得以有效实施的重要基础。题干说法是错的。

25. **【答案】**A。风险监测和报告过程看似简单，但实际上，满足不同风险层级和不同职能部门对于风险状况的多样化需求是一项极为艰巨的任务。因此，建立功能强大、动态/交互式的风险监测和报告系统，对于提高商业银行风险管理效率和质量具有非常重要的作用。题干是正确的描述。

26. **【答案】**A。商业行应当根据不同的业务性质、规模和复杂程度，对不同类别的风险选择适当的计量方法，基于合理的假设前提和参数，尽可能准确计算可以量化的风险、评估难以量化的风险。商业银行应当充分认识到不同风险计量方法的优势和局限性，适时采用敏感性分析、压力测试、情景分析等方法作为补充。题干是正确的。

27. **【答案】**A。高效的风险管理流程应当能够确保正确的风险信息，在正确的时间传递给正确的人。毫无疑问，风险管理信息系统在整个风险管理流程中发挥着至关重要的作用。可知，本题干是正确的。

28.【答案】B。内部审计可以从风险识别、计量、监测和控制四个主要阶段，审核商业银行风险管理的能力和效果，发现并报告潜在的风险因素，提出应对方案，监督风险控制措施的落实情况。现代商业银行的财务控制部门通常采取每日参照市场定价的方法，及时捕捉市场价格/价值的变化，因此所提供的数量最为真实、准确，这无疑使财务控制部门处在有效风险管理的最前端。题干说法是错误的。

29.【答案】B。商业银行风险管理的“三道防线”为：第一道防线——前台业务人员；第二道防线——风险管理职能部门；第三道防线——内部审计。题干是错的。

30.【答案】B。在风险信息处理的过程中，除非风险管理人员具有数据/信息修正的能力和权力，否则所有涉及数据/信息准确性的问题都应当被认真地返回到源头去处理，以便相同的问题在将来不会重复出现。这种做法强化了信息源头对风险管理的重视，有利于从根本上提高风险管理信息系统的质量。本题干是错误说法的。

第三章　信用风险管理强化训练题

一、单选题

1.【答案】A。限额管理的目的是确保所发生的风险总能被事先设定的风险资本加以覆盖，所以选项 B 正确。商业银行在考虑对客户的授信时不能仅仅根据客户的最高债务承受额提供授信，还必须将客户在其他商业银行的原有授信、在本行的原有授信和准备发放的新授信业务一并加以考虑，所以选项 C 正确。在商业银行的风险管理实践中，限额管理，包含了两个层面的主要内容：从银行管理的层面，限额的制定过程体现了商业银行董事会对损失的容忍程度，反映了商业银行在信用风险管理上的政策要求和风险资本抵御以及消化损失的能力，所以 D 正确。给予的授信额度应当包括贷款、可交易资产、衍生工具及其他或有负债，所以 A 不正确。

2.【答案】C。在信用风险管理过程中，商业银行需要使用反映客户盈利能力、营运能力、资产流动性等情况的财务指标来进行客户信用风险识别，其中盈利能力指标包括总资产收益率、销售净利润、资本收益率等。

3.【答案】D。商业银行在抵押贷款证券化过程中，SPV 是一个专门为实现资产证券化而设立的信用级别较高的机构，它在资产证券化中扮演着重要角色。它的基本操作流程就是从资产原始权益人(即发起人)处购买证券化资产，以自身名义发行资产支持证券进行融资，再将所募集到的资金用于偿还购买发起人基础资产的价款。对于它的作用，现在比较一致的看法是，SPV 不仅通过一系列专业手段降低了证券化的成本，解决了融资困难的问题，关键的是通过风险隔离降低了证券交易中的风险。

4.【答案】B。通过设定组合限额，可以防止信贷风险过于集中在组合层面的某些方面(如过度集中于某行业、某地区、某些产品、某类客户等)，从而有效控制组合信用风险。

5.【答案】A。专项风险报告主要是针对管理范围内发生的重大风险事项与内控隐患所做的专题性风险分析报告。

6.【答案】C。采用回收现金流法计算违约损失率，违约损失率 = 1 - (回收金额 - 回收成本)/违约风险暴露 = 1 - (1 - 0.8)/1.5≈86.67%。

7.【答案】B。根据 2002 年穆迪公司在违约损失率预测模型 LOSSCAL 的技术文件中所披露的信息，清偿优先性等产品因素对违约损失率的影响贡献程度最高。

8.【答案】D。根据公式“贷款损失准备充足率 = 贷款实际计提准备/贷款应提准备 × 100%”，所以贷款实际计提准备 = 2000 × 80% = 1600(亿元)。

9.【答案】D。压力测试是用于评估资产或投资组合在特定事件的变化条件下可能遭受的重大损失。它是商业银行日常风险管理的重要补充。

10.【答案】A。信用风险监测是信用风险监测是指风险管理人员通过各种监控技术，动态捕捉信用风险指标的异常变动，判断其是否已达到引起关注的水平或已经超过阈值。

11.【答案】B。预期损失率 = 预期损失/资产风险暴露 ×100%。预期损失是指信用风险损失分布的数学期望，代表大量贷款或交易组合在整个经济周期内的平均损失，是商业银行已经预计到将会发生的损失。

12.【答案】C。贷款重组是债务人因某种原因无法按原有合同履约，商业银行为了降低客户违约风险导致的损失，对原有贷款进行调整、重新安排、重新组织的过程。

13.【答案】C。客户评级/评分的验证是商业银行优化内部评级体系的重要手段，它的内容包括风险违约区分能力验证，对违约概率预测准确性的验证，检验评级结果及风险参数在商业银行信贷流转中的使用情况。

14.【答案】D。贷款风险迁徙率衡量了商业银行风险变化的程度，表示为资产质量从前期到本期变化的比率，属于动态指标，该指标包括正常贷款迁徙率和不良贷款迁徙率。

15.【答案】A。在确定商业银行在组合风险限额管理中资本分配的权重时，需要考虑的因素是组合在战略层面的重要性、目前的组合集中情况、经济前景、收益率。

16.【答案】B。本题考查组合信用风险计量中的相关系数，考生要着重把握相关系数的内容。相关性描述的是两个联合事件之间的相互关系，相关系数具有线性不变性，相关系数的最大缺点是仅能用来计量线性相关。对于非线性相关，可以通过秩相关系数和坎德尔系数进行计量。

17.【答案】C。本题考查风险检测指标中不良资产率。本章中会涉及一些计算题，但考生也不要担心，计算都是可以根据公式换算或者直接应用公式计算出来。不良资产率 =（次级类贷款 + 可疑类贷款 + 损失类贷款）/各项贷款 ×100%，不良资产率 = $(5+2+1)/(30+15+5+2+1) \approx 15\%$。

18.【答案】A。本题考查的是不良贷款拨付覆盖率如何计算的问题。我们可以根据公式不良贷款拨备覆盖率 =（一般准备 + 专项准备 + 特种准备）/（次级类贷款 + 可疑类贷款 + 损失类贷款）= $(2+3+4)/(6+2+3) \approx 0.82$。

19.【答案】D。影响商业银行违约损失率的因素有很多，包括行业因素、产品因素、地区因素、宏观经济因素，产品因素包括清偿优先性、抵（质）押品等，本题主要考查考生对影响违约损失率的因素的把握。所以 D 项正确。

20.【答案】D。本题考查的是 CreditMetrics 模型知识点，本章中涉及一些模型，考生要掌握这些模型的主要内容以及模型的应用。CreditMetrics 模型本质上是一个 VaR 模型，目的是为了计算出在一定的置信水平下，一个信用资产组合在持有期限内可能发生的最大损失，所以 A、B、C 正确；Credit Risk + 模型认为组合的违约遵从泊松过程，所以 D 项错误。

21.【答案】B。个人零售贷款包括汽车消费贷款、信用卡消费贷款、助学贷款、留学贷款、助业贷款等多种方式。所以 A、D 正确。而假按揭风险属于个人住宅抵押贷款的风险分析，所以 C 项正确，B 项中的违约概率属于客户信用评级的内容，不属于按照信贷产品分类的个人客户，本题答案为 B。

22.【答案】A。个人客户信用风险主要表现为自身作为债务人在信贷业务中的违约，所以 C 项正确；通过人民银行个人信息基础数据库以及海关、法院等权威部门可以获得个人客户的信用记录，所以 A 项错误；实践表明，个人信用评分系统具有控制个人客户信用风险的基本要求，而且有助于大幅度提升个人信贷业务规模和运营效率，所以 B 项正确。

23. 【答案】D。违约概率模型属于现代信用风险计量方法，其中死亡率模型是违约概率模型中最具有代表性的模型之一，所以A项正确；信用评分模型是一种传统的信用风险量化模型，利用可观察到的借款人特征变量计算出一个数值(得分)来代表债务人的信用风险，最后将属于此类别的潜在借款人的相关因数数据代入函数关系式计算出一个数值，并将借款人归类于不同的风险等级，所以C项正确；专家判断和信用评分法与违约概率模型相比，违约概率模型能直接估计客户的违约概率，所以B项正确，D项错误。

24. 【答案】A。违约频率模型包括：RiskCalc模型、KMV的CreditMonitor模型、KPMG风险中性定价模型、死亡率模型等，违约频率是事后的检验结果，违约概率是分析模型作出的事前预测，这是两者存在的本质区别，所以B、C、D正确，A项错误。

25. 【答案】D。假设一旦违约，债券持有人将一无所有，即回收率 $\theta=0$，则上述评级为B的零息债券在1年内的违约概率：$P=1-(1+10\%)/(1+15.8\%)=1-0.95=0.05$。

26. 【答案】C。个人信贷产品可以划分为个人零售贷款、个人住宅抵押贷款、循环零售贷款三大类。

27. 【答案】D。信用风险计量是现代信用风险管理的基础和关键环节。

28. 【答案】C。客户信用评级是商业银行对客户偿债能力和偿债意愿的计量和评价，反映客户违约风险的大小。

29. 【答案】D。目前所使用的对企业信用分析的5Cs系统是使用最为广泛的专家系统。

30. 【答案】D。销售毛利率=(销售收入-销售成本)/销售收入，所以销售毛利率 $=(200-120)/200=40\%$。

31. 【答案】C。关于连续函数最重要和最有用的结论是斯克拉定理。

32. 【答案】C。按照国际惯例，商业银行对于企业采取评级方法，对个人的信用评定采取评分方法。

33. 【答案】D。压力测试主要采用敏感性分析和情景分析方法两种方法。

34. 【答案】D。CreditMetrics模型认为债务人的信用风险状况用债务人的信用等级来表示。

35. 【答案】D。违约概率和违约频率通常情况下是不相等的，两者之间的对比分析是事后检验的一项重要内容。D项，违约频率是事后检验的结果，而违约概率是分析模型作出的事前预测，两者存在本质的区别。违约频率持续高于违约概率说明商业银行估计连约概率的模型存在不足，需调整模型。

36. 【答案】B。债项评级可同时用于贷前亩批、贷后管理，是对债项风险的一种预先判断。

37. 【答案】A。项目因素直接与债项的具体设计相关，反映了讳约损失率的产品特性，也反映了商业银行在具体交易中通过交易方式的设计来管理和降低信用风险的努力，包括清偿优先性、抵押品等。

38. 【答案】C。如果两笔贷款的信用风险随看风险因素的变化同时上升或下降，则两笔贷款是正相关的，即同时发生风险损失的可能性比较大，如果一个风险下降而另一个风险上升，则两笔贷款就是负相关的，即同时发生风险损失的可能性比较小。

39. 【答案】C。传统的组合监测方法主要是对信贷资产组合的授信集中度和结构进行分析监测。

40. 【答案】A。根据马柯维茨资产组合管理理论，多样化的组合投资具有降低非系统性风险的作用。信用风险很大程度上是一种非系统性风险，因此，在很大程度上能被多样性的组合投资所降低。B项，不良率是与违约概率容易混淆的一个概念，它是指不良债项余额在所有债项余额的占比，二者不具有可比性。由此可见，不良率较低并不能说明连约风险小。盈利超过50%来自钢铁行业说明银行对该行业依赖度较高，风险集中，非系统性风险没有得到有效降低。C项，资产组合理论虽前提假定是市场有效，但投资组合能够有效分散风险的结论成立并非以此假定为前提，仍适合评判贷款组合。D项，商业银行经营原则是安全性、流动性、盈利性，商业银行必须在安全性和流动性的基础上保持盈利性。

41.【答案】C。相对于信用风险而言，市场风险具有数据充分和易于计量的特点，更适于采用量化技术加以控制，而操作风险具有非营利性，容易引发市场风险和信用风险.

42.【答案】A。敏感性分析和情景分析是压力测试通常使用的两种方法。

43.【答案】B。(流动资产 - 流动负债)/总资产为 Altman 的 Z 计分模型中用来衡量企业流动性的指标，注意辨析。

44.【答案】A。C项中信用风险不仅存在于传统的表内业务中，也存在于表外业务中。B对于衍生品而言，由于衍生品的名义价值通常非常巨大，潜在的风险是很大的，一旦运用不当，将极大地加剧银行所面临的风险。D项中应为贷款而不是存款。

45.【答案】A。信用风险范围不仅限于贷款业务，信息不对称可能引发信用风险，市场风险比信用风险数据更易获得。

46.【答案】C。专家系统在分析信用风险时，需要考虑与借款人有关的因素，如果某人过去借款总能及时、全额地偿还本金与利息，那么他就能较容易或以较低的价格从商业银行获得贷款，资产负债比率对借款人违约概率的影响较大，一般来说，收益波动性大的企业在获得银行贷款方面比较困难。

47.【答案】C。考查各种模型的定义。题干描述的是 CreditMonitor 模型。

48.【答案】C。市场响应评分模型主要是用于预测客户对营销策略反应概率的。

49.【答案】A。客户信用评级是商业银行对客户偿债能力和偿债意愿的计量和评价，反映客户违约风险的大小。客户评级的评价主体是商业银行，评价目标是客户违约风险，评价结果是信用等级和违约概率(PD)。

二、多项选择题

1.【答案】BCDE。压力测试用于评估资产或投资组合在极端不利的条件下可能遭受的重大损失。作为商业银行日常风险管理的重要补充，压力测试有助于：(1)估计商业银行在压力条件下的风险暴露，并帮助商业银行制定或选择适当的战略转移此类风险(如重组头寸、制订适当的应急计划)；(2)提高商业银行对其自身风险特征的理解，推动其对风险因素的监控；(3)帮助董事会和高级管理层确定该商业银行的风险暴露是否与其风险偏好一致；(4)帮助量化“肥尾”(Fat Tail)风险和重估模型假设(如关于波动性和相关性的假设)；(5)评估商业银行在盈利性和资本充足性两方面承受压力的能力。

2.【答案】ACDE。CreditMetrics 模型。CreditMetrics 模型本质上是一个 VaR 模型，目的是为了计算出在一定的置信水平下，一个信用资产组合在持有期限内可能发生的最大损失，所以A项正确；CreditMetrics 通常，非交易性资产组合(如贷款以及一些私募债券)的价格不能够像交易性资产组合(如股票)的价格一样容易获得，因此，非交易性资产组合的

价格波动率(标准差)也同样难以获得，所以 B 项错误；Credit PortfolioView 是 CreditMetrics 模型的一种补充，Credit Portfolio View 比较适合投机类型的借款人，所以 C、D 项正确；Credit Risk + 模型是对贷款组合违约率进行分析的，所以 E 项正确。

3.【答案】ABD。Z 计分模型认为，影响借款人违约概率的因素包括流动性、盈利性、活跃性、偿债能力等。RiskCale 模型核心是通过严格的步骤从客户信息中选择出最能预测违约的一组变量，为违约风险的指标。Z 值越高，违约概率越低，所以 A、B、D 正确；RiskCalc 模型适合于非上市公司的违约概率模型，Credit Monitor 模型适合于上市公司的违约概率模型，所以 C、E 错误。

4.【答案】ABCDE。根据《巴塞尔新资本协议》的规定，针对个人的循环零售贷款应满足的标准是循环的、无抵押的、未承诺的，子组合内对个人最高授信额度不超过 10 万欧元，必须保留子组合的损失率数据，循环零售贷款的风险处理方式应与子组合保持一致，办理该业务时，应当高度重视借款人的资信状况和变化趋势。

5.【答案】ABE。商业银行贷款重组是当债务人因种种原因无法按原有合同履约时，商业银行为了降低客户违约引致的损失而对原有贷款结构(期限、金额、利率、费用、担保等)进行调整、重新安排、重新组织的过程。

6.【答案】BCD。在我国银行业实践中，可以根据运作机制将风险预警方法分为三类，其中包括红色预警法、蓝色预警法、黑色预警法。

7.【答案】ACD。Credit Portfolio View 模型是目前国际银行业应用比较广泛的组合模型之一，这一模型认为违约率取决于宏观变量的历史数据、对整个经济体系产生影响的冲击或改革、仅影响单个宏观变量的冲击或改革。

8.【答案】ABCD。信用风险监测是商业银行风险管理流程中的重要环节，商业银行需借助许多方法来完成，当其对单一客户进行风险检测时，需要借助的方法有 6C 法、客户信用评级方法、贷款分类方法、信用评分方法。

9.【答案】ABC。商业银行在进行集团客户限额管理的过程中，应注意的问题有统一识别标准，实施集团总量控制，掌握充分信息，避免过度授信，主办银行牵头，建立集团客户小组，全面负责对集团有关信息的收集、分析、授信协调以及跟踪监管工作。

10.【答案】CE。本题考查信用局评分模型和申请评分模型的异同。信用局风险评分模型是一种很有价值的决策工具，信用局评分模型与申请评分模型具有互补性，所以 E 项正确，A 项错误；申请评分模型是商业银行为特定金融产品的申请者进行信贷审批，能全面反映商业银行客户的特殊性，所以 D 项错误，C 项正确；信用局评分模型通常是对申请者在未来各种信贷关系中的违约概率作出的预测，所以 B 项错误。

11.【答案】ADE。本题考查的是债项评级和客户评级的区别，所以考生要清楚界定二者之间的关系。债项评级和客户评级都反映了信用风险水平的两个维度，所以 A 项正确；客户评级主要针对交易主体，其等级水平由债务人的信用水平决定，所以 C、B 错误；一个债务人只能有一个客户评级，一个债务人的不同的交易可以有不同的债项评级，所以 D、E 正确。

12.【答案】ACDE。集团统一授信与单一客户限额管理有相似之处，但从整体思路上还是存在着较大的差异，集团客户一般分为三步走，所以 C 项正确；国家风险限额管理基于对一个国家的综合评级，综合评级由信用风险管理部门内设的国家风险研究机构承担，国家风险限额至少一年重新检查一次，所以 D 项正确；对单一客户进行限额管理时，要计算客户的最高债务承受能力，所以 A 项正确；在单一客户限额管理中，确定的总授信额度应小于或等于客户的最高债务承受额度，所以 B 项错误；组合限额管理可以分为授信集中度限额和总体组合限额，所以 E 项正确。

13.【答案】ABE。本题考查的是商业银行客户评级/评分的验证。《巴塞尔新资本协议》对内部评级的验证进行了详细的阐释，并给出了验证构成要素的示意图，所以 E 项正确；验证是一个循环过程，所以 A 项正确；商业银行客户评级/评分的验证是商业银行优化内部评级的重要手段，所以 B 项正确；验证的流程和结果应得到独立于验证设计和实施部门之外的部门的审阅，所以 C、D 错误。

14.【答案】BCDE。本题考查的关于违约的说法，违约会造成商业银行要承担一定的风险。因此考生除了要了解违约的内容外，还要明确违约的各项说法。违约定义是《巴塞尔新资本协议》内部评级法的最重要定义，估计违约概率(PD)、违约损失率(LGD)、违约风险暴露(EAD)等信用风险参数的基础，体现了商业银行以客户为中心的信用风险管理理念，所以 C、B、D 正确；目前我国商业银行业尚无统一的违约定义，监管当局也未出台相应的监督指引，所以 A 项不正确；E 项中属于商业银行违约内容之一，所以 E 项正确。

15.【答案】ABC。与单一法人客户相比，集团法人客户的信用风险具有以下明显特征：内部关联交易频繁，连环担保十分普遍，真实财务状况难以掌握，系统风险性高，风险识别和贷后管理难度较大。

16.【答案】ACE。根据大多数国家的标准，现金流量表分为经营活动的现金流量表、投资活动的现金流量表、融资活动的现金流量表。

17.【答案】ABD。商业银行信用风险计量经历了专家判断法、信用评分模型、违约概率模型分析三个主要发展阶段，所以 A、B、D 正确；C、E 项是风险识别常用的方法。

18.【答案】BCDE。客户信用评级是商业银行对客户偿债能力和偿债意愿的计量和评价，反映客户违约风险的大小，评价主体是商业银行，客户评级的评价目标是客户违约风险，客户评价结果是信用等级和违约概率。

19.【答案】ABCE。违约概率预测准确性的验证常用的方法包括二项分布检验、卡方分布检验、正态分布检验、检验给定年份某一等级 PD 预测准确性、检验给定年份不同等级 PD 预测准确性等。

20.【答案】ABCDE。违约损失率是指给定借款人违约后贷款损失金额占违约风险暴露的比例，影响它的因素主要包括产品因素、公司因素、行业因素、地区因素、宏观经济因素。

21.【答案】ABCE。国家风险限额是用来对某一国家的风险暴露进行管理的额度框架，所以 E 正确；区域限额管理与国家限额管理有所不同，发达国家一般不对一个国家内的某一地区设置地区风险限额，我国由于国土辽阔，各地经济发展水平差距较大，在一定时期内，我国商业银行实施区域风险限额管理是很有必要的，所以 A、B、C 正确；区域风险限额管理一般情况下经常作为指导性的弹性限额，所以 D 项错误。

22.【答案】ABCDE。按照《巴塞尔新资本协议》规定，将被视为违约的有，商业银行认定，除非采取追索措施如变现抵押品(如果存在的话)，借款人可能无法全额偿还对商业银行

的债务，债务人对商业银行的实质性债务逾期超过 90 天，银行停止对贷款计息，在发生信贷关系后，由于信贷质量出现大幅度下降，银行冲销了贷款或计提了专项准备金，银行将贷款出售并相应承担了较大的经济损失。

23. **【答案】**ABE。商业银行信用评分模型有线性概率模型、Logit 模型、Probit 模型、线性辨别模型。
24. **【答案】**BCD。目前，国际上应用比较广泛的信用风险组合模型包括 CreditMetrics 模型、CreditPortfolioView 模型、CreditRisk 模型等。
25. **【答案】**ABCE。相对于单一法人客户，集团法人客户的信用风险特征有：内部关联交易频繁，连环担保十分普遍，财务报表真实性差，风险识别和贷后监督管理难度较大。
26. **【答案】**CD。衡量商业银行风险变化的程度，表示为资产质量从前期到本期变化的比率，属于动态指标，包括正常贷款迁徙率和不良贷款迁徙率只有 CD 两项。
27. **【答案】**AB。A 项无居民房产抵押的零售类资产给予 35% 的权利。B 项商业银行可以通过抵押、担保、信用衍生工具等手段进行信用风险缓释。
28. **【答案】**AD。信用风险是指债务人或交易对手未能履行合同所规定的义务或信用质量发生变化，影响金融产品价值，从而给债权人或金融产品持有人造成经济损失的风险。信用风险被认为是最复杂的风险种类，通常包括违约风险、结算风险等主要形式。
29. **【答案】**AD。贷款组合内的备单笔贷款之间通常存在一定程度的相关性。如果两笔货款的信用风险随看风险因素的变化同时上升或下降，则两笔货款是正相关的，即同时发生风险损失的可能性比较大，如果一个风险下降而另一个风险上升，则两笔货款就是负相关的，即同时发生风险损失的可能性比较小。正是由于这种相关性，贷款组合的整体风险通常小于单笔贷款信用风险的简单加总。A 项，贷款资产不得过于集中。D 项，贷款组合内的单笔贷款之间一般具有相似性。

三、判断题

1. **【答案】**A。贷款定价的形成机制比较复杂，市场、银行和监管机构这三方面是形成均衡定价的三个主要力量。
2. **【答案】**B。在设定组合集中度限额的程序中，首要的一步就是按某组合维度确定资本分配权重，这里“资本分配”中的资本是指下一年度的银行资本。
3. **【答案】**B。资本转换因子表示需要多少比例的资本来覆盖在该组合的计划授信的风险。某组合风险越大，其资本转换因子就越大。
4. **【答案】**B。秩相关系数和坎德尔相关系数在数学上具有良好的性质，只能刻画两个变量之间的相关程度，无法通过各变量的边缘分布刻画两个变量的联合分布。
5. **【答案】**B。债项评级既可以只反映债项本身的交易风险，也可以同时反映客户的信用风险和债项交易风险。
6. **【答案】**A。本题是对商业银行客户信用评级的发展阶段的考查。商业银行客户信用评级大致经历了专家判断法、信用评分法、违约概率模型分析三个主要发展阶段。
7. **【答案】**B。中国人民银行《贷款风险分类指导原则》规定，从 2001 年起，在我国各类银行全面施行贷款质量五级分类管理，即：正常、关注、次级、可疑、损失。

8.【答案】A。本题考查信用风险组合模型。由于存在风险分散化效应，投资组合的整体风险小于等于其所包含的单一资产风险的简单加总。

9.【答案】B。个人住房贷款“假按揭”是指开发商以单位职工或者其他关系人冒充客户，通过虚假购买的方式套取银行贷款的行为。

10.【答案】B。集团内部企业之间存在的大量资产重组、并购以及债务重组属于横向一体化集团的关联交易。

11.【答案】B。根据商业银行的内部评级，一个债务人只能有一个客户信用评级，而同一债务人的不同交易可能会有不同的债项评级。

12.【答案】A。Credit Monitor 模型认为，企业向银行借款相当于持有一个基于企业资产价值的看涨期权。

13.【答案】B。集团法人客户的信用风险具有明显的系统性风险特征。一些企业集团，一旦资金链条中的某一环节发生问题/断裂，就可能引发关联方“多米诺骨牌式”的崩溃，引发系统性风险并造成严重的信用风险损失。

14.【答案】B。良好的风险报告路径应采取纵向报送与横向传送相结合的矩阵式结构。即本级行各部门向上级行对口部门报送风险报告的同时，也须向本级行的风险管理部门传送风险报告，以增强决策管理层对操作层的管理和监督。

15.【答案】B。对单一法人客户的财务报表分析主要是对资产负债表和损益表进行分析，有助于商业银行深入了解客户的经营状况以及经营过程中存在的问题。

16.【答案】B。流动比率，用来判断企业归还短期债务的能力，即分析企业当前的现金支付能力和应付突发事件和困境的能力。流动比率的高低与企业偿债能力成正方向变动关系。

17.【答案】B。留置是指债权人按照合同约定占有债务人的动产，债务人不按照合同约定的期限履行债务的，债权人有权依照法律规定留置该财产，以该财产折价或者以拍卖、变卖该财产的价款优先受偿。留置这一担保形式，主要应用于保管合同、运输合同、加工承揽合同等主合同。

18.【答案】B。风险中性定价理论的核心思想是假设金融市场中的每个参与者都是风险中立者，不论是高风险资产、低风险资产或无风险资产，只要资产的期望收益是相等的，市场参与者对其的接受态度就是一致的，这样的市场环境被称为风险中性范式。

19.【答案】B。客户信用评级是商业银行对客户偿债能力和偿债意愿的计量和评价，反映客户违约风险的大小。同一客户的不同贷款的客户评级必须一致，而不论每笔交易的性质是否存在差异。

20.【答案】B。符合《巴塞尔新资本协议》要求的客户评级必须能够有效区分违约客户，即不同信用等级的客户违约风险随信用等级的下降而呈加速上升的趋势；能够准确量化客户违约风险，即信用风险经济资本在数值上等于信用风险资产可能造成的非预期损失。置信水平越高，经济资本对损失的覆盖程度越高，其数额也越大。

第四章　市场风险管理强化训练题

一、单项选择题

1. 【答案】D。名义价值是指金融资产根据历史成本所反映的账面价值(Book Value) 。在市场风险管理过程中，由于利率、汇率等市场价格因素的频繁变动，名义价值一般不具有实质性意义。因此本题答案是 D。
2. 【答案】A。货币互换是指交易双方基于不同货币进行的现金流交换。与利率互换有所不同，货币互换除了在合约期间交换各自的利息收入外，通常还需要在互换交易的期初和期末交换本金。货币之间的汇率由双方事先确定，且该汇率在整个互换期间保持不变。因此，货币互换的交易双方同时面临着利率和汇率波动造成的市场风险。
3. 【答案】A。久期同样可以用来对商业银行资产负债的利率敏感度进行分析。银行通常使用久期缺口来分析利率变化对其整体利率风险敞口的影响。在绝大多数情况下，银行的久期缺口都为正值，此时，如果市场利率下降，则资产与负债的价值都会增加，但资产价值增加的幅度比负债价值增加的幅度大，银行的市场价值将增加，因此 CD 选项是对的。资产负债久期缺口的绝对值越大，银行整体市场价值对利率的敏感度就越高，因此 B 也是正确的；久期缺口是资产加权平均久期与负债加权平均久期和资产负债率乘积的差额，A 选项错误。
4. 【答案】A。账户划分(即银行账户与交易账户的划分)是商业银行实施市场风险管理和计提市场风险资本的前提和基础，往往由各国银行监管部门根据巴塞尔委员会相关定义进行明确要求。
5. 【答案】C。经济增加值是指商业银行在扣除资本成本之后所创造的价值增加。经济增加值强调资本成本的重要性，督促金融机构降低运营过程中所承担的风险及占用的资本，达到增加金融机构价值的目的。
6. 【答案】A。在 2004 年中国银监会明确要求商业银行进行银行账户和交易账户的划分之前，银行普遍都没有设立交易账户。主要原因在于：很多银行缺乏对市场风险的认知和重视；在银行账户和交易账户划分方面的管理水平和技能欠佳，有些管理人员甚至完全不了解交易账户的概念和内容等。特别是，从事资金交易业务的交易员尽管理解交易账户的设立对风险管理的重要性，但谁也不愿意给自己戴上这样一个紧箍咒，因为一旦设立交易账户，自营交易的盈亏就会由暗变明，交易人员将很难再进行“寻利性交易”(Gains Trading)。同时，由于交易账户头寸转到银行账户会受到严格限制，因此，交易员基本不可能再通过利用银行账户将交易类证券转到投资类证券等方式隐瞒交易损失。由此，可知选项 A 是错误的。
7. 【答案】A。以 3 年期的存款作为 3 年期的贷款的融资来源，由于存款和贷款的重新定价期限完全相同而不存在重新定价风险(即期限错配风险)和收益率曲线风险，但是因为其基准利率的变化可能不完全相关，变化不同步，该银行仍然会面临着基准利率的利差变化而带来的基准风险。当利率水平变化时，各种金融产品因基准利率的调整幅度不同产生的利率风险，即基准风险。

8. 【答案】C。远期通常包括远期外汇交易(Forward Exchange)和远期利率合约(FRAs)。远期汇率反映了货币的远期价值，其决定因素包括即期汇率、两种货币之间的利率差、期限。

9. 【答案】C。互换(Swaps)是指交易双方约定在将来某一时期内相互交换一系列现金流的合约，常见的有利率互换(Interest Rate Swap)和货币互换(Currency Swap)。利率互换是两个交易对于仅就利息支付进行相互交换，并不涉及本金的交换。利率互换主要用于转移利率波动的风险。本题中，当市场利率上升时，资产A}女取固定利息收人，存在较大的利率风险，因此应对A做利率互换；而资产B收取浮动利息收入，不必做利率互换。

10. 【答案】A。利率互换是两个交易对手仅就利息支付进行相互交换，并不涉及本金的交换。利率互换主要用于转移利率波动的风险。此外，交易双方可利用各自在不同种类利率上的比较优势进行利率互换，能够有效降低各自的融资成本。

11. 【答案】D。止损限额(Stop-Loss Limits)是指所允许的最大损失额。通常，当某个头寸的累计损失达到或接近止损限额时，就必须对该头寸进行对冲交易或立即变现。

12. 【答案】C。利率风险按照来源不同，分为重新定价风险、收益率曲线风险、基准风险和期权性风险；重新定价风险也称期限错配风险，是最主要和最常见的利率风险形式，源于银行资产、负债和表外业务到期期限(就固定利率而言)或重新定价期限(就浮动利率而言)之间所存在的差异；收益率曲线是由不同期限但具有相同风险、流动性和税收的收益率连接而形成的曲线，用以描述收益率与到期期限之间的关系；基准风险也称利率定价基础风险，在利息收入和利息支出所依据的基准利率变动不一致的情况下，虽然资产、负债和表外业务的重新定价特征相似，因其利息收入和利息支出发生了变化，也会对银行的收益或内在经济价值产生不利的影响；期权性风险是一种越来越重要的利率风险，源于银行资产、负债和表外业务中所隐含的期权性条款。表现示例I中，已经对收益率曲线的平行移动进行了对冲，但是由于收益率曲线变陡而对经济价值产生了不利影响，属于收益率曲线风险；表现示例II中，存款人有重新安排存款的选择权，属于期权性风险，表现示例III中，重新定价期限相同，但基准利率变化不同步，属于基准风险，表现示例IV中，由于短期存款和长期固定利率贷款之间的期限差异使银行未来收益随利率变动而减少，属于重新定价风险。因此，正确搭配为：①IV，②I，③III，④ II。

13. 【答案】D。目前，商业银行普遍采用三种模型技术来计算VaR值：方差-协方差法(Variance-CoVariance Method)、历史模拟法(Historical Simulation Method)和蒙特卡洛模拟法(MonteCarlo Simulation Method)。历史模拟法能普遍满足各主要衡量标准的要求，重要的是它不会带来估计偏差，也不存在明显的模型风险，且较容易落实。

14. 【答案】C。债权人也通过远期利率合约，保证未来的投资收益，规避了利率可能下降的风险，选项A是正确的。远期利率合约是指交易双方同意在合约签订日，提前确定未来一段时间内协定利率的期限的贷款或投资利率，协定利率的期限通常是1个月至1年，因此选项B是正确的。远期利率合约是一项表外业务，因此，选项C错误。远期利率可由即期利率曲线推断，D也是正确的。本题答案是C。

15.【答案】A。目前，我国商业银行普遍采取以国际会计准则和我国新的《企业会计准则》为基础，按照持有目的将资产分为四类，进而按照产品线进行会计科目设置，在账户划分的过程中，充分体现银行监管部门关于银行账户和交易账户划分的原则，并通过科目设置实现；划分完毕后，通过科目归集和管理意义上的处理，实现与银行监管部门要求的交易账户相对应。

16.【答案】C。VaR 的计算涉及置信水平与持有期，计算 VaR 值的基本方法是方差 - 协方差法、历史模型法、蒙特卡洛模拟法，因此选项 AB 正确；均值 VaR 是以均值为基准测度风险的，度量的是资产价值的相对损失，所以 D 项正确，C 项错误。本题答案是 C。

17.【答案】C。在公允价值、名义价值、市场价值和内在价值四类价值中，在市场风险计量与监测的过程中，更具有实质意义的是市场价值和公允价值。

18.【答案】B。风险方差 - 协方差是不能够预测突发事件的，原因是其基于历史数据来估计未来的，其假设条件是未来和过去存在着分布的一致性，只反映了风险因子对整个组合的一阶线性影响，其风险无法从历史序列模型中得到揭示；方差 - 协方差法只反映了风险因子对整个组合的一阶线性影响，无法准确计量非线性金融工具(如期权)的风险。

19.【答案】A。商品价格风险中所述的商品不包括黄金这种贵金属。为了保持各国外汇统计口径的一致性，黄金价格波动被纳入商业银行的汇率风险范畴。

20.【答案】A。远期利率合约是一项表外资产业务，选项 A 是正确的；债务人通过购买远期利率合约，锁定了未来的债务成本，规避了利率可能上升带来的风险，所以 B 项错误；债权人通过卖出远期利率合约，保证了未来的投资收益，规避了利率可能下降带来的风险，所以 C 项错误；根据即期利率曲线可以推出远期利率，所以 D 项错误。

21.【答案】D。总收益互换是指信用保护买方在协议期间将参照资产的总收益转移给信用保护卖方。总收益互换覆盖了由基础资产市场价值变化所导致的全部损失。

22.【答案】B。利率互换是两个交易对手相互交换一组资金流量，并不涉及本金的交换，仅就利息支付进行交换。

23.【答案】B。即期净敞口头寸原则上要包括资产负债表内的所有项目，但变化较小的结构性资产或负债和未到交割日的现货合约除外，所以 A 项正确，B 项错误；即期净敞口头寸是指计入资产负债表内的业务所形成的敞口头寸，等于表内的即期资产减去即期负债，所以 CD 项正确。

24.【答案】D。重新定价风险也称期限错配风险，是最主要和最常见的利率风险形式，源于银行资产、负债和表外业务到期期限(就固定利率而言）或重新定价期限(就浮动利率而言)之间所存在的差异。答案是 D。

25.【答案】D。风险价值是指在一定的持有期和给定的置信水平下，利率、汇率等市场风险要素发生变化时可能对某项资金头寸、资产组合或机构造成的潜在的、较大的损失。在持有期为 1 天、置信水平为 95% 的情况下，若计算的风险价值为 5 万元，则表明该银行的资产组合在 1 天中的损失有 95% 的可能性不会超过 5 万元。

26.【答案】B。按照履约方式期权可以分为美式期权和欧式期权两类，所以 A 项正确，B 项错误；美式期权买方可在任意时点要求卖方买入特定数量的某种交易标的物，在欧式期权中，期权的买方在到期日前不得要求卖方履行期货合约，仅能在到期当天要求期权卖方履行合约，所以 CD 项正确。

27.【答案】C。即期外汇交易是外汇交易中最基本的交易。即期外汇交易可以满足客户对不同货币的需求和用于调整持有不同外汇头寸的比例以降低汇率风险。

28.【答案】C。市场风险的存在是由于市场价格的不利变动而导致的，所以A项正确；市场风险可分为利率风险、汇率风险、股票价格风险、商品价格风险，所以B项正确；市场风险存在于银行的交易和非交易业务中，所以C项错误；就我国目前商业银行的发展现状而言，信用风险是其所面临的最大的最主要的风险种类之一，D项中考查信用风险与市场风险的区别，所以D项正确。本题答案是C。

29.【答案】A。反收益率曲线表示投资曲线越长，收益率越低，所以A项错误；正收益率曲线投资期限越长，收益率越高，其流动性较差，所以B项正确；收益率曲线通常表现为四种形态：正向、反向、水平、波动收益率曲线，所以C项正确；收益率的形状反映了长短收益率之间的关系，它是市场对当前经济状况的判断，对未来经济走势的预测，所以D项正确。

30.【答案】A。在大多数情况下，市场价值可以代表公允价值，所以A项不正确；与市场价值相比，公允价值的定义更广、更概括，B项正确；市场价值是指在评估基准日，买卖双方在自愿的情况下通过公平交易资产所获得的资产的预期价值，C项正确；国际会计准则委员会将公允价值定义为："公允价值为交易双方在公平交易中可接受的资产或债权价值"，D项正确。本题答案是A。

31.【答案】B。期货合约是指协议双方同意在约定的未来某个日期按约定的条件(包括价格、交割地点、交割方式)买人或卖出一定标准数量的某种金融工具的标准化协议，合约中规定的价格就是期货价格。

32.【答案】C。久期分析也称为持续期分析或期限弹性分析，也是对银行资产负债利率敏感度进行分析的重要方法，主要用于衡量利率变动对银行整体经济价值的影响，因此选项A是正确的；总之，久期缺口的绝对值越大，利率变化对商业银行的资产和负债价值影响越大，对其流动性的影响也越显著，因此选项BD是正确的，C是错误的。

33.【答案】C。久期缺口 = 资产加权平均久期 - (总负债/总资产) × 负债加权平均久期 = 6 - (900/1000) × 5 = 1.5。答案是C。

34.【答案】B。即期通常是指即期外汇买卖(Spot Exchange)，即交割日(或称起息日)为交易日以后的第二个工作日的外汇交易。

35.【答案】D。总敞口头寸反映整个货币组合的外汇风险，一般有三种计算方法：一是累计总敞口头寸法；二是净总敞口头寸法；三是短边法。短边法的计算方法是：首先分别加总每种外汇的多头和空头；其次比较这两个总数；最后选择绝对值较大的作为银行的总敞口头寸，选项A是错的；总敞口头寸反映整个货币组合的外汇风险，B选项不正确；累计总敞口头寸等于所有外币的多头与空头的总和，不C选项正确；净总敞口头寸等于所有外币多头总额与空头总额之差，因此选项D正确。

36.【答案】D。具有操作性是收益率曲线的特性之一，指收益率曲线是根据市场上具有代表性的交易品种所绘制出来的利率曲线，这些具有代表性的品种称为指标债券，由于指标债券必须具备流动性强、成交活跃的条件，因此具备可操作性。

37.【答案】B。交易账户记录的是银行为了交易或管理交易账户其他项目的风险而持有的可自由交易的金融工具和商品头寸。记人交易账户的头寸必须在交易方面不受任何条款的

限制，或者能够完全规避自身的风险。交易账户中的项目通常按市场价格计价(Mark-to-Market ，盯市)，当缺乏可参考的市场价格时，可以按模型定价(Mark-to-Model ，盯模)。据此可知，选项 B 是错误的。

38.【答案】D。市场上通常具有较短期限的期货合约。相比远期合约，期货合约的标准化程度更高，面值也更大，因此选项 AC 正确。期货合约要求交易的双方每天对损益进行结算，因此降低了交易的信用风险选项 B 正确。本题答案是 D。

39.【答案】D。负责市场风险管理的部门应当职责明确，与承担风险的业务经营部门保持相对独立，选项 A 不正确；董事会承担对市场风险管理实施监控的最终责任，B 项不正确；高级管理层负责制定、定期亩查和监督执行市场风险管理的政策、程序以及具体的操作规程，选项 C 不正确。

40.【答案】C。该商业银行可以采取主动负债(如发行银行债券等)的方式来解决未来三年内上百亿元的资金缺口。AD 两项将使商业银行的资本充足率下降，不利于银行的长期稳健发展；B 项，债券回购会使资金缺口扩大。据此可知，本题答案是 C。

41.【答案】C。经济增加值(EVA)是指商业银行在扣除资本成本之后所创造的价值增加。应用于市场风险管理的经济增加值可以表示为：EVA = 税后净利润 - 资本成本 = 税后净利润 - 经济资本 × 资本预期收益率 = (经风险调整的资本收益率 - 资本预期收益率) × 经济资本。

42.【答案】A。根据已知条件，可得：净多头总额 = 100 + 20 + 180 = 300，净空头总额 = 50 + 80 + 30 + 30 = 190。分别按累计总敞口头寸法、净总敞口头寸法和短边法计算如下：①累计总敞口头寸法：累计总敞口头寸等于所有外币的多头与空头的总和，即累计总敞口头寸 = 300 + 190 = 490；②净总敞口头寸法：净总敞口头寸等于所有外币多头总额与空头总额之差，即净总敞口头寸为 300 - 190 = 110，③短边法：总敞口头寸为净多头头寸之和与净空头头寸之和中的绝对值较大者，即 300。则按三种方法计算的总敞口头寸中，最小的为 110。

43.【答案】B。波动收益率曲线表明收益率随投资期限的不同，呈现出不规则波动，也就意味着社会经济未来有可能出现波动，A 选项不正确；水平收益率曲线表明收益率的高低与投资期限的长短无关，C 项不符合题意；正向收益率曲线意味着在某一时点上，投资期限越长，收益率越高，这是收益率曲线最为常见的形态，D 项不符题意。

44.【答案】A。敞口头寸 = 即期资产 - 即期负债 + 远期买入 - 远期卖出 + 期权敞口头寸 + 其他 = 1000 - 400 + 200 - 500 + 100 = 400，如果某种外汇的敞口头寸为正值，则说明机构在该币种上处于多头。

45.【答案】B。巴塞尔委员会在 1996 年《资本协议市场风险补充规定》中，对市场内部模型提出了定量要求，置信水平采用 99% 的单尾置信区间，持有期为 10 个营业日，市场风险要素价格的历史观测期至少为 1 年，至少每 3 个月更新一次数据。

46.【答案】B。市场风险是指由于利率、汇率的不利变化而使银行的表内和表外业务发生损失的风险。

47.【答案】C。某银行用 1 年期英镑存款作为 1 年期美元贷款的融资来源，会使银行面临基准风险，所以 A 项正确；该笔美元贷款为可提前偿还的贷款，会使银行面临期权性风险，所以 B 项正确；由于汇率的不利变动，贷款和存款也会发生变动，会使银行面临汇率风险，所以 D 项正确。本题干中不涉及重新定价风险。

48.【答案】A。商品价格风险是指商业银行所持有的各类商品价格发生不利变动而给商业银行造成经济损失的风险。值得注意的是，商品价格风险的定义中不包括黄金这种贵金属，黄金是被纳入汇率风险类的。

49.【答案】B。欧式期权是期权的买方在期权到期日前，不得要求期权的卖方履行期权合约，仅能在到期日当天要求期权卖方履行期权合约。

50.【答案】B。商业银行交易账户中的项目通常按市场价格计价，当缺乏可参考的市场价格时，可以按照模型定价。可知，本题的答案是 B。

51.【答案】C。缺口分析是对利率变动进行敏感性分析的方法之一。久期分析是衡量利率变动对银行经济价值影响的一种方法，久期分析也是对利率变动进行敏感性分析的方法之一。因此，两者都是对利率变动进行敏感性分析的方法。

52.【答案】B。《商业银行压力测试指引》中第九条规定的市场风险的压力测试包括但不局限于以下内容：市场上资产价格出现不利变动；主要货币汇率出现大的变化；利率重新定价缺口突然加大；基准利率出现不利于银行的情况；收益率曲线出现不利于银行的移动；附带期权工具的资产负债，其期权集中行使可能为银行带来损失等。

53.【答案】D。根据经济增加值(EVA)的计算公式为，可得该交易部门的经济增加为：EVA = 税后净利润 - 资本成本 = 税后净利润 - 经济资本 × 资本预期收益率 = 20000 × (1 - 20%) - 20000 × 5% = 6000(万)。

54.【答案】A。当某一时段内的负债大于资产(包括表外业务头寸)时，就产生了负缺口，即负债敏感型缺口，此时市场利率上升会导致银行的净利息收入下降，相反，当某一时段内的资产(包括表外业务头寸)大于负债时，就产生了正缺口，即资产敏感型缺口，此时市场利率下降会导致银行的净利息收入下降。

55.【答案】B。当正向收益率曲线变陡时，投资者一般会买入期限较短的金融产品，卖出期限较长的金融产品。此时，该 10 年期政府债券的市场价格会下降。

56.【答案】A。外汇敞口头寸分为单币种敞口头寸和总敞口头寸。其中，单币种敞口头寸是指每种货币的即期净敞口头寸、远期净敞口头寸以及调整后的期权敞口头寸之和，反映单一货币的外汇风险。

57.【答案】A。风险价值(VAR)是指在一定的持有期和给定的置信水平下，利率、汇率等市场风险要素发生变化时可能对资产价值造成的最大损失。风险价值已成为计量市场风险的主要指标，是银行采用内部模型计算市场风险资本要求的主要依据。

58.【答案】C。期权是指期权买方(Buyer)在签订期权合约时，通过支付期权卖方(Writer)一笔权利金后，取得一项可在选择权合约的存续期内或到期日当日(Expiry Date)以约定的执行价格(Strike Price)与期权卖方进行约定数量标的交割的权利。可见，期权的买方和卖方之间具有不对等的支付特征。

59.【答案】C。在 VaR 的定义中，有两个重要参数——持有期 $\triangle t$ 和置信水平 x%(而非预测损失水平 $\triangle P$)，任何 VaR 只有在给定这两个参数的情况下才会有意义。

60.【答案】B。内在价值是指在期权的存续期间，执行期权所能获得的收益或利润。如果期权的执行价格优于即期市场价格时，则该期权具有内在价值。题中的 6 个月后即期股票价格为 45 元，执行价格为 30 元，看涨期权的内在价值 = 即期市场价格 - 执行价格 = 45 - 30 = 10(元)，该投资者的损益为 10 - 7 = 3(元)。

61.【答案】D。根据投资组合原理，投资组合的整体 VaR 小于于其所包含的每个单体 VaR 之和，因此，部门当期的整体 VaR 值要小于 700 万元。

62.【答案】B。从现代商业银行管理，特别是风险管理的角度来看，市场交易人员（或业务部门）的激励机制应当以经风险调整的资本收益率和经济增加值为参照基准。如果交易人员（或业务部门）在交易过程中承担了很高的风险，则其所占用的经济资本必然很多，因此即便交易人员（或业务部门）在当期获得了很高的收益，其真正创造的价值（经济增加值）也是有限的。

63.【答案】A。期权性风险是一种越来越重要的利率风险，源于银行资产、负债和表外业务中所隐含的期权性条款。期权性工具因具有不对称支付特征而给期权出售方带来的风险，称为期权性风险。一般而言，期权和期权性条款都是在对期权持有者有利时执行的。本题中的存款重新安排就是存款业务中的一个隐性期权性条款，当利率变动对存款人有利时，存款人选择执行这一期权，从而给期权出售方（银行）带来不利影响。

64.【答案】D。在大多数情况下，市场价值可以代表公允价值，但若没有证据表明资产交易市场存在时，公允价值可通过收益法或成本法来获得，所以选项 A 是错的；与市场价值相比，公允价值的定义更广、更概括，因此选项 B 是错的；允许使用企业特定的数据，该数据应能被合理估算，并且与市场预期不冲突，C 项错误。选项 D 的说法是正确的，本题答案是 D。

65.【答案】A。重新定价风险也称期限错配风险，源于银行资产、负债和表外业务到期期限（就固定利率而言）或重新定价期限（就浮动利率而言）之间所存在的差异。例如，如果银行以短期存款作为长期固定利率贷款的融资来源，当利率上升时，贷款的利息收入是固定的，但存款的利息支出会随着利率的上升而增加，从而导致银行的未来收益减少、经济价值降低。据此可知，本题答案是 A。

66.【答案】B。市场风险报告的路径和频度可以参考以下的国际银行业最佳实践：①在正常市场条件下，通常每周向高级管理层报告一次，在市场剧烈波动的情况下，需要进行实时报告，但主要通过信息系统直接传递；②后台和前台所需的头寸报告，应当每日提供，并完好打印、存档、保管；③风险值和风险限额报告必须在每日交易结束之后尽快完成；④应高级管理层或决策部门的要求，风险管理部门应当有能力随时提供各种满足特定需要的风险分析报告，以辅助决策。本题答案是 B。

67.【答案】D。风险管理实践中，商业银行可以同时利用多种金融衍生产品构造复杂的对冲机制，以更有效地降低其银行账户和交易账户中的市场风险。

68.【答案】B。一般而言，金融工具的到期日或距下一次重新定价日的时间越长，并且在到期日之前支付的金额越小，则久期的绝对值越高，表明利率变动将会对银行的经济价值产生较大的影响。久期分析是对利率变动进行敏感性分析的方法之一。本题的答案是 B。

69.【答案】B。收益率曲线通常表现为四种形态：（1）正向收益率曲线，它意味看在某一时点上，投资期限越长，收益率越高，这是收益率曲线最为常见的形态；（2）反向收益率曲线，它表明在某一时点上，投资期限越长，收益率越低。当资金紧张导致供需不平衡时，也可能出现期限短的收益率高于期限长的收益率的反向收益率曲线；（3）水平收益率曲线，表明收益率的高低与投资期限的长短无关；（4）波动收益率曲线，表明收益率随投资期限的不同，呈现出波浪变动，也就意味着社会经济未来有可能出现波动。

70.【答案】A。VaR 值随置信水平和持有期的增大而增加。其中，置信水平越高，意味着最大损失在持有期内超出 VaR 值的可能性越小，反之则可能性越大。

71.【答案】C。缺口分析侧重于计量利率变动对银行当期收益的影响，而久期分析则计量利率风险对银行整体经济价值的影响，久期分析的局限性包括：①如果在计算敏感性权重时对每一时段使用平均久期，即采用标准久期分析法，久期分析仍然只能反映重新定价风险，不能反映基准风险，以及因利率和支付时间的不同而导致的头寸的实际利率敏感性差异，也不能很好地反映期权性风险，②对于利率的大幅变动（大于 1%），由于头寸价格的变化与利率的变动无法近似为线性关系，久期分析的结果不准确，需要进行更为复杂的技术调整。

72.【答案】D。商业银行在实施限额管理的过程中，需要制定并实施合理的超限额监控和处理程序。负责市场风险管理的部门应当通过风险管理信息系统监测对市场风险限额的遵守情况，并及时将超限额情况报告给相应级别的管理层。据此可知，本题答案是 D。

73.【答案】D。由题意，该银行在 1 个交易日内有 1%（100% −99%）的可能性超过 1000 万元，则在 100 个交易日内将有 1（100 ×1%）天的可能性超过 1000 万元。

74.【答案】C。自下而上法通常用于当期绩效考核。商业银行可根据各业务部门、交易员或交易产品的实际风险状况分别计算其所占用的经济资本，然后自下而上逐级累积。同样根据投资组合原理，累积所得的整体层面的经济资本应小于各单个经济资本的简单加总。

75.【答案】C。交易账户中的项目通常按市场价格计价（盯市），当缺乏可参考的市场价格时，可以按模型定价（盯模），按模型定价是指将从市场获得的其他相关数据输入模型，计算鼓推算出交易头寸的价值。当按市场价格计值存在困难时，银行可以按照数理模型确定的价值计值。据此可知，本题的答案是 C。

76.【答案】A。期权的内在价值是指在期权的存续期间，执行期权所能获得的收益。如果期权的执行价格优于即期市场价格，则该期权具有内在价值。当看跌期权的执行价格高于当时的实际价格时，该期权为实值期权，内在价值 =28 −22 =6（元）。

77.【答案】A。国际评估准则委员会（IVSC）发布的国际评估准则将市场价值定义为：“在评估基准日，自愿的买卖双方在知情、谨慎、非强迫的情况下通过公平交易资产所获得的资产的预期价值。”

78.【答案】A。根据巴塞尔委员会的规定，市场风险监管资本的计算公式为：市场风险监管资本 =（最低乘数因子 + 附加因子）× VaR =（3 +0.5）×10 =35（万美元）。其中，巴塞尔委员会规定最低乘数因子为 3；附加因子设定在最低乘数因子之上，取值在 0 ~1 之间；VaR 的计算采用 99% 的单尾置信区间，持有期为 10 个营业日。本题答案是 A。

79.【答案】B。对发行人来说，发行固定利率债券固定了每期支付利率，将来即使市场利率上升，其支付的成本也不随之上升，因而有效地降低了利率上升的风险。A 项当利率上升时，资产收益固定，负债成本上升，收益减少；C 项该交易存在基准风险，又称利率定价基础风险；D 项以 3 个月 LIBOR 为参照的浮动利率债券，其利率会随市场状况波动，存在利率风险。

80.【答案】B。远期外汇交易是最常用的对冲汇率风险、锁定外汇成本的方法。通过外汇远期交易，就可以预先将对外贸易结算、跨境投资、外汇借款还贷等国际业务的外汇成本

固定，从而达到控制汇率风险的目的。投资者投资国外公司普通股，将面临未来外币贬值即本币相对升值的风险，可通过出售外汇远期规避。据此可知本题答案是 B。

二、多项选择题

1. 【答案】ABCE。期权风险是一种越来越重要的利率风险，源于银行资产、负债和表外业务中所隐含的期权性条款。期权可以是单独的金融工具，如场内（交易所）交易的期权和场外的期权合同，由此可知 AB 是正确的；也可以隐含于其他的标准化金额工具之中，如债券或存款的提前兑付、贷款的提前偿还等，选项 CE 是正确的。通常，期权和期权性条款都是在对期权持有者有利时执行。因此，期权性工具因具有不对称的支付特征而给期权出售方带来的风险，被称为期权性风险。D 选项为汇率风险。
2. 【答案】AB。在实践中，即期通常是指即期外汇买卖，即交割日为交易日以后的第二个工作日的外汇交易。即期外汇买卖除了可以满足客户对不同货币的需求外，还可以用于调整持有不同外汇头寸的比例以降低汇率风险。故 A、B 选项正确。远期外汇交易可以预先将对外贸易结算、跨境投资、外汇借款还贷等国际业务的外汇成本固定，从而达到控制汇率风险的目的。
3. 【答案】BCD。期货（ Futures）是在场内（交易所）进行交易的标准化远期合约，包括金融期货和商品期货等交易品种。金融期货主要有三大类：（1）利率期货；（2）货币期货；（3）指数期货。AE 选项属于商品期货。
4. 【答案】AB。市值重估是指对交易账户头寸重新估算其市场价值。商业银行在进行市值重估时通常采用盯市与盯模两种方法。盯市即按市场价格计值，按市场价格对头寸的计值至少应逐日进行，其好处是收盘价往往有独立的信息来源，并且很容易得到。盯模即按模型计值，当按市场价格计值存在困难时，银行可以按照数理模型确定的价值计值。
5. 【答案】CE。止损限额是指所允许的最大损失额。通常，当某个头寸的累计损失达到或接近止损限额时，就必须对该头寸进行对冲交易或立即变现。止损限额适用于一日、一周或一个月等一段时间内的累计损失。
6. 【答案】BCE。当某一时段内的负债大于资产时，就产生了负缺口，即负债敏感型缺口，此时，市场利率上升会导致银行的净利息收入下降，所以 C 项正确，D 项错误；某一时段内资产大于负债的，就产生了正缺口，即资产敏感型缺口，此时，市场利息下降会导致银行的净利息收入下降，市场利息上升会导致银行的净利息收入上升，所以 B、E 项正确，A 项错误。综上可知，本题答案是 BCE。
7. 【答案】BCDE。蒙特卡洛模拟法的优点包括，它是一种全值估计方法，可以处理非线性、大幅波动及“肥尾”问题，比历史模拟方法更精确和可靠，可以通过设置消减因子，使得模拟结果对近期市场的变化更快地做出反应，计算量较小，且准确性提高速度较快。如果一个因素的准确性要提高 10 倍，就必须将模拟次数增加 100 倍以上，这是蒙特卡洛模拟法的缺点。综上可知，本题答案是 BCDE。
8. 【答案】ABCD。即期的执行价格优于现在的即期市场价格的是价内期权，B 选项是正确的；按交易权利的内容，期权可以分为买方期权和卖方期权，卖方期权是买方向卖方卖出约定数量的标的资产的权利，买方期权是卖方卖出约定数量的交易标的的权利，因此选项 CD 正确；按照履约方式，期权分为美式期权和欧式期权，美式期权是期权的买方可在到期日的任意时点内要求期权的卖方按期权的协议内容买入特定数量的某种交易的标的物，欧式期权是期权的买方仅能在到期日当天要求期权卖方履行期权合约，因此选项 A 正确，E 错误。

9.【答案】BCD。本题主要考查考生对缺口分析和久期分析的区别。外汇敞口方法是衡量汇率变动对银行当期收益的影响，是商业银行最早采用的汇率风险计量方法，所以 B 项正确；缺口分析和久期分析都是对利率变动进行敏感性分析的方法之一，久期分析是衡量利率变化对银行经济价值的影响，所以 CD 项正确；缺口分析是一种比较初级、粗略的利率风险计量方法，久期分析是比缺口分析方法更为先进的利率风险计量方法，所以 A、E 项错误。

10.【答案】ACD。远期合约的流动性较差，而期货合约的流动性较好，所以 A 项正确；期货合约一般在交易所交易，远期合约一般通过金融机构或经纪商柜台交易，所以 B 项错误；远期合约和期货合约都是在确定的未来时间按确定的价格购买某项资产的协议，所以 C 项正确，E 项错误；远期合约是非标准化的，期货合约是标准化的，所以 D 项正确。

11.【答案】ACDE。公允价值的计量方式包括四种：直接使用可获得的市场价格；如不能获得市场价格，则使用公认的模型估算市场价格；实际支付价格（无依据证明其不具有代表性）；允许使用企业特定的数据，该数据应能被合理估算，并且与市场预期不冲突。

12.【答案】AD。如果模型的使用者是经营者自身，则时间间隔取决于其资产组合的特性。如果资产组合变动频繁，则时间间隔应该短，所以 A 项正确，E 项错误；如果模型是用来决定与风险相对应的资本，置信水平应该取高，所以 B 项错误；一般来讲，风险价值随置信水平和持有期的增大而增加，所以 C 项错误；计算 VaR 值涉及两个重要因素的选取：置信水平和持有期，所以 D 项正确。

13.【答案】BCDE。即期外汇买卖不属于衍生产品，但它是衍生产品交易的基础工具，A 项是错误的；即期是指现金交易或现货交易，交易的一方按约定价格买入或卖出一定数额的金融资产，交付及付款在合约订立后的两个营业日内完成，因此选项 BD 也是正确的；在实践中，即期通常是指即期外汇买卖（Spot Exchange），即交割日（或称起息日）为交易日以后的第二个工作日的外汇交易，因此 C 选项是正确的；即期外汇买卖除了可以满足客户对不同货币的需求外，还可以用于调整持有不同外汇头寸的比例以降低汇率风险，因此选项 E 是正确的。

14.【答案】ADE。敏感性分析是指在保持其他条件不变的前提下，研究单个市场风险要素（利率、汇率、股票价格和商品价格）的微小变化可能会对金融工具或资产组合的收益或经济价值产生的影响，因此，选项 A 正确；缺口分析用来衡量利率变动对银行当期收益的影响，因此选项 E 正确，C 错误；久期分析也称为持续期分析或期限弹性分析，也是对银行资产负债利率敏感度进行分析的重要方法，主要用于衡量利率变动对银行整体经济价值的影响，因此选项 B 错误、D 正确；综上可知，本题的答案是 ADE。

15.【答案】ABCDE。期权性风险是一种越来越重要的利率风险，源于银行资产、负债和表外业务中所隐合的期权性条款。期权可以是单独的金融工具，如场内（交易所）交易期权和场外的期权合同，也可以隐合于其他的标准化金融工具之中，如债券或存款的提前兑付、贷款的提前偿还等选择性条款。一般而言，期权和期权性条款都是在对期权买方有

利而对期权卖方不利时执行，因此，此类期权性工具因具有不对称的支付特征而会给期权卖方带来风险。据此可知，本题的答案是 ABCDE。

16. 【答案】ACD。期权交易的标的可以是外汇，因此该出口商可买入一个以美元为标的资产的卖方期权，从而规避汇率风险，选项 A 正确；货币互换是指交易双方基于不同的货币进行的现金流交换，不同货币本金的数额由事先确定的汇率决定，且该汇率在整个互换期间保持不变，B 项不符；货币期货是指以汇率为标的的期货合约，目的是规避汇率风险，C 项正确；远期外汇交易合约是由交易双方约定在未来某个特定日期，依交易时所约定的币种、汇率和金额进行交割的外汇交易，是最常用的规避汇率风险的方法，选项 D 是正确的；即期外汇交易不是金融衍生工具，选项 E 错误。

17. 【答案】AC。引起汇率风险的产生的活动主要有：①商业银行为客户提供外汇交易服务或进行自营外汇交易活动(外汇交易小仅包括外汇即期交易，还包括外汇远期、期货、互换和期权等交易)；②商业银行从事的银行账户中的外币业务活动(如外币存款、贷款、债券投资、跨境投资等)。

18. 【答案】ACDE。记入交易账户的头寸应当具有明确的头寸管理政策和程序，其中包括：(1)设置头寸限额并进行监控；(2)交易员可以在批准的限额内，按照批准的交易政策和程序管理头寸；(3)交易头寸至少应逐日按照市场价值计价；(4)按照银行的风险管理程序，交易头寸定期报告给高级管理层；(5)根据市场信息来源，对交易头寸予以密切监控。据此可知，本题答案是 ACDE。

19. 【答案】ABE。根据上述业务活动，可以将汇率风险大致分为以下两类：(1)外汇交易风险，银行的外汇交易风险主要来自为客户提供外汇交易服务时未能立即进行对冲的外汇敞口头寸和银行对外币走势有某种预期而持有的外汇敞口头寸两个方面；(2)外汇结构性风险，是因为银行资产、负债之间的币种不匹配而产生的，也包括商业银行在对资产负债表的会计处理中，将功能货币转换成记账货币时，因汇率变动产生的风险。CD 两项均属干信用风险的范畴。据此可知，本题答案是 ABE。

20. 【答案】BCE。在情景分析过程中，要注意考虑各种头寸的相关关系和相互作用。情景分析中所用的情景通常包括基准情景、最好的情景和最坏的情景。情景可以人为设定，也可以从对市场风险要素的历史数据变动的统计分析中得到，或通过运行描述在特定情况下市场风险要素变动的随机过程得到。

21. 【答案】BDE。蒙特卡洛模拟法的优点包括：(1)它是一种全值估计方法，可以处理非线性、大幅波动及“肥尾”问题；(2)产生大量路径模拟情景，比历史模拟方法更精确和可靠；(3)可以通过设置消减因子，使得模拟结果对近期市场的变化更快地作出反应。其缺点包括：(1)对于基础风险因素仍然有一定的假设，存在一定的模型风险；(2)计算量很大，且准确性的提高速度较慢；(3)如果产生的数据序列是伪随机数，可能导致错误结果。由此可知本题的答案是 BDE。

22. 【答案】ABE。根据中国银监会下发的《商业银行资本充足率管理办法》第二十九条，商业银行应该按照本办法的规定设立交易账户，交易账户中的所有项目均应按市场价格计价。同时，明确了交易账户包括的三项内容：(1)商业银行从事自营而短期持有并旨在日后出售或者计划从买卖的实际或预期差价、其他价格及利率变动中获利的金融工具头寸，(2)为执行客户买卖委托及做市而持有的头寸，(3)为规避交易账户其他项目的风险而持有的头寸。由此可知，本题的答案是 ABE。

23.【答案】ACDE。利率期货合约是标准化的合约，其特征有：(1)合约规模是固定的，(2)合约期限的长度是固定的，(3)合约的到期日是固定的，(4)合约价格的单位变动价值是固定的，(5)需要保证金，这样当期货合约的价格变动时，有时为了保证维持保证金，需要支付非预期的现金流。由此可知，本题答案是ACDE。

24.【答案】BCDE。利率互换是两个交易对于仅就利息支付进行相互交换，并不涉及本金的交换。利率互换主要用于转移利率波动的风险。假设某机构有浮动利息收入，如果预期利率在未来将下降，那么将浮动利率调整为固定利率，所以A项错误；假设某机构有浮动利息收入，如果预期利率在未来将上升，那么不用进行利率互换，所以B项正确；假设某机构有固定利息收入，如果预期利率在未来将下降，那么不应进行利率互换，所以C项正确；假设某机构有固定利息收入，如果预期利率在未来将上升，那么应进行利率互换，将固定利率调为浮动利率，所以D项正确；利率互换是交易双方利用自身在不同种类利率上的比较优势有效地降低各自的融资资本，所以E项正确。

25.【答案】ABCDE。商业银行的市场风险管理部门应当切实履行以下风险管理职责：(1)拟订市场风险管理政策和程序，提交高级管理层和董事会批准；(2)识别、计量和监测市场风险；(3)监测相关业务经营部门和分支机构对市场风险限额的遵守情况，报告超限额情况；(4)设计、实施事后检验和压力测试；(5)识别、评估新产品/新业务中所包含的市场风险，审核相应的操作和风险管理程序；(6)向董事会和高级管理层提供独立的市场风险报告。以上各项均是负责市场风险管理的部门通常履行的具体职责。

26.【答案】ABCE。期权的价值(即期权费也称权利金)由其内在价值(Intrinsic Value) 和时间价值(TimeValue) 两部分构成。期权的价值在到期日当天，期权的时间价值为零，期权的价值等于其内在价值，所以A、E项正确；当期权为价外期权或平价期权时，期权的内在价值为零，期权价值为时间价值，所以B项正确；期权价值包括内在价值和时间价值两部分，所以C项正确；价内期权具有内在价值，价外期权与平价期权的内在价值为零，没有负值，所以D项错误。

27.【答案】ACDE。市场风险可以分为利率风险、汇率风险、股票价格风险和商品价格风险，分别是指由于利率、汇率、股票价格和商品价格的不利变动而带来的风险。

28.【答案】BCD。利率风险按照风险来源的不同，可以分为重新定价风险、收益率曲线风险、基准风险、期权性风险。

29.【答案】ABD。远期汇率反映了货币的远期价值，其决定因素包括即期汇率、两种货币的汇率差和期限。

30.【答案】ACDE。久期是以未来收益的现值为权数计算的现金流平均到期时间，某一金融工具的久期等于金融工具各期现金流发生的相应时间乘以各期现值与金融工具现值的商，所以A、E项正确；根据久期的公式，收益率的微小变化，将使价格发生反比例变动，所以B项错误久期也称为持续期，久期是对金融工具的利率敏感程度或利率弹性的直接衡量，所以CD项正确。

三、判断题

1.【答案】B。根据国际先进银行的市场风险管理实践，市场风险报告的路径和频度通常为，风险价值(VaR)和风险限额报告必须在每日交易结束之后尽快完成。

2.【答案】A。经济增加值是指商业银行在扣除资本成本之后所创造的价值增加。经济增加值强调资本成本的重要性，督促金融机构降低运营过程中所承担的风险及占用的资本，达到增加金融机构价值的目的。

3.【答案】B。投资组合理论，投资组合的整体VaR小于等于其所包含的每个金融产品的VaR值之和。

4.【答案】B。账户划分，即银行账户与交易账户的划分，是商业银行实施市场风险管理和计提市场风险资本的前提和基础。

5.【答案】B。久期分析又称持续期分析或期限弹性分析，也是对银行资产负债利率敏感度进行分析的重要方法，主要用于衡量利率变动对银行整体经济价值的影响。而缺口分析主要用来衡量利率变动对银行当期收益的影响。

6.【答案】A。返回检验是指将市场风险内部模型法计量结果与损益进行比较，以检验计量方法或模型的准确性、可靠性，并据此对计量方法或模型进行调整和改进。商业银行可以比较每日的损益数据与内部模型产生的风险价值数据，进行返回检验，依据最近一年内突破次数确定市场风险资本计算的附加因子。

7.【答案】B。久期可以对商业银行资产负债的利率敏感度进行分析。当市场利率变动时，银行资产价值和负债价值的变动方向与市场利率的变动方向相反，而且资产与负债的久期越长，资产与负债价值变动的幅度越大，利率风险也就越高。

8.【答案】B

【解析】本题考查的是对交易产品互换。互换分为利率互换和货币互换，货币互换既明确了利率的支付方式，又确定了汇率。

9.【答案】B。短边法是将空头总额与多头总额中较大的一个视为银行的总敞口头寸。

10.【答案】B。与交易账户相对应，银行的其他业务归入银行账户，最典型的是存贷款业务。银行账户中的项目则通常按历史成本计价。所以，题干是错误的。

11.【答案】B。远期通常包括远期外汇交易(Forward Exchange)和远期利率合约(FRAs)。

12.【答案】A。利用5年期政府债券的空头头寸为10年期政府债券的多头头寸进行保值，当收益率曲线变陡时，虽然上述安排已经对收益率曲线的平行移动进行了对冲，但该10年期政府债券多头头寸的经济价值还是会下降。

13.【答案】B。即期是指现金交易或现货交易，交易的一方按约定价格买入或卖出一定数额的金融资产。即期不属于衍生产品，但它是衍生产品交易的基础工具。

14.【答案】B。一家银行以1年期的存款为资金来源发放1年期的贷款，由于其基准利率变化的可能不完全相关，变化不同步，该银行仍会面临因基准利率的利差发生变化而带来的基准风险。

15.【答案】B

【解析】如果银行有专用的期权计价模式，应采用Delta的计算方法计量期权敞口头寸。

16.【答案】B。风险价值已经成为计量市场风险的主要指标，也是银行采用内部模型计算市场风险资本要求的主要依据。久期分析也称为持续期分析或期限弹性分析，也是对银行资产负债利率敏感度进行分析的重要方法，主要用于衡量利率变动对银行整体经济价值的影响。

17.【答案】B。远期利率合约是指交易双方同意在合约签订日，提前确定未来一段时间内协定利率的期限的贷款或投资利率，协定利率的期限通常是1个月至1年。与提前确定利率的远期借款或远期贷款不同，远期利率合约与借款或投资活动是分离的。

18.【答案】B

【解析】假设目前收益率是向上倾斜的，如果预期收益率基本维持不变，则可以买入期限较长的金融产品。本题题干的说法是错的。

19.【答案】A。马柯维茨提出的均值一方差模型描绘了资产组合选择的最基本、最完整的框架，是目前投资理论与投资实践的主流方法。

20.【答案】B。正向收益率曲线意味着在某一时点上，投资期限越长，收益率越高。流动性偏好理论对此的解释是，由于期限短的金融资产的流动性好于期限长的金融资产的流动性，作为流动性较差的一种补偿，期限长的收益率也就要高干期限短的收益率。而反向收益率曲线表明在某一时点上，投资期限越长，收益率越低，与正向收益率曲线相反，故流动性偏好理论不能很好地解释反向收益率曲线。

21.【答案】B。货币互换是指交易双方基于不同货币进行的现金流交换。与利率互换有所不同，货币互换除了在合约期间交换各自的利息收入外，通常还需要在互换交易的期初和期末交换本金。货币之间的汇率由双方事先确定，且该汇率在整个互换期间保持不变。因此，货币互换的交易双方同时面临着利率和汇率波动造成的市场风险。据此可知，本题题干说法错误。

22.【答案】B。风险价值是指在一定的持有期和置信水平下，利率、汇率等市场风险要素的变化可能对资产价值造成的最大损失。VaR 值随置信水平和持有期的增大而增加。其中，置信水平越高，意味着最大损失在持有期内超出 VaR 值的可能性越小，反之则可能性越大。

23.【答案】B。金融衍生产品一方面可以用来对冲市场风险，另一方面也会因高杠杆率而造成新的市场风险。衍生产品对市场风险的放大作用通常是导致巨额金融风险损失的主要原因。

24.【答案】B。短边法是一种为各国金融机构广泛运用的外汇风险敞口头寸的计量方法，同时为巴塞尔委员会所采用，中国银监会编写的《外汇风险敞口情况表》也采用这种算法。净总敞口头寸考虑不同货币汇率波动的相关性，认为多头与空头存在对冲效应。因此，这种计量方法较为激进。题干描述是错的。

25.【答案】A。远期利率合约的交易双方虽然通过提前确定利率，规避了利率变动可能给自己带来的风险，但同时也丧失了一旦利率朝有利于自己的方向变动时的可能收益。

26.【答案】B。债务人通过购买远期利率合约，固定了未来的债务成本，规避了利率可能上升带来的风险；债权人通过卖出远期利率合约，保证了未来的投资收益，规避了利率可能下降带来的风险。

27.【答案】B。根据巴塞尔委员会的规定，市场风险监管资本的计算公式为：市场风险监管资本 =（ 最低乘数因子 + 附加因子）× VaR 其中，巴塞尔委员会规定最低乘数因子为 3；

附加因子设定在最低乘数因子之上，取值在 0 ~ 1 之间；VaR 的计算采用 99% 的单尾置信区间，持有期为 10 个营业日。

28.【答案】B。重新定价风险也称期限错配风险，是最主要和最常见的利率风险形式，源于银行资产、负债和表外业务到期期限(就固定利率而言)或重新定价期限(就浮动利率而言)之间所存在的差异。

29.【答案】A。与缺口分析相比较，久期分析是一种更为先进的利率风险计量方法。缺口分析侧重于计量利率变动对银行短期收益的影响，而久期分析则能计量利率风险对银行整体经济价值的影响，即估算利率变动对所有头寸的未来现金流现值的影响，从而对利率变动的长期影响进行评估，并且更为准确地计量利率风险敞口。

30.【答案】A。明显不列入交易账户的头寸。一般包括：为对冲银行账户风险而持有的衍生工具头寸；向客户提供结构性投资和理财产品且进行了完全对冲的衍生产品。

第五章　操作风险管理强化训练题

一、单项选择题

1.【答案】A。根据商业银行的资本金水平和操作风险管理能力，可以将操作风险划分为可规避的操作风险、可降低的操作风险、可缓释的操作风险和应承担的操作风险。因员工知识/技能匮乏所造成的损失是商业银行应承担的风险，需要为其计提损失准备或风险资本金。

2.【答案】B。个人信贷业务是国内商业银行竞相发展的零售银行业务，包括个人住房按揭贷款、个人大额耐用消费品贷款、个人生产经营贷款和个人质押贷款等业务品种。为核实第一还款来源或在第一还款来源不充足的情况下，向客户发放个人住房贷款属于个人住房按揭贷款。

3.【答案】A。商业银行的操作风险可按人员因素、内部流程、系统缺陷和外部事件四大类别分类。代理业务是商业银行中间业务的一类，指商业银行接受客户委托，代为办理客户指定的经济事务、提供金融服务并收取一定费用的业务。其主要操作风险点包括人员因素、外部事件、内部流程和系统缺陷。代理合同文件存在瑕疵、错误和误导销售，属于内部流程操作风险点。

4.【答案】A。内部欺诈事件，指故意骗取、盗用财产或违反监管规章、法律或公司政策导致的损失事件，此类事件至少涉及内部一方，但不包括歧视及差别待遇事件。BCD 项均属于内部欺诈事件，A 项属于违反用工法事件。

5.【答案】B。失职违规，是指商业银行内部员工因过失没有按照雇佣合同、内部员工守则、相关业务及管理规定操作或者办理业务造成的风险，主要包括过失、未经授权的业务以及超越授权的活动。员工越权行为包括滥用职权、对客户进行误导、支配超出其权限的资金额度，致使商业银行发生损失的风险。ACD 选项均属于失职违规事件，B 选项属于内部欺诈事件。

6.【答案】D。错误监控对员告是指商业银行监控/报告流程不明确、混乱，负责监控/报告的部门职责不清晰，有关数据不全面、不及时、不准确，造成未履行必要的汇报义务或者对外部汇报不准确(发生损失)。

7.【答案】C。操作风险缓释是在量化分析风险点分布、发生概率和损失程度的基础上，采用适当的缓释工具，限制、降低或分散操作风险。目前，主要的操作风险风险缓释手段有业务连续性管理计划、商业保险和业务外包等。

8.【答案】C。结算/支付错误是指商业银行结算支付系统失灵或延迟，如现金未及时送达营业网点或交易对方等。

9.【答案】C。操作风险是指由不完善或有问题的内部程序、员工、信息科技系统以及外部事件所造成损失的风险。商业银行的操作风险可按人员因素、内部流程、系统缺陷和外

部事件四大类别分类。在代理业务中，由于人员因素引起的操作风险违规事项主要包括：①业务人员贪污或截留手续费，不进入大账核算；②内外勾结编造虚假代理业务合同骗取手续费收入。本题答案是 C。

10.【答案】A。内部流程因素引起的操作风险是指由于商业银行业务流程缺失、设计不完善，或者没有被严格执行而造成的损失，主要包括财务/会计错误、文件/合同缺陷、产品设计缺陷、错误监控/报告、结算/支付错误、交易/定价错误六个方面。

11.【答案】B。外部欺诈事件，指第三方故意骗取、盗用、抢劫财产、伪造要件、攻击商业银行信息科技系统或逃避法律监管导致的损失事件。商业银行外部人员通过网络侵入内部系统作案已经成为新型外部欺诈风险的重要关注点。因我国网络技术的不发达和客户通过网络支付的需求增大之间的差距，个别商业银行为了争揽业务，大力拓展网络支付和网上银行业务，在信息系统和网络建设方面忽视安全问题，造成信息泄密乃至客户和商业银行的损失。本题答案是 B。

12.【答案】B。关键风险指标通常包括交易量、员工水平、技能水平、客户满意度、市场变动、产品成熟度、地区数量、变动水平、产品复杂程度和自动化水平等。

13.【答案】C。内部流程因素引起的操作风险是指由于商业银行业务流程缺失、设计不完善，或者没有被严格执行而造成的损失，主要包括财务/会计错误、文件/合同缺陷、产品设计缺陷、错误监控/报告、结算/支付错误、交易/定价错误六个方面。AB 两项属于由于人员因素而引发的操作风险；D 项属于由于外部事件而引发的操作风险。本题答案是 C。

14.【答案】A。风险报告内容大致包括风险状况、损失事件、诱因与对策、关键风险指标、资本金水平等五个主要部分，因此选项 B 是错误的；除高级管理层外，报告还应发送给相应的各级管理层以及可能受到影响的有关单位，以提高商业银行整体的风险意识，选项 C 错误；为了确保风险报告的有效性和可靠性，建议结合监管机构或外部审计师撰写的风险报告，D 项是错误的。选项 A 是正确。

15.【答案】C。标准法(Standardised Approach)将商业银行的所有业务划分为八大类业务条线，计算时需要获得每大类业务条线的总收入，然后根据各条线不同的操作风险资本要求系数 β，分别求出对应的资本，最后加总八类产品线的资本，即可得到商业银行总体操作风险资本要求。八大类业务条线资本要求系数分别是公司金融 18%，交易和销售 18%，零售银行 12%，商业银行 15%，支付和结算 18%，代理服务 15%，资产管理 12%，零售经纪 12%，其他业务 18%。

16.【答案】D。商业银行应制定跨业务类别、跨时期分配操作风险损失的标准，对于已反映在商业银行的信用风险数据中的操作风险损失，在计算最低监管资本时将其视为信用风险损失，不计入操作风险资本，但应将所有的操作风险损失记录在内部操作风险数据库中。

17.【答案】C。内部流程因素引起的操作风险是指由于商业银行业务流程缺失、设计不完善，或者没有被严格执行而造成的损失，主要包括财务/会计错误、文件/合同缺陷、产品设计缺陷、错误监控/报告、结算/支付错误、交易/定价错误六个方面。设计缺陷是指商业银行为公司、个人、金融机构等客户提供的产品在业务管理框架、权利义务结构、风险管理要求等方面存在不完善、不健全等问题。

18.【答案】D。商业银行员工在工作中，由于知识知/技能匮乏所造成的操作风险主要有：(1)自己意识不到缺乏必要的知识/技能，按照自己认为正确而实际错误的方式工作；(2)意识到自己缺乏必要的知识/技能，但由于颜面或其他原因，未向管理层提出或声明其无法胜任或不能正确处理面对的情况；(3)意识到自己缺乏必要的知识/技能，并进而利用这种缺陷危害商业银行的利益。

19.【答案】C。财务/会计错误是指商业银行内部在财务管理和会计账务处理方面存在流程错误，主要原因是财会制度不完善、管理流程不清晰、财会系统建设存在缺陷等。由此可知本题答案是 C。

20.【答案】C。结算/支付错误是指商业银行结算支付系统失灵或延迟(如现金未及时送达营业网点或交易对方等)。

21.【答案】A。系统缺陷引发的操作风险是指由于信息科技部门或服务供应商提供的计算机系统或设备发生故障或其他原因，导致商业银行不能正常提供全部/部分服务或业务中断而造成的损失。系统缺陷引发的风险包括系统设计不完善和系统维护不完善所产生的风险，具体表现为数据/信息质量、违反系统安全规定、系统设计/开发的战略风险，以及系统的稳定性、兼容性、适宜性方面的问题。商业银行对数据/信息质量管理主要是防止各类文件档案的制定、管理不善，业务操作中的数据出现差错(如金额、币别等输入错误)。

22.【答案】A。根据商业银行管理和控制操作风险的能力，可以把操作风险分为可规避的操作风险、可降低的操作风险、可缓释的操作风险、应承担的操作风险。商业银行可以通过业务外包来转移操作风险，但商业银行仍是外包业务的最终责任人。操作风险的形成，往往是内外部因素同时作用的结果。所以 BCD 项正确。商业银行不管尽多大的努力，采取好的措施，购买好的保险，总会有操作风险的发生，所以 A 项不正确。

23.【答案】C。系统缺陷引发的操作风险是指由于信息科技部门或服务供应商提供的计算机系统或设备发生故障或其他原因，商业银行不能正常提供部分、全部服务或业务中断而造成的损失。

24.【答案】A。商业银行在开发内部计量系统过程中，必须有操作风险模型开发和模型独立验证的严格程序。

25.【答案】C。在系统方面，最典型的风险是电脑“千年虫”的风险，使世界各地的商业银行为此支付了巨额费用。

26.【答案】C。系统安全包括外部系统安全、内部系统安全、对计算机病毒和第二方程序欺诈的防护等。违反系统安全规定具体表现在：突破存储限制、系统信息传递/系统修改信息传递失败、第三方界面失败、系统无法完成任务、数据崩溃、系统崩溃重新存储、请求批处理失败、对账错误等。系统无法完成任务属于违反系统安全规定。

27.【答案】B。商业银行应当对信息系统项目的立项、开发、验收、运行和维护实施有效管理，不能片面追求快速见效或贪大求全，超越本行业务要求，要在战略的高度评价经营管理的需求，要慎重对待系统设计、开发全过程。

28.【答案】B。操作风险评估的原则有：业务流程所有人负第一评估责任原则、动态管理原则和重要性原则。其中，重要性原则应优先识别和评估对业务目标和管理目标有重大影响的操作风险。

29.【答案】C。商业银行是在一定的政治、经济和社会环境中运营的，经营环境的变化、外部突发事件等都会影响其正常的经营活动甚至造成损失。外部事件可能是内部控制失败或内部控制的薄弱环节，也可能是外部因素对商业银行运作或声誉造成的“威胁”。本题答案是选项 C。

30.【答案】C。商业银行通常采用定性与定量相结合的方法来评估操作风险。定性分析需要依靠有经验的风险管理专家对操作风险的发生频率和影响程度作出评估；定量分析方法则主要基于对内部操作风险损失数据和外部数据进行分析。

31.【答案】A。内部审计部门，主要负责定期检查评估商业银行操作风险管理体系的运作情况，监督操作风险管理政策的执行情况，对新出台的操作风险管理方案进行独立评估，直接向董事会报告操作风险管理体系运行效果的评估情况。内审部门不直接负责或参与其他部门的操作风险管理。

32.【答案】D。商业银行的操作风险可按人员因素、内部流程、系统缺陷和外部事件四大类别分类。外部欺诈是指第三方故意骗取、盗用财产或逃避法律，属于外部事件。此类事件是商业银行损失最大、发生次数最多的操作风险之一。本题答案是 D。

33.【答案】D。业务部门对操作风险的管理情况负直接责任，应指定专人负责操作风险管理。根据商业银行操作风险管理体系的要求，建立本部门持续有效的操作风险识别、评估、控制/缓释、监测及报告程序。据此可知本题答案是 D。

34.【答案】A。个人信贷业务操作风险控制点之一是优化产品结构、改进操作流程，重点发展以质押和抵押为担保方式的个人贷款。

35.【答案】D。内部流程因素引起的操作风险是指由于商业银行业务流程缺失、设计不完善，或者没有被严格执行而造成的损失，主要包括财务/会计错误、文件/合同缺陷、产品设计缺陷、错误监控/报告、结算/支付错误、交易/定价错误六个方面。抵押权证和房产证丢失属于操作风险内部流程中的文件合同缺陷。

36.【答案】C。使用高级计量法的过程中，除了使用实际损失数据或情景分析损失数据外，商业银行在全行层面使用的风险评估方法还必须考虑关键的业务经营环境和内部控制。

37.【答案】C。操作风险损失数据的收集要遵循客观性、全面性、动态性、标准化的原则，所以 D 项正确；商业银行一般采用定性法和定量法相结合的方法评估操作风险，定量分析主要基于对内部操作风险损失数据和外部数据的分析进行，定性分析主要依靠专家对操作风险的发生频率和影响程度作出评估，所以 AB 项正确，C 项错误。

38.【答案】D。高级计量法是指商业银行在满足监管机构提出的资格要求，以及定性和定量标准的前提下，通过内部操作风险计量系统计算监管资本要求，选项 A 不符；内部评级法是计量信用风险的一种方法，选项 B 不符；基本指标法将银行视为一个整体来衡量操作风险，只分析银行整体的操作风险水平，而不对其构成进行分析，选项 C 不符。答案是 D。

39.【答案】B。操作风险管理委员会及操作风险管理部门，负责商业银行操作风险管理体系的建立和实施，确保全行范围内操作风险管理的一致性和有效性。主要职责包括：(1)拟定本行操作风险管理政策和程序，提交董事会和高级管理层审批；(2)协助其他部门识别、评估和监测本行重大项目的操作风险；(3)设计、组织实施本行操作风险评估、缓释(包括内部控制措施)和监测方法以及全行的操作风险报告系统；(4)建立适用全行的操作风险基本控制标准，并指导和协调全行范围内的操作风险管理。

40.【答案】B。商业银行的操作风险可按人员因素、内部流程、系统缺陷和外部事件四大类别分类。结算/支付错误结算/支付错误是指商业银行结算支付系统失灵或延迟(如现金未及时送达营业网点或交易对方等）。国内外各商业银行均在大力推进运营与后台支持集中化，在流程方面既加强对前台和中台的控制，又重视对商业银行总体的流程重整。据此可知，答案是选项 B。

41.【答案】A。根据《巴塞尔新资本协议》，法律风险是一种特殊类型的操作风险，它包括但不限于因监管措施和解决民商事争议而支付的罚款、罚金或者惩罚性赔偿所导致的风险敞口。本题答案是 A。

42.【答案】B。巴塞尔委员会将操作风险定义为由不完善或有问题的内部程序、员工、信息科技系统以及外部事件所造成损失的风险。本题答案是 B。

43.【答案】B。错误监控/报告是指商业银行监控/报告流程不明确、混乱，负责监控/报告的部门的职责不清晰，有关数据不全面、不及时、不准确，造成未履行必要的汇报义务或者对外部汇报不准确。答案是 B。

44.【答案】D。操作风险是指由不完善或有问题的内部程序、员工、信息科技系统以及外部事件所造成损失的风险。根据监管机构的规定，操作风险包括法律风险，但不包括声誉风险和战略风险。

45.【答案】B。操作风险评估通常从业务管理和风险管理两个角度开展，遵循由表及里、自下而上、从已知到未知的原则。

46.【答案】C。巴塞尔委员会认为，操作风险是银行面临的一项重要风险，商业银行应为抵御操作风险造成的损失安排经济资本。

47.【答案】B。柜员管理业务环节的违规操作包括：柜员离岗未退出业务操作系统，被他人利用进行操作；授权密码泄露或借给他人使用；柜员盗用会计主管密码私自授权，重置客户密码或强行修改客户密码；设立劳动组合时，不注意岗位之间的监督制约；柜员调离本工作岗位时，未及时将柜员卡上缴并注销，未及时取消其业务权限等。根据题意可知，选项 B 是正确的。

48.【答案】B。内部流程因素引起的操作风险是指由于商业银行业务流程缺失、设计不完善，或者没有被严格执行而造成的损失，主要包括财务/会计错误、文件/合同缺陷、产品设计缺陷、错误监控/报告、结算/支付错误、交易/定价错误六个方面。抵押权证和房产证丢失属于操作风险内部流程中的文件合同缺陷。本题中的操作风险正是由于业务流程没有被严格执行而造成的。

49.【答案】D。商业银行可采用基本指标法、标准法或高级计量法计量操作风险资本要求。高级计量法(AMA)不仅仅是操作风险计量的一种方法，它更是一套完整的操作风险管理框架，该框架围绕操作风险管理和计量两大内容搭建，在提高资本计量准确性和敏感度的同时，还可以实现操作风险管理水平的全面提升，增强银行的核心竞争力。由此推断，本题答案是 D。

50.【答案】A。在综合自我评估结果和各类操作风险报告的基础上，利用因果分析模型能够对风险成因、风险指标和风险损失进行逻辑分析和数据统计，进而形成三者之间相互关联的多元分布。

51.【答案】A。控制派生风险包括：(1)人力资源配置不当；(2)欺诈；(3)操作失误。

52. 【答案】C。第一道防线——前台业务人员。前台业务人员处在业务操作和风险管理的最前沿，应当具备可持续的风险－收益理念，掌握最新的风险信息，并切实遵守限额管理等风险管理政策。其中，可持续的风险－收益理念是商业银行持之以恒地培育健康风险文化的必然结果。本题答案是C。

53. 【答案】A。商业银行的风险评估与控制环境包括公司治理、内部控制、合规管理文化和信息系统。

54. 【答案】D。操作风险评估的主要方法有自我评估法、损失分布法和风险地图法等。自我评估法是目前操作风险识别与评估的主要方法中运用最广泛、最成熟的。国际先进银行广泛采用自我评估法，并辅以信息系统支持，成为操作风险管理不可或缺的重要手段。

55. 【答案】C。操作风险自我评估流程：第一阶段：全员风险识别与报告；第二阶段：作业流程分析、风险识别与评估；第三阶段：控制措施评估；第四阶段：指定与实施控制优化方案；第五阶段：报告自我评估。评估残余操作风险的重要程度属于第三阶段：控制措施评估。

56. 【答案】C。柜台业务泛指通过商业银行柜面办理的业务，是商业银行各项业务操作的集中体现，也是最容易引发操作风险的业务环节。

57. 【答案】C。报告应对风险指标的变化情况与阈值的距离等作出分析和解释。风险报告在完成后到报送至高级管理层及其他相关部门之前，还需要进行检查和确认，以保证报告的内容以及风险评估的流程与实际情况和相关规定相符交易结果和财务核算结果间的差异扩大意味着存在管理报表和决策基础不稳的风险，监控本指标可以提高风险管理的质量。据此可知，本题的答案是C。

58. 【答案】B。相对于信用风险而言，市场风险具有数据充分和易于计量的特点，更适于采用量化技术加以控制，而操作风险具有非营利性，容易引发市场风险和信用风险。由此可知，本题答案是B。

59. 【答案】B。根据我国《商业银行风险监管核心指标》管理条约规定，操作风险指标衡量由于内部程序不完善、操作人员差错或舞弊以及外部事件造成的风险，表示为操作风险损失率，操作风险损失率＝操作造成的损失额与前三期净利息收入＋非利息收入平均值之比。由此可知，本题答案是B。

60. 【答案】A。我国商业银行员工违规行为导致的操作风险主要集中于内部人作案和内外勾结作案两种，属于最常见的操作风险类型。

61. 【答案】B。核心雇员流失体现商业银行为对关键人员过度依赖的风险，包括缺乏足够的后援/替代人员，相关信息缺乏共享和文档记录，缺乏岗位轮换机制等。

62. 【答案】A。在各商业银行完成股改上市后，发展业务的冲动和对各分支机构考核的沉重压力，有可能造成基层分支机构以越权放款或者化整为零、短贷长用、借新还旧等方式规避上级行的监管，追求片面的信贷业务的余额增长，忽略长期风险的控制，属于失职违规。

63. 【答案】C。根据商业银行的资本金水平和操作风险管理能力，可以将操作风险划分为可规避的操作风险、可降低的操作风险、可缓释的操作风险和应承担的操作风险。交易差错、记账差错等操作风险可以通过采取更为有力的内部控制措施来降低风险发生率，属于可降低的操作风险。

64. 【答案】B。内部流程因素引起的操作风险是指由于商业银行业务流程缺失、设计不完善，或者没有被严格执行而造成的损失，主要包括财务/会计错误、文件/合同缺陷、产品设计缺陷、错误监控/报告、结算/支付错误、交易/定价错误六个。由此可知，本题答案是B。

65.【答案】B。商业银行必须表明操作风险计量方法考虑到了潜在较严重的概率分布“尾部”损失事件，这是定量标准的要求。

66.【答案】A。《巴塞尔新资本协议》对操作风险经济资本计量的三种方法其中在复杂性和风险敏感性方面最强的是高级计量法。由此可知本题答案是A。

67.【答案】B。在用基本指标法计量操作风险资本的公式 $KBIA = GI \times \alpha$ 中，巴塞尔委员会规定固定比例 α 为15%。

68.【答案】C。与市场风险主要存在于交易账户和信用风险主要存在于银行账户不同，操作风险广泛存在于商业银行业务和管理的各个领域，具有普遍性和非营利性，不能给商业银行带来盈利。

69.【答案】D。内部评级法是信用风险中的方法；标准法的特征是八条产品线；基本指标用不到计量系统。高级计量法(Advanced Measurement Approach ，AMA)是指商业银行在满足监管机构提出的资格要求，以及定性和定量标准的前提下，通过内部操作风险计量系统计算监管资本要求。

70.【答案】B。商业银行可以将某些业务外包给具有较高技能和规模的其他机构来管理，用以转移操作风险。从本质上说，业务操作或服务虽然可以外包，但其最终责任并未被“包”出去。外包并不能减少或免除董事会和高级管理层确保第三方行为的安全稳健以及遵守相关法律的责任。

71.【答案】D。标准法(StandardisedApproach)将商业银行的所有业务划分为八大类业务条线公司金融交易和销售，零售银行，商业银行，支付和结算，代理服务，资产管理. 零售经纪，其他业务。

72.【答案】B。内部流程因素引起的操作风险是指由于商业银行业务流程缺失、设计不完善，或者没有被严格执行而造成的损失，主要包括财务/会计错误、文件/合同缺陷、产品设计缺陷、错误监控/报告、结算/支付错误、交易/定价错误六个方面。其中，交易/定价错误是指在交易过程中，因未遵循操作规定，使交易和定价产生了错误。

73.【答案】B。政治风险表现为：本国政府或者商业银行海外机构所在地政府新兴的立法、公共利益集团的持续压力/运动、政变、政权更替等。

74.【答案】A。A项风险没有独立的，操作风险也会引发诸如信用风险、市场风险。B项是正确。操作风险一旦发生了就会给银行带来损失，如果没有发生，那么银行就只是在正常的运转，不能像市场风险一样可能会给银行带来收益，操作风险不能为银行带来盈利，C选项正确。操作风险是在人员、流程、系统等操作风险方面出现问题而引发的风险，这些风险因素普遍存在于银行业务各个角落，D选项正确。本题答案是A。

75.【答案】A。高级计量法(Advanced Measurement Approach ，AMA)商业银行在满足监管机构提出的资格要求，以及定性和定量标准的前提下，通过内部操作风险计量系统计算监管资本要求。经监管机构批准，商业银行可就大部分业务条线使用高级计量法，对其余业务条线使用标准法。标准法的特征是八条产品线，基本指标法用不到计量系统，只有高级计量法，A选项符合题意。

76.【答案】A。题干中已经指出信息基础设施严重受损，为了不影响正常业务运行，应该辅助以手工操作，而A的方案恰恰相反。另外，换个角度解答此题，题目中已说明是操作风险缓释，那么三种缓释手段分别在B、C、D中有所体现了，只有A例外。

77.【答案】C。操作风险可分为人员因素、内部流程、系统缺陷和外部事件四大类别，并由此分为内部欺诈，外部欺诈，就业制度和工作场所安全事件，客户、产品和业务活动事件，实物资产损坏，信息科技系统事件，执行、交割和流程管理事件等七种可能造成实质性损失的事件类型。外部欺诈，损失概率高。内部欺诈，损失程度高。

78.【答案】C。商业银行通常采用定性与定量相结合的方法来评估操作风险。定性分析需要依靠有经验的风险管理专家对操作风险的发生频率和影响程度作出评估；定量分析方法则主要基于对内部操作风险损失数据和外部数据进行分析。随时间的变化，商业银行还应当根据内部损失的实际结果、相关的外部数据，以及所做的适度调整，对操作风险评估流程和评估结果进行验证。由此推断可知，本题答案是C。

79.【答案】C。商业银行可以将某些业务外包给具有较高技能和规模的其他机构来管理，用以转移操作风险。同时，外包非核心业务有助于商业银行将重点放在核心业务上，从而提高效率、降低成本。选项AD正确。业务外包必须有严谨的合同或服务协议，明确对外包服务质量和可靠性的基本要求，并对信息保密和业务安全提出明确的要求，选项B正确。从本质上说，业务操作或服务虽然可以外包，但其最终责任并未被“包”出去，C项说法错误。

80.【答案】A。购买保险是需要成本的，如果尽可能全面购买保险，也将影响银行的效益，所以选项A的说法显然是错的。

二、多项选择题

1.【答案】ACD。在操作风险自我评估的过程中，可依据评审对象的不同，采用流程分析法、情景模拟法、引导会议法、调查问卷法等方法，并借助操作风险定义及损失事件分类、操作风险损失事件历史数据、各类业务检查报告等相关资料进行操作风险自我评估。B、E选项均为操作风险的评估方法之一。

2.【答案】BCD。根据商业银行的资本金水平和操作风险管理能力，可以将操作风险划分为可规避的操作风险、可降低的操作风险、可缓释的操作风险和应承担的操作风险。火灾、抢劫、高管欺诈等操作风险商业银行往往很难规避和降低，甚至有些无能为力，但可以通过制订应急和连续营业方案、购买保险、业务外包等方式将风险转移或缓释。A选项属于可规避的操作风险，E选项属于可降低的操作风险。

3.【答案】ABCDE。高级计量法是指商业银行在满足监管机构提出的资格要求，以及定性和定量标准的前提下，通过内部操作风险计量系统计算监管资本要求。其中关于定量标准，商业银行操作风险计量系统的建立应基于本行内部积累的损失数据、外部相关损失数据、情景分析、本行的业务经营环境和内部控制四个基本要素，并对其在操作风险计量系统中的作用和权重作出书面合理界定。

4.【答案】ABCDE 。不论采取何种方式，操作风险报告的内容都应当包括风险状况、损失事件、诱因与对策、关键风险指标、资本金水平五个主要部分。

5.【答案】ABD。火灾、抢劫、高管欺诈等操作风险商业银行往往很难规避和降低，甚至有些无能为力，但可以通过制订应急和连续营业方案，购买保险、业务外包等方式将风险转移或缓释。选项 ABD 是正确的。

6.【答案】ACDE。火灾、抢劫、高管欺诈等操作风险商业银行往往很难规避和降低，甚至有些无能为力，但可以通过制订应急和连续营业方案，购买保险、业务外包等方式将风险转移或缓释。B 项对于损失于事无补。

7.【答案】ABCDE。根据《巴塞尔新资本协议》，操作风险可以分为由人员、系统、流程和外部事件所引发的四类风险，并由此分为七种表现形式：内部欺诈，外部欺诈，聘用员工做法和工作场所安全性，客户、产业及业务做法，实物资产损坏，业务中断和系统失灵，交割及流程管理。

8.【答案】ABCDE 。高级计量法(AdvancedMeasurementApproach，AMA)是指商业银行在满足监管机构提出的资格要求，以及定性和定量标准的前提下，通过内部操作风险计量系统计算监管资本要求。经监管机构批准，商业银行可就大部分业务条线使用高级计量法，对其余业务条线使用标准。本题 ABCDE 选项说法都是正确的。

9.【答案】ACD。操作风险涉及的领域广泛，形成原因复杂，其诱因主要可以从内部因素和外部因素两个方面来进行识别。从内部因素来看，包括人员、流程、系统及组织结构引起的操作风险；从外部因素来看，包括经营环境变化、外部欺诈、外部突发事件等，所以 ACD 属于内部因素。

10.【答案】ACE。在银行公司治理架构中，风险管理部门的职责包括具体执行操作风险管理系统，并制定相应的政策、程序和步骤，指导并定期检查、评估业务条线的操作风险管理活动和状况，为操作风险管理开发相应的技术和方法，所以 ACE 项正确。B 项属于高管层的职责，D 项属于董事会的职责。

11.【答案】ACD。基本指标法和标准法是针对操作风险较低的商业银行，高级计量法的风险敏感度更高，商业银行的操作风险计量系统必须利用相关的外部数据，所以 ACD 项正确；对于初次使用高级计量法的商业银行，允许使用 3 年的历史数据，所以 B 项错误；《巴塞尔新资本协议》中未对基本指标法提出具体标准，所以 E 项错误。

12.【答案】ABDE。操作风险损失数据收集的内容包括：①总损失数额信息；②总损失中收回部分信息；③损失事件发生的主要原因的描述信息；④损失事件发生的时间、发生的单位信息。C 项不属于操作风险损失数据收集的内容。

13.【答案】ABD。操作风险评估过程一般从业务管理和风险管理两个层面开展，其遵循的原则一般包括由表及里、自上而下和从已知到未知三种。

14.【答案】ACDE。商业银行的经营是在一定的社会环境下进行的，经营环境的变化、外部突发事件等都会影响商业银行的正常经营活动，甚至发生损失。主要包括外部欺诈/盗窃、洗钱、政治风险、监管规定、业务外包、自然灾害、恐怖威胁，供应商破产属于业务外包。

15.【答案】ABCDE。健全有效的内部控制应该是不同要素、不同环节组成的有机体。从环节方面看，商业银行的内部控制必须包括决策、建设与管理、执行与操作、监督与评价、改进五个环节。

16.【答案】BCE。个人信贷业务是国内个人业务的主要组成部分，也是商业银行竞相发展的零售银行业务。该项业务中，产生操作风险的原因包括缺乏风险意识或风险防范经验不

足，内控制度不完善、业务流程有漏洞，管理模式不科学、经营层次过低而缺乏约束，个人信用体系不健全。客户监管难度大，属于法人信贷业务的诱因；业务管理分散，缺乏统筹管理属于代理业务的诱因。

17. 【答案】ACD。在商业银行对操作风险的监测中，关键风险指标是指用来考查商业银行风险状况的统计数据或指标。商业银行可选择一些指标并通过对其监测从而为操作风险管理提供早期预警。确定关键风险指标的三个步骤是了解业务和流程、确定并理解主要风险领域、定义风险指标并按重要程度对定义的风险指标进行排序，确定主要的风险指标。

18. 【答案】BCDE。A 项业务外包和保险可将风险转移或缓释，不能从根本上规避操作风险。商业银行仍然是外包过程中出现的操作风险的最终责任人，对客户和监管者承担着保证服务质量、安全、透明度和管理汇报的责任。选项 BCDE 是本题答案。

19. 【答案】BCDE。流程无效包括：依赖手工录入；管理信息不准确；管理信息不及时；未保留相应文件；流程中断；项目和主动变更的增加或集中；项目未达到特定目标；项目资金不足；流程发生冲突。

20. 【答案】ABCDE。操作风险管理关系到商业银行的每个业务和岗位，不论业务条线还是管理部门，都负有管理操作风险的责任，根据我国商业银行目前的业务种类和运营方式，可以从最普遍的柜台业务、法人信贷业务、个人信贷业务、资金交易业务和代理业务五个方面来分析操作风险点及其控制措施。

21. 【答案】ACDE。B 项应为在建立责任制的同时配之以奖励制度，将客户经理的贷款发放质量与其收入挂钩。ACDE 选项是正确的。

22. 【答案】BCE。根据《商业银行资本管理办法（试行）》第九十五条的规定，商业银行可采用基本指标法、标准法或高级计量法计量操作风险资本要求。本题答案是 BCE。

23. 【答案】AB。操作风险的人员因素主要是指因商业银行员工发生内部欺诈、失职违规，以及因员工的知识/技能匾乏、核心员工流失、商业银行违反用工法等造成损失或者不良影响而引起的风险。我国商业银行员工违法行为导致的操作风险主要集中于内部人作案和内外勾结作案两种，属于多发风险。由此可知本题答案是 AB。

24. 【答案】BCD。操作风险评估包括准备、评估和报告三个步骤：(1)准备阶段，包括确认评估对象、绘制流程图、收集整理操作风险信息；(2)评估阶段，包括识别和评估固有风险、识别和评估现有控制、评估剩余风险、提出优化方案；(3)报告阶段，包括整合评估成果和提交报告两个步骤。

25. 【答案】ABCDE。关键风险指标监控应遵循的原则包括：(1)整体性，监控工作要能够反映操作风险全局状况及变化趋势，揭示诱发操作风险的系统性原因，实现对全行操作风险状况的预警；(2)重要性，监控工作要提示重点地区、重点业务、关键环节的操作风险隐患，反映全行操作风险的主要特征；(3)敏感性，监控指标要与操作风险事件密切相关，并能够及时预警风险变化，有助于实现对操作风险的事前和事中控制；(4)可靠性，监控数据来源要准确可靠，具有可操作性，要保证监控工作流程、质量可控，要建立起监控结果的验证机制；(5)有效性，监控工作要根据经营发展和风险管理战略不断发展和完善，指标是开放的、动态调整的，监控工作要持续、有效。本题答案是 ABCDE。

26. 【答案】ABC。员工在重要凭证和重要物品管理的操作易造成操作风险的行为有：(1)凭

证管理员领取重要空白凭证不入账或少入账，对外开具虚假单据；(2)柜员代客户签发填写应由客户办理的重要空白凭证；(3)不按规定进行账实核对，未及时发现重要空白凭证丢失、被盗；(4)对作废或停用的重要空白凭证不及时上缴、销毁，或撤并网点时重要空白凭证未及时清理上缴，致使流失、被盗；(5)在空白有价单证、重要空白凭证上预先加盖印章；⑥印、押、证不分管、分用；(7)超越权限对外使用业务印章；(8)已停用、作废的印章未封存上缴或未及时销毁等。本题答案是 ABC。

27. **【答案】**BCDE。标准法的原理是，将商业银行的所有业务划分为九条业务线，分别为公司金融、交易和销售、零售银行业务、商业银行业务、支付和结算、代理服务、资产管理、零售经纪和其他业务。对每一条业务线规定不同的操作风险资本要求系数并分别求出对应的资本，然后加总，即可得到商业银行总体操作风险资本要求。本题答案是 BCDE。

28. **【答案】**CD。商业银行可以将某些业务外包给具有较高技能和规模的其他机构来管理，用以转移操作风险。同时，外包非核心业务有助于商业银行将重点放在核心业务上，从而提高效率、降低成本。业务外包是可缓释的风险，所以 A 项错误；从本质上说，业务操作或服务虽然可以外包，但其最终责任并未被“包”出去，所以 B 项错误；本题中该银行与数据信息中心的协议是业务外包，所以 CD 项正确；一些关键过程和核心业务，如账务系统、资金交易业务等不应外包出去，因为过多的外包也会产生额外的操作风险或其他隐患，所以 E 项错误。

29. **【答案】**ACD。在综合自我评估结果和各类操作风险报告的基础上，利用因果分析模型能够对风险成因、风险指标和风险损失进行逻辑分析和数据统计，进而形成三者之间相互关联的多元分布。

30. **【答案】**ABCD。形成操作风险的因素主要有四个：人员因素、内部流程、系统缺陷、外部事件。人员因素是内部欺诈、失职违规以及员工的知识/技能匮乏、核心员工流失、商业银行违反用工法等造成不良影响而引起的风险。

31. **【答案】**ABCDE。操作风险的内部流程是指由于商业银行业务流程缺失、设计不完善，或者没有被严格执行而造成的损失，主要包括文件/合同缺陷、财务/会计缺陷、产品/设计缺陷、错误/监控报告、结算/支付错误、交易/定价错误。

32. **【答案】**ACE。巴塞尔委员会认为，操作风险是商业银行面临的一项重要风险，商业银行应该为抵御操作风险造成的损失安排经济资本。在《巴塞尔新资本协议》中，商业银行可供选择的操作风险监管资本计算方法有替代标准法、标准法、高级计量法。

33. **【答案】**ABCD。公司治理是现代商业银行稳健经营的核心，完善的公司治理结构是商业银行有效防范和控制操作风险的前提。良好的公司治理目标是明确董事会和董事、监事会和监事、高级管理层及其人员在组织管理中的责任，完善议事和决策机构、建立议事规则和决策程序，建立外部监事制度，建立独立董事制度。所以本题答案是 ABCD。

34. **【答案】**ABCE。商业银行损失数据收集的内容包括总损失数额信息；损失事件发生的时间、发生的单位信息；总损失中收回部分信息；损失事件发生的主要原因的描述信息。本题答案是 ABCE。

35. **【答案】**BD。自我评估法是在商业银行内部控制体系的基础上，通过开展全员风险识别，识别出全行经营管理中存在的风险点，并从影响程度和发生概率两个角度来评估操作风险的重要程度。

36.【答案】ACDE。系统安全包括外部系统安全、内部系统安全以及对计算机病毒和对第三方程序欺诈的防护等。违反系统安全规定具体表现在：突破存储限制、系统信息传递/系统修改信息传送失败、第三方界面失败、系统无法完成任务、数据崩溃、系统崩溃重新存储、请求批处理失败、对账错误等。由此可知本题答案是ACDE。

37.【答案】ABCDE。操作风险的人员因素主要是指因商业银行员工发生内部欺诈、失职违规，以及因员工的知识对支能匾乏、核心雇员流失、违反用工法等造成损失或者不良影响而引起的风险。本题中，A项属于违反用工法；BC两项均属于失职违规；D项属于核心雇员流失；E项属于内部欺诈。五项均属于人员因素类别。

38.【答案】ABDE。操作风险的人员因素主要是指因商业银行员工发生内部欺诈、失职违规，以及因员工的知识肤浅匮乏、核心员工流失、商业银行违反用工法等造成损失或者不良影响而引起的风险。其中，违反用工法是指商业银行违反就业、健康或安全方面的法律或协议，包括劳动法、合同法等，造成个人工伤赔付或因性别拜中族歧视事件导致的损失。C项属于外部因素。

39.【答案】ABDE。操作风险评估要素包括内部操作风险损失事件数据、外部相关损失数据、情景分析、本行的业务经营环境和内部控制因素四个方面。商业银行的整体风险控制环境包括公司治理、内部控制、合规文化及信息系统四项要素，对有效管理与控制操作风险至关重要。选项ABDE属于商业银行的整体风险控制环境四项要素，选项C是操作风险评估要素。本题答案是ABDE。

40.【答案】BCDE。操作风险管理委员会及操作风险管理部门，负责商业银行操作风险管理体系的建立和实施，确保全行范围内操作风险管理的一致性和有效性。主要职责包括：拟定本行操作风险管理政策和程序，提交董事会和高级管理层审批；协助其他部门识别、评估和监测本行重大项目的操作风险；设计、组织实施本行操作风险评估、缓释（包括内部控制措施）和监测方法以及全行的操作风险报告系统；建立适用全行的操作风险基本控制标准，并指导和协调全行范围内的操作风险管理。选项BCDE是操作风险管理部门的主要职责，选项D属于内部审计部门的职责。

三、判断题

1.【答案】B。我国商业银行员工违规行为导致的操作风险主要集中于内部人作案和内外勾结作案两种，属于最常见的操作风险类型。因此，人员因素是操作风险的最主要因素。

2.【答案】A。文件/合同缺陷也称文件/合同瑕疵，是指各类文件档案的制定、管理不善，包括不合适的或不健全的文档结构、协议中出现错误或缺乏协议等。文件/合同历来是各商业银行加强关键流程控制的重点。题干描述是正确的。

3.【答案】B。风险监测中的因果分析模型就是对风险诱因、风险指标和损失事件进行历史统计。

4.【答案】B。根据《商业银行资本管理办法（试行）》第九十五条的规定，商业银行可采用基本指标法、标准法或高级计量法计量操作风险资本要求。

5.【答案】B。高级计量法，是银行根据本行业务性质、规模和产品复杂程度以及风险管理水平，基于内部损失数据、外部损失数据、情景分析、业务经营环境和内部控制因素，建立操作风险计量模型以计算本行操作风险监管资本的方法。由此可知，本题题干描述是错误的。

6.【答案】A。先进的业务信息系统能够大幅提高商业银行的经营效率和管理水平，显著降低操作失误/差错率。商业银行应当通过不断完善业务信息和管理信息系统，以稳步提高操作风险管理水平。由此推断，题干的说法正确。

7.【答案】A。自我评估法是在商业银行内部控制体系的基础上，通过开展全员风险识别，识别出全行经营管理中存在的风险点，并从影响程度和发生概率两个角度来评估操作风险的重要程度。商业银行进行操作风险自我评估的主要目的是鼓励各级机构主动承担责任，加强对操作风险识别、评估、控制和监测流程的有效管理。由此推断，题干的说法正确。

8.【答案】B。完善的公司治理结构是现代商业银行控制操作风险的基石。最高管理层及相关部门在控制操作风险方面承担了重要职责。

9.【答案】B。关键风险指标可基于自我评价法和因果分析模型，选择已经识别出来的主要操作风险因素，并结合商业银行的内、外部操作风险损失事件数据形成统计分析指标，用以评估商业银行整体的操作风险水平。关键风险指标应遵循的原则是相关性、可测量性、风险敏感性、实用性。

10.【答案】B。提交给高级管理层的风险报告中首先要列明经评估后商业银行的风险状况，风险评估结果通常以风险图、风险表的形式来展示，颜色越深表明风险越重。在风险表中，颜色越深表明风险越严重，1 表示风险恶化，0 表示风险好转。

11.【答案】B。商业银行可以选择标准法、替代标准法或高级计量法来计量操作风险监管资本。标准法、替代标准法、高级计量法的复杂程度和风险敏感度逐渐增强，操作风险管理仍处于较低水平的商业银行可以选择较为简单的标准法或替代标准法。高级计量法的风险敏感度最高，商业银行采用这种高级量化方法更能真实反映操作风险状况。

12.【答案】B。商业银行必须表明采用的操作风险计量方法考虑到了潜在较严重的概率分布“尾部”损失事件。

13.【答案】B。未及时收回账务对账单，导致收款人不入账的行为不能被及时发现，属于柜台业务中平账和账务核对的主要操作风险点。

14.【答案】B。提交给高级管理层的风险报告中首先要列明经评估后商业银行的风险状况，风险评估结果通常以风险图、风险表的形式来展示，颜色越深表明风险越重。

15.【答案】B。操作风险是指由不完善或有问题的内部程序、员工、信息科技系统以及外部事件所造成损失的风险。商业银行的操作风险可按人员因素、内部流程、系统缺陷和外部事件四大类别分类。因此，操作风险并非全是由银行自身导致的。

16.【答案】B。操作风险是指由不完善或有问题的内部程序、员工、信息科技系统以及外部事件所造成损失的风险。根据监管机构的规定，操作风险包括法律风险，但不包括声誉风险和战略风险。

17.【答案】B。无论用于损失计量还是用于验证，商业银行必须具备至少 5 年的内部损失数据。对初次使用高级计量法的商业银行，允许使用 3 年的历史数据。

18.【答案】A。从本质上说，业务操作或服务虽然可以外包，但其最终责任并未被"包"出去。外包并不能减少或免除董事会和高级管理层确保第三方行为的安全稳健以及遵守相关法律的责任。由此可推断，本题题干的说法是正确的。

19.【答案】A。购买保险只是操作风险缓释的一种措施。预防和减少操作风险事件的发生，根本上是要靠商业银行不断提高自身的风险管理水平。

20.【答案】B。商业银行一般采用定性和定量相结合的方法来评估操作风险。定量分析方法主要基于对内部操作风险损失数据和外部数据进行分析；定性分析则需要依靠有经验的风险管理专家对操作风险的发生频率和影响程度做出评估。由此，可知，本题题干说法是错误的。

第六章　流动性风险管理强化训练题

一、单项选择题

1.【答案】D。尽管外部环境会对商业银行的流动性产生影响，但是商业银行最主要的流动性危机仍然是商业银行自身管理或技术上存在的问题。

2.【答案】C。商业银行的流动性是衡量商业银行在一定时间内、以合理的成本获取资金用于偿还债务或增加资产的能力，其基本要素包括时间、成本和资金数量。流动性风险是指银行因无力为负债的减少和资产的增加提供融资，而造成损失或破产的可能性。商业银行的流动性状况直接反映了其从宏观到微观的所有层面的运营状况及市场声誉。由此可知，选项 ABD 是正确的。商业银行最主要的流动性危机是商业银行自身管理或技术上存在的问题。

3.【答案】C。A 项为流动性风险与声誉风险关系的表现；B 项为流动性风险与操作风险关系的表现；D 项为流动性风险与战略风险关系的表现。选项 C 是流动性风险与市场风险的关系。

4.【答案】B。A 项，流动资产与总资产的比率较高则表明商业银行存储的流动性越高，应付流动性需求的能力也就越强；C 项，核心存款比例高的商业银行流动性也相对较好；D 项，现金头寸指标越高意味商业银行满足即时现金需要的能力越强。贷款总额与总资产的比率 = 贷款总额/总资产，比率较高暗示商业银行的流动性能力较差，而比率较低则反映了商业银行具有较大的贷款增长潜力。本题答案是 B。

5.【答案】C。流动性是商业银行在一定时间内，以合理的成本获取资金用于偿还债务或增加资产的能力，其基本要素包括时间、成本和资金数量。

6.【答案】C。很多操作风险都可能对流动性造成显著影响。例如，前台交易系统无法处理执行交易时的延误，特别是资金调拨与证券结算系统发生故障时，现金流量便会受到直接影响。据此可知，本题答案是 C。

7.【答案】B。根据我国银监会制定的《商业银行风险监管核心指标》，流动性缺口率 =（流动性缺口 + 未使用不可撤销承诺）/到期流动性资产 ×100%。流动性缺口为 90 天内到期的流动性资产减去 90 天内到期的流动性负债的差额。

8.【答案】D。承担过高的信用风险可能导致不良贷款及违约损失大幅上升，贷款收益显著下降，从而增加流动性风险，如越来越多的贷款发放给高风险人群。体现了商业银行流动性风险与信用风险之间的关系。

9.【答案】D。当来源金额大于使用金额，出现所谓“剩余”时，表明商业银行拥有一个“流动性缓冲器”，即流动性相对充足。此时商业银行应当考虑到这种流动性剩余头寸的机会成本，因为过量的剩余资金完全可以转变为其他盈利资产赚取更高收益。

10.【答案】D。流动性风险是指商业银行无力为负债的减少和/或资产的增加提供融资而造

成损失或破产的风险。影响流动性风险的因素包括分布结构、资产负债期限结构和币种结构。汇率结构不是影响流动性风险的因素。

11.【答案】D。通常，商业银行的流动性需求分析可分为两种情景：(1)商业银行自身问题所造成的流动性危机。例如，商业银行的资产质量严重低下，无法继续产生正常的现金流入，可用资金严重匮乏，而此时大量负债无法展期或以其他负债替代，必须按期偿还，因此不得不依赖从资金市场大规模融资或出售流动性资产，从而引发流动性危机。(2)整体市场危机。A 项是整体市场危机与商业银行自身危机可能出现的情景的区别，B 项不属于情景假设，C 项属于整体市场危机情形的假设。

12.【答案】A。A 项，流动性核心监管指标包括：流动性比率、超额备付金比率、核心负债比率和流动性缺口比率，每一指标都应按照本币和外币分别计算。

13.【答案】A。商业银行随时面临着流动性风险，特别是个别金融机构的流动性风险迅速恶化，如出现挤兑、股价暴跌、破产倒闭等情形，可能引发存款人及社会公众普遍担忧同类金融机构的经营状况及风险管理能力。

14.【答案】A。商业银行的流动性是衡量商业银行在一定时间内、以合理的成本获取资金用于偿还债务或增加资产的能力，其基本要素包括时间、成本和资金数量。

15.【答案】D。融资指标/信号主要包括商业银行的负债稳定性和融资能力的变化等。例如，存款大量流失，债权人(包括存款人)提前要求兑付造成支付能力出现不足，融资成本上升，融资交易对手开始要求抵(质)押物且不愿提供中长期融资，愿意提供融资的对手数量减少且单笔融资的金额显著上升，被迫从市场上购回已发行的债券等。由此可知，本题答案是 D。

16.【答案】D。流动性风险是指银行因无力为负债的减少和资产的增加提供融资，而造成损失或破产的可能性。

17.【答案】B。最常见的资产负债的期限错配情况指商业银行将大量短期借款用于长期贷款，即“借短贷长”。

18.【答案】C。针对外币的流动性风险管理，高级管理层应当做到：(1)明确外币流动性的管理架构，可以将流动性管理集中在总部或下放至货币发行国的分行，但都应赋予总部最终的监督和控制全球流动性的权力；(2)制定各币种的流动性管理策略；(3)商业银行应当制定外汇融资能力受到损害时的流动性应急计划。

19.【答案】D。因各种内外部因素的影响和作用，商业银行的资产负债期限结构时刻都在发生变化，流动性状况也随之改变。除了每日客户存取款、贷款发放刊日还、资金交易等会改变商业银行的资产负债期限结构外，存贷款基准利率的调整也会导致其资产负债期限结构发生变化。

20.【答案】A。压力测试是根据不同的假设情况(可量化的极端范围)进行流动性测算，以确保商业银行储备足够的流动性来应付可能出现的各种极端情况。商业银行可根据自身业务特色和需要，对风险因素的变化可能对各类资产、负债，以及表外项目价值造成的影响进行压力测试。

21.【答案】C。商业银行通常将特定时段内包括活期存款在内的平均存款作为核心资金，为贷款提供融资来源。虽然活期存款持有者在理论上可以随时提取存款，但统计分析表明，绝大多数活期存款都不会在短期内一次性全部支取，而且平均存放时间在两年以上。

22.【答案】C。在实践操作中，必须清醒地认识到借入流动性是商业银行降低流动性风险的"最具风险"的方法，因为商业银行在借入资金时，不得不在资金成本和可获得性之间作出艰难的选择。商业银行通常选择在真正 需要资金的时候借入资金。

23.【答案】B。内部指标/信号主要包括商业银行内部有关风险水平、盈利能力、资产质量，以及其他可能对流动性产生中长期影响的指标变化。例如：某项或多项业务/产品的风险水平增加；资产或负债过于集中；资产质量下降；盈利水平下降；快速增长的资产的主要资金来源为市场大宗融资等。B项所发行的股票价格下跌属于流动性风险预警的外部指标/信号。

24.【答案】D。零售客户对商业银行的风险状况和利率水平缺乏敏感度，其存款意愿通常取决于自身的金融知识和经验、银行的地理位置、产品种类、服务质量等感性因素。因此，从商业银行负债流动性的角度来看，零售存款相对稳定，通常被看做是核心存款的重要组成部分。

25.【答案】B。流动性反映了商业银行资产负债状况及变动对均衡要求的满足程度，因而商业银行的流动性体现在资产流动性和负债流动性两个方面。

26.【答案】D。虽然流动性风险通常被认为是商业银行破产的直接原因，但实质上，流动性风险是信用风险、市场风险、操作风险、声誉风险及战略风险长期积聚、恶化的综合作用结果。如果这些与流动性密切相关的风险不能及时得到有效控制，最终将以流动性危机的形式爆发出来。

27.【答案】C。贷款总额和核心存款的比率＝贷款总额/核心存款，比率越小则表明商业银行存储的流动性越高，流动性风险也相对越小。

28.【答案】A。商业银行在正常范围内的"借短贷长"的资产负债结构特点所引起的持有期缺口，是一种正常的、可控性的流动性风险，所以A项不正确；商业银行对利率变化的敏感程度直接影响着资产负债期限结构，所以B项正确；商业银行必须随时准备应付现金的巨额需求，特别是在每周的最后几天、每月的最初几日、每年的节假日，所以C项正确；商业银行将大量短期借款用于长期贷款，即"借短贷长"，是最常见的资产负债的期限错配情况，所以D项正确。

29.【答案】B。当资金来源大于资金使用时，出现资金"剩余"，表明商业银行拥有一个"流动性缓冲器"，即流动性相对充足，此时商业银行应当考虑到这种流动性剩余头寸的机会成本，因为过量的剩余资金完全可以转变为其他盈利资产赚取更高收益。

30.【答案】B。流动性比率指标法的优点是简单实用，有助于理解商业银行当前和过去的流动性状况；缺点是其属于静态评估，无法对未来特定时段内的流动性状况进行评估和预测。

31.【答案】B。大额负债依赖度＝(大额负债－短期投资)/(盈利资产－短期投资)。对大型商业银行来说，该比率为50%正常，但对主动负债比例较低的大部分中小商业银行来说，大额负债依赖度通常为负值。因此，大额负债依赖度仅适合用来衡量大型特别是国际活跃银行的流动性风险。

32.【答案】B。从商业银行负债流动性的角度来看，零售存款相对稳定，通常被看做是核心存款的重要组成部分，其来源比较分散，流动性风险较低。

33.【答案】A。中国人民银行从 2004 年开始实行差别存款准备金政策以及再贷款浮息制度，表明了中央银行对流动性管理不善的商业银行开始给予一定程度的“经济惩罚”，结束了商业银行长期以来既不需要承担最终流动性风险，又不必为管理不善付出较高成本的局面，迫使商业银行把加强流动性管理提升到一个更高的战略地位。

34.【答案】D。根据公式：融资缺口 = 贷款平均额 - 核心存款平均额 = 800 - 500 = 300(亿元)；融资需求(借入资金) = 融资缺口 + 流动性资产 = 300 + 300 = 600(亿元)。

35.【答案】D。流动性比率指标法、现金流分析法、缺口分析法、久期分析法等属于流动性风险评估；D 项情景分析是流动性风险监测与控制的内容之一。

36.【答案】A。流动性危机的来源也就是流动性需求大于流动性资金的来源。

37.【答案】C。商业银行可根据自身业务特色和需要，对以下风险因素的变化可能对各类资产、负债，以及表外项目价值造成的影响进行压力测试：①存贷款基准利率连续累计上调压调 250 个基点；②市场收益率提高/降低 50%；③持有主要外币相对于本币升值了贬值 20%；④重要行业的原材料库肖售价格上下波幅超过 50%；⑤GDP，CPI、失业率等重要宏观经济指标上下波幅超过 20%。据此可知，本题答案是 C。

38.【答案】B。通常情况下，零售性质的资金(例如居民储蓄)相比批发性质的资金(例如同业拆借、发行票据)具有更高的稳定性，因为其资金来源相对更加分散，同质性更低。因此，以零售资金来源为主的商业银行，其流动性风险相对较低。

39.【答案】D。在实践操作中，商业银行通常选择在真正需要资金的时候借入资金，而不是长期在总资产中保存相当规模的流动性资产，因为流动性资产回报率很低，所以借入流动性可以提高商业银行的潜在收益。此外，借入资金还有助于保持商业银行的资产规模和构成的稳定性。在实践操作中，借入流动性是商业银行降低流动性风险的“最具风险”的方法，因为商业银行在借入资金时，不得不在资金成本和可获得性之间作出艰难的选择。

40.【答案】B。从该银行的经营目标以及信贷资产的投向，可以看出其面临战略风险，从资金交易业务主要集中于高收益，高风险的次级债券，可以看出其面临较高的信用风险和市场风险，这三种主要风险综合作用使该银行面临严重的流动性风险。

41.【答案】A。商业银行的资产负债期限结构受多种因素的影响。例如，商业银行对利率变化的敏感程度直接影响着资产负债期限结构，；外部市场因素的变化同样会影响资产负债期限结构，例如，股票投资收益率上升时，存款人倾向于将资金从银行中撤出并转投到股票市场，而贷款人可能推进新的贷款请求或加速提取那些支付低利率的信贷额度，结果是造成商业银行的流动性紧张；商业银行增加网点数量不会影响到商业银行的资产负债结构，所以本题答案是 A。

42.【答案】C。资产流动性是指商业银行持有的资产可以随时得到偿付或者在不贬值的情况下出售。

43.【答案】C。根据历史数据研究，剩余额与总资产之比小于 3% ~5% 时，对商业银行的流动性风险是一个预警。

44.【答案】B。我国《商业银行法》规定，商业银行的贷款余额和存款余额的比例不得超过 75%，流动性资产余额与流动性负债余额的比例不得超过 25%。

45.【答案】B。商业银行可以根据日常外币储蓄的需要，持有“一揽子”外币资产组合并获得无风险收益率，所以A正确；商业银行可以完全持有某种重要外币用来匹配所有外币债务，而减少其他外币的持有量，所以B项说法错误；商业银行应对其经常使用的主要币种的流动性状况进行计量、监测和控制，所以C项正确；一旦本国市场出现异常波动，如果国内商业银行不能迅速满足外币债务的偿付请求，将可能会陷入外币流动性危机，所以D项正确。

46.【答案】B。久期缺口＝资产加权平均久期－（总负债/总资产）×负债加权平均久期；商业银行的贷款平均额和核心存款平均额之间的差额构成了融资缺口。本题答案是B。

47.【答案】C。商业银行流动性风险管理的核心是要尽可能地提高资产的流动性和负债的稳定性，并在两者之间寻求最佳的风险—收益平衡点，所以选项C是不恰当的。

48.【答案】D。流动性应急计划包括：(1)危机处理方案；(2)弥补现金流量不足的工作程序，备用资金的来源包括未使用的信贷额度，以及寻求中央银行的紧急支援等。我国存款利率是法定的，商业银行不能自行提高。

49.【答案】D。在整体市场危机下，市场对商业银行的信用等级高度重视，由此导致不同商业银行的融资能力形成巨大反差，有些追逐高风险、高收益的商业银行因不堪承受巨额投机损失而破产倒闭，而有些稳健经营、信誉卓著的商业银行则成为剩余资金的安全避风港，在危机中反而提高了自身的流动性和竞争能力。因为潜在的存款人会为其资金寻找最安全的庇护所，形成资金向高质量的商业银行流动。

50.【答案】C。在实践操作中，商业银行通常选择在真正需要资金的时候借入资金，而不长期在总资产中保存相当规模的流动性资产，所以选项A不合适；收回贷款将严重损害商业银行的声誉，所以选项B不合适；如果通过出售流动资产换取流动性，则将导致总资产存量下降，所以选项D不合适。

51.【答案】A。负债的流动性，是指商业银行随时筹得所需资金的能力及成本。筹资的能力越强，所付的成本越低，则流动性越强。所以，答案是A。

52.【答案】D。测量银行流动指标的是现金头寸指标、核心存款比例、贷款总额与总资产的比率、贷款总额与核心存款的比率、大额负债依赖度等。所以答案是D。

53.【答案】C。商业银行应当定期对因资产、负债及表外项目变化所产生的现金流量及期限变化进行分析，以正确预测未来特定时段的资金净需求的是压力测试。

54.【答案】A。流动性比率指标是各国监管局和商业银行广泛使用的方法之一，核心存款比例＝核心存款/总资产，核心存款是指那些相对来说较稳定、对利率变化不敏感的存款，季节变化和经济环境对其影响也较小，所以BCD项正确，一般来讲，核心存款比率高的商业银行流动性也相对较好，所以A是不正确的。

55.【答案】B。流动性资产与总资产的比率越高表明商业银行存储的流动性越高，所A项正确；大额负债依赖度仅适合用来衡量大型特别是跨国商业银行的流动性风险，所以B项错误；易变负债与总资产的比率衡量了商业银行在多大程度上依赖易变负债获得所需资金，当市场发生对商业银行不利的变动时，这部分资金来源容易流失，所以C项正确；传统观念认为贷款是商业银行的盈利资产中流动性最差的资产，所以D项正确。

56.【答案】C。压力测试包括敏感性测试和情景测试等具体方法。敏感性测试旨在测量单个重要风险因素或少数几项关系密切的因素由于假设变动对银行风险暴露和银行承受风险

能力的影响。情景测试是假设分析多个风险因素同时发生变化以及某些极端不利事件发生对银行风险暴露和银行承受风险能力的影响。

57.【答案】B。流动性指标的计算公式：流动性资产余额/流动性负债余额 × 100%。具体要求：该指标不得低于 25%；应分别计算本币和外币口径数据。

58.【答案】D。贷款总额和核心存款的比率 = 贷款总额/核心存款，比率越小则表明商业银行存储的流动性越高，流动性风险也相对越小。

59.【答案】C。采取对比法：无法售出肯定比可以售出流动性差，排除 AB；债券的流动性较强，所以选项 D 不符合题意。本题答案是 C。

60.【答案】C。在流动性风险情景分析中，分析商业银行正常状况下的现金流量变化最为重要，有助于强化商业银行日常存款管理并充分利用各种融资渠道，避免在某一时刻持有过量的闲置资金或面临过高的资金需求，以有效缓解市场波动所产生的冲击，消除交易对于对其经营状况的疑虑，所以选项 A 正确。实质上，商业银行绝大多数流动性危机的根源都在于自身管理能力和技术水平存在致命的薄弱环节，因此选项 B 正确。不确定性是不可完全消除的，选项 C 是错的。

61.【答案】B。流动性监管指标就是要考虑资产的流动性，“营运资金”、“生息资产”就是流动性的表现指标。

62.【答案】B。在风险管理中，银行或客户规模越大，业务越复杂，隐藏风险就越多，管理就越麻烦，就不利于风险管理。商业银行的规模越大，业务越复杂，分析人员所能获得完整现金流量的可能性和准确性随之降低。

63.【答案】C。缺口分析用来衡量利率变动对银行当期收益的影响。具体而言，就是将银行的所有生息资产和付息负债按照重新定价的期限划分到不同的时间段(如 1 个月以内、1 至 3 个月、3 个月至 1 年、1 至 5 年、5 年以上等)。在每个时间段内，将利率敏感性资产减去利率敏感性负债，再加上表外业务头寸，就得到该时间段内的重新定价"缺口"。以该缺口乘以假定的利率变动，即得出这一利率变动对净利息收入变动的大致影响 o 计算差额，是缺口分析的一大特征。这个定义与缺口分析在市场风险计量中不完全一样，所以要诀分析法的特点，才能防止混淆。

64.【答案】D。第一类，敏感负债，对利率非常敏感，随时都可能提取，如证券业存款。对这部分负债，商业银行应保持较强的流动性储备，可持有其总额的 80%。

65.【答案】D。评估未来某种风险可能发生的方法是依靠模拟法或者情景分析法，而 A、B、C 都是根据已知数据来分析短期内或当前的银行状况的方法。

66.【答案】D。股市上升，居民可能将存款提出来投资于股市，将给银行带来流动性风险。

67.【答案】C。不论是什么规模的银行，不论管理水平高低，只采取一种或者某几种方法是不能全面评估风险的，因为每种方法都有它的优点和缺点，如果想要全面综合地评价银行的流动性状况，最好同时采用多种评估方法。

68.【答案】C。现金流分析法，通过对商业银行一定时期内现金流入(资金来源)和现金流出(资金使用)的分析和预测，可以评估商业银行短期内的流动性状况。现金流分析有助于预测商业银行未来短期内的流动性状况。但随着所能获得现金流量信息的可能性和准确性降低，流动性评估结果的可信赖度也随之减弱。

二、多项选择题

1. 【答案】ABCDE。流动性应急计划主要包括两方面内容：(1)危机处理方案。规定各部门沟通或传输信息的程序，明确在危机情况下各自的分工和应采取的措施，以及制定在危机情况下资产和负债的处置措施。危机处理方案还应当考虑如何处理与利益持有者(如债权人、债务人、表外业务交易对手等)的关系。(2)弥补现金流量不足的工作程序。备用资金的来源包括未使用的信贷额度，以及寻求中央银行的紧急支援等。由此可知，本题答案是 ABCDE。
2. 【答案】BD。根据监测和分析商业银行所发行的债券和票据在二级市场的成交量和成交价格，公司/机构客户能够对商业银行的风险状况作出判断，进而决定存款的额度和去向。因此，公司/机构存款对商业银行的风险状况和利率水平高度敏感，通常不够稳定，很容易对商业银行的流动性造成较大影响。尤其，大额公司/机构存款的变动对中小商业银行流动性的冲击尤为显著，积极开拓中小企业客户存款，有助于显著分散和降低流动性风险。
3. 【答案】BCE。流动性比率指标包括：①现金头寸指标；②核心存款指标；③贷款总额与总资产的比率；④贷款总额与核心存款的比率；⑤流动资产与总资产的比率；⑥易变负债与总资产的比率；⑦大额负债依赖度。
4. 【答案】ABCE。商业银行可根据自身业务特色和需要，对以下风险因素的变化可能对各类资产、负债，以及表外项目价值造成的影响进行压力测试：(1)存贷款基准利率连续累计上调 250 个基点，(2)市场收益率提高/降低 50%；(3)持有主要外币相对于本币升值了贬值 20%；(4)重要行业的原材料库肖售价格上下波幅超过 50%；(5)GDP、CPI、失业率等重要宏观经济指标上下波幅超过 20%。
5. 【答案】ACE。外部指标脂号主要包括第三方评级、所发行的有价证券的市场表现等指标的变化。例如：(1)市场上出现关于商业银行的负面传言，客户大量求证，(2)外部评级下降，(3)所发行的股票价格下跌，(4)所发行的可 流通债券(包括次级债)的交易量上升且买卖价差扩大，(5)交易/经纪商不愿买卖债券而迫使银行寻求熟悉的交易广经纪商支持等。
6. 【答案】ABCDE。商业银行应根据自身业务规模和特色设定多种流动性比率对旨标，满足流动性风险管理的需要。在日常经营管理过程中，商业银行流动性风险评估常用的比率/指标有：现金头寸指标、核心存款指标、贷款总额与总资产的比率、贷款总额与核心存款的比率、流动资产与总资产的比率、易变负债与总资产的比率、大额负债依赖度。
7. 【答案】ACDE。流动性风险预警指标/信号通常包括内部指标/信号、外部指标/信号和融资指标/信号三类。本题中，AD 两项属于融资指标/信号，C 项属于外部指标/信号；E 项属于内部指标/信号。B 项，客户办理业务等候时间较长可能是由于工作人员对业务不熟悉，办理业务效率低，并不一定是流动性风险的预警信号。
8. 【答案】ACDE。评级上升，对商业银行有利。流动性风险在发生之前，商业银行通常会表现为各种内、外部指标/信号的明显变化，随时关注并监测这些预警指标/信号的变化和发展趋势，有助于商业银行及早发现并纠正导致流动性风险的错误行为/交易，适时采取正确的风险控制方法。所发行的可流通债券(包括次级债)的交易量上升且买卖价差扩大，

所发行的股票价格下跌，属于外部指标/信号；快速增长的资产的主要资金来源为市场大宗融资，属于内部指标/信号；债权人(包括存款人)提前要求兑付，造成支付能力出现不足，属于融资指标/信号。

9. 【答案】ABCDE。虽然流动性风险通常被认为是商业银行破产的直接原因，但实质上，流动性风险是信用风险、市场风险、操作风险、声誉风险及战略风险长期积聚、恶化的综合作用结果。如果这些与流动性密切相关的风险不能及时得到有效控制，最终将以流动性危机的形式爆发出来。

10. 【答案】BCDE。流动性比率/指标法是各国监管当局和商业银行广泛使用的流动性风险评估方法，主要包括以下 7 个指标：现金头寸指标、核心存款指标、贷款总额与总资产的比率、贷款总额与核心存款的比率、流动资产与总资产的比率、易变负债与总资产的比率、大额负债依赖度。

11. 【答案】ABC。流动性比例 = 流动性资产余额/流动性负债余额 × 100%，该指标不得低于 25%，应分剐计算本币和外币口径数据。该指标属于商业银行流动性监管指标。

12. 【答案】BDE。负债性资产是商业银行能够以较低的成本随时获得需要的资金，筹资能力越强，筹资成本越低，则流动性越强，公司机构存款人可以监测商业银行发行的债券和票据在二级市场交易价格的变化。

13. 【答案】ACE。贷款总额与总资产的比率高则暗示商业银行的流动性能力较差，商业银行的流动性风险就越高，所以 A 项正确；现金头寸指标低意味着商业银行满足即时现金需要的能力越弱，商业银行的流动性风险就越高，所以 C 项正确；易变资债是指受利率经济因素影响较大的资金来源，当市场发生对商业银行不利的变动时，这部分资金来源容易流失，所以易变负债与总资产的比率大则商业银行面临的流动性风险越高，所以 E 项正确。

14. 【答案】BC。商业银行应当制定外汇融资能力受到损害时的流动性应急计划。流动性应急计划通常包括两种方式：(1)使用本币资源并通过外汇市场将其转为外币，或使用该外汇的备用资源；(2)管理者可根据某些外币在流动性需求中占有较高比例的情况，为其建立单独的备用流动性安排。E 项属于本、外币流动性管理应急计划的主要内容之一。

15. 【答案】ABCE。保持良好的流动性状况能够对商业银行的安全、稳健运营产生积极作用：(1)增进市场信心，向外界表明银行有能力偿还借款，是值得信赖的；(2)确保银行有能力履行贷款承诺，稳固客户关系；(3)避免银行资产廉价出售，损害股东利益；(4)降低银行借人资金时所需支付的风险溢价。D 项操作风险能引起流动性风险，但是流动性状况一般不会影响操作风险。

16. 【答案】BCE。借入资金(流动性需求) = 融资缺口 + 流动性资产 = (贷款平均额 − 核心存款平均额) + 流动性资产。由此可得，商业银行在特定时段内需要借入的资金规模(流动性需求)是由一定水平的核心存款、发放的贷款，以及一定数量的流动性资产决定的。

17. 【答案】ACD。当久期缺口为负值时，如果市场利率下降，流动性就减弱，所以 A 项正确，E 项错误；久期缺口用来衡量利率变化直接影响商业银行的资产和负债价值，当久期缺口为正值时，如果市场利率下降，则资产价值增加的幅度比负债价值增加的幅度大，所以 CD 项正确，B 项错误。

18.【答案】BDE。运用货币市场、公开市场等于外部市场平盘，保证在总行分散管理、配置资金，所以 A 项错误。通过制定本外币资金管理办法，对日常头寸的监控、调拨、清算进行管理，通过对贷存比、流动性比率、中长期贷款比例等指标的考核，加强对全行流动性的管理，所以 B、E 项正确。由计划资金部门作为全行的司库，通过行内“上存下借”机制调剂各分行头寸余缺，将分行缺口集中到总行，所以 C 项错误。我国商业银行流动性风险管理的通常做法是在总行设立资产负债管理委员会，制定全行的流动性管理政策，所以 D 项正确。

19.【答案】ABE。C 项，对大型商业银行来说，大额负债依赖度为 50% 正常，但对主动负债比例较低的大部分中小商业银行来说，大额负债依赖度通常为负值；D 项，贷款总额与总资产的比率较高则暗示商业银行的流动性能力较差。因此，大额负债依赖度仅适合用来衡量大型特别是国际活跃银行的流动性风险。

20.【答案】ACD。商业银行应当定期对因资产、负债及表外项目变化所产生的现金流量及期限变化进行预测和分析，力图准确判断未来特定时段的资金净需求。商业银行除了监测在正常市场条件下的资金净需求外，还有必要定期进行压力测试，根据不同的假设情况（可量化的极端范围）进行流动性测算，以确保商业银行储备足够的流动性来应付可能出现的各种极端状况。

21.【答案】ABCD。为降低流动性风险，商业银行应当根据自身情况，采用如下作法：（1）控制各类资金来源的合理比例，并适度分散客户种类和资金到期日；（2）在日常经营中持有足够水平的流动资金，并根据本行的业务特点持有合理的流动资产组合，作为应付紧急融资的储备；（3）制定适当的债务组合以及与主要资金提供者建立稳健持久的关系，以维持资金来源的多样化及稳定性，避免资金来源过度集中于个别对手、产品或市场；（4）制定风险集中限额，并监测日常遵守的情况；（5）以零售资金作为银行负债的主要来源。

22.【答案】BCE。资产流动性是商业银行持有的资产在无损失的情况下迅速变现的能力，资产的变现能力越强，所付成本越低，则流动性越强，商业银行应当估算所持有的可变现资产量，把流动性资产持有与之前的流动性需求进行比较，以确定流动性的适宜度，所以 B、C、E 项正确；A、D 属于负债流动性的内容。

23.【答案】BCD。影响商业银行流动性风险预警的外部指标/信号有：市场上出现关于该商业银行的负面传言，外部评级下降，客户大量求证不利于商业银行的传言，所发行的股票价格下跌。A、E 项属于融资指标/信号。

24.【答案】ABC。我国商业银行本外币应学习和引进的国际先进的流动性管理方法，包括尝试建立和运用资产负债管理信息系统，及时掌握行内所有资产负债期限的匹配情况，进行动态的、精确的流动性缺口管理。据此可知，本题答案是 ABC。

25.【答案】ABCD。内部指标主要包括商业银行内部有关风险水平、盈利能力、资产质量以及其他可能对流动性产生中长期影响的指标变化。例如，多项业务风险水平增加、盈利能力下降、负债过于集中、资产质量下降，外部评级下降属于外部指标。

26.【答案】DE。本题选项其实分为两部分，一部分是 A、B、C，都是小额存款人；另一部分是 D、E，大额存款人。对商业银行流动性较大的自然是大额存款人。

27.【答案】ABCDE。流动性负债包括：活期存款（不含财政性存款）、一月内到期的定期存

款(不含政策性存款)、一个月内到期的同业往来款轧差后负债净额、一月内到期已发行债券、一月内到期应付利息及各种应付款、一月内到期央行借款、其他一月内到期负债。

28.【答案】DE。商业银行的资产负债期限结构是指，在未来特定时段内，到期资产数量与到期负债数量和现金流入与现金流出的构成状况。

29.【答案】BCDE。A 中的债权买卖差价减小不是预警，是一个安全信号。选项 BC 是商业银行流动性风险预警的外部部指标/信号，选项 D 是内部指标/信号，选项 E 是融资指标/信号。内部指标/信号主要包括商业银行内部有关风险水平、盈利能力、资产质量，以及其他可能对流动性产生中长期影响的指标变化。外部部指标/信号主要包括第三方评级、所发行的有价证券的市场表现等指标的变化。融资指标/信号主要包括商业银行的负债稳定性和融资能力的变化等。

30.【答案】CDE。内部指标/信号主要包括商业银行内部有关风险水平、盈利能力、资产质量，以及其他可能对流动性产生中长期影响的指标变化。例如：某项或多项业务/产品的风险水平增加；资产或负债过于集中；资产质量下降；盈利水平下降；快速增长的资产的主要资金来源为市场大宗融资等。外部指标/信号主要包括第三方评级、所发行的有价证券的市场表现等指标的变化。例如：市场上出现关于商业银行的负面传言，客户大量求证；外部评级下降；所发行的股票价格下跌；所发行的可流通债券(包括次级债)的交易量上升且买卖价差扩大；交易/经纪商不愿买卖债券而迫使银行寻求熟悉的交易/经纪商支持等。AB 是外部指标/信号的变化，与题干不符。

三、判断题

1.【答案】A。流动性指标分析银行流动性风险时，银行的规模对其有一定的影响。商业银行可根据自身业务规模和特色设定多种流动性比率/指标，满足流动性风险管理的需要。

2.【答案】B。流动性缺口率 =(流动性缺口 + 未使用不可撤销承诺)/到期流动性资产 × 100%，该指标不得低于 -10%。

3.【答案】B。如果商业银行认为某种外币是其最重要的对外支付和结算工具，占有绝对比例，则可以选择以绝对方式匹配其外币债务组合，即完全持有该重要货币用来匹配所有外币债务，不持有或尽可能少持有其他外币资产，以降低外币流动性管理的复杂程度。

4.【答案】B。特定时段内商业银行总的流动性需求，等于负债流动性需求加上资产(贷款)流动性需求：商业银行总的流动性需求 = 负债流动性需求长 + 资产(贷款)流动性需求。

5.【答案】B。在实践操作中，必须清醒地认识到，借入流动性是商业银行降低流动性风险的“最具风险”的方法，因为商业银行在借入资金时，不得不在资金成本和可获得性之间作出艰难的选择。商业银行通常选择在真正需要资金的时候借入资金，而不是长期在总资产中保存大规模的流动性资产。

6.【答案】B。商业银行在特定时段内需要借入的资金规模(流动性需求)是由一定水平的核心存款、发放的贷款，以及一定数量的流动性资产决定的。融资缺口扩大时商业银行可以通过出售所持有的流动性资产或转向资金市场借入资金来缓解流动性压力。

7.【答案】B。如果商业银行的规模很大、业务复杂、预期期限较长(如180天、360天)，则分析人员能够获得完整现金流量信息的可能性和准确性将显著降低，现金流分析结果的可信赖度也随之减弱。在实践操作中，现金流分析法通常和缺口分析等方法一起使用，互为补充。

8.【答案】B。情景分析有助于商业银行深刻理解并预测在多种风险因素共同作用下，其整体流动性风险可能出现的不同状况。商业银行通常将可能面临的市场条件分为正常、最好和最坏三种情景，尽可能考虑到每种情景下可能出现的有利或不利的重大流动性变化。由此可知，本题题干描述是错误的。

9.【答案】A。商业银行将在何种程度上以本币满足其外汇融资需求，以及如何将本币通过外汇市场或货币掉期转换成外币，这些都取决于商业银行融资需求的规模、进入外汇市场融资的渠道，以及从事表外业务的能力。

10.【答案】A。我国绝大多数商业银行的本外币流动性管理仍主要依赖于历史数据和管理人员的经验判断与估计，难以实现对整体流动性风险的动态监测和精确管理。

11.【答案】B。商业银行如果认为某种外币是重要的对外结算工具，也可以选择以绝对方式匹配债务组合，即完全持有该重要货币用来匹配所有外币债务，而减少其他外币的持有量。

12.【答案】A。商业银行通过金融市场控制风险。公开市场、货币市场和债券市场是商业银行获取资金，满足流动性需求的快捷通道。

13.【答案】A。因各种内外部因素的影响和作用，商业银行的资产负债期限结构时刻都在发生变化，流动性状况也随之改变。任何利率的波动都会导致商业银行资产和负债的价值产生波动，从而影响到商业银行的资产负债期限结构。

14.【答案】B。融资缺口 = 贷款平均额 − 核心存款平均额，因此在其他条件不变的情况下，贷款增加意味着融资缺口增加，核心存款平均额增加意味着融资缺口减少。

15.【答案】B。商业银行应当制定外汇融资能力受损时的流动性应急计划，通常采用两种方式：①使用本币资源并通过外汇市场将其转为外币，或使用该外汇的备用资源。例如，根据商业银行利用外汇市场和衍生产品市场的能力，可以由总行以本币为所有外币提供流动性；②管理者可根据某些外币在流动性需求中占有较高比例的情况，为其建立单独的备用流动性安排。

16.【答案】B。当久期缺口的绝对值越大，利率变化对商业银行的资产和负债价值影响越大，对其流动性的影响也越显著。

17.【答案】B。核心存款，除极少部分外，几乎不会在一年内提取。商业银行可将其15 %投入流动资产。

18.【答案】B。特定时段内商业银行总的流动性需求，等于负债流动性需求加上资产(贷款)流动性需求。

19.【答案】A。如果出现流动性风险的商业银行在行业中举足轻重，例如工行、农行、中行，则有可能引发系统性风险，所以一家商业银行发生流动性风险可能会连带着其他银行也发生流动性风险。

20.【答案】B。从商业银行负债流动性的角度来看，零售存款相对稳定，通常被看做是核心存款的重要组成部分。

21.【答案】A。商业银行的流动性是衡量商业银行在一定时间内、以合理的成本获取资金用于偿还债务或增加资产的能力，其基本要素包括时间、成本和资金数量。

22.【答案】A。商业银行流动性风险管理的核心是要尽可能地提高资产的流动性和负债的稳定性，并在两者之间寻求最佳的风险—收益平衡点，所以题干是正确的。

23.【答案】B。商业银行最常见的资产负债期限错配情况是将大量短期借款(负债)用于长期贷款(资产)，即“借短贷长”，其优点是可以提高资金使用效率、利用存贷款利差增加收益，但如果这种期限错配严重失衡，则有可能因到期资产所产生的现金流入严重不足造成支付困难，从而面临较高的流动性风险。

24.【答案】B。对于主动负债比例较低的大部分中小商业银行来说，大额负债依赖度通常为负值。

25.【答案】B。流动资产与总资产的比率越高则表明商业银行存储的流动性越高，应付流动性需求的能力也就越强。通常，商业银行的规模越大则该比率越小，因为大银行不需要存储太多的流动性。所以，题干说法错误。

26.【答案】B。对于敏感性负债，商业银行应保持较强的流动性储备，通常为总额的 80%。所以，题干说法是不正确的。

27.【答案】B。通常，零售性质的资金(如居民储蓄)因为其资金来源更加分散、同质性更低，相比批发性质的资金(如同业拆借、公司存款)具有更高的稳定性。因此，以零售资金来源为主的商业银行，其流动性风险相对较低。题干的说法错误。

第七章　其他风险管理强化训练题

一、单选题

1.【答案】A。与声誉风险相似，战略风险产生于商业银行运营的所有层面和环节，并与市场风险、信用风险、操作风险和流动性风险等交织在一起。商业银行面临的外部风险：行业风险、竞争对手风险、客户风险、品牌风险、技术风险、项目风险。

2.【答案】B。商业银行的战略风险管理具有双重内涵：一是商业银行针对政治、经济、社会、科技等外部环境和内部可利用资源，系统识别和评估商业银行既定的战略目标、发展规划和实施方案中潜在的风险，并采取科学的决策方法和风险管理措施来避免或降低可能的风险损失。二是商业银行从长期、战略的高度，良好规划和实施信用、市场、操作、流动性以及声誉风险管理，确保商业银行健康、持久运营。

3.【答案】B。声誉危机管理的主要内容包括：制定战略性的危机沟通机制；提高解决问题的能力；危机现场处理；提高发言人的沟通技能；危机处理过程中的持续沟通；管理危机过程中的信息交流；模拟训练和演习。

4.【答案】A。战略风险管理应急方案应当合理包含可能对商业银行产生不利影响的所有风险事件，例如业务中断/灾难恢复计划、公共关系补偿计划、诉讼应答策略、回应监管批评等。

5.【答案】C。战略风险管理流程包括：明确战略发展目标，制定战略实施方案，识别、评估、检测战略风险要素，执行风险管理方案，并定期自我评估风险管理的效果，确保商业银行的长期战略、短期目标、风险管理措施和可利用资源紧密联系在一起。

6.【答案】C。战略风险涵盖了商业银行的发展愿景、战略目标以及当前和来来的资源制约等诸多方面的内容。因此，有效的战略风险管理应当定期采取从上至下的方式，全面评估商业银行的愿景、短期目的以及长期目标，并据此制定切实可行的实施方案，体现在商业银行的日常风险管理活动中。

7.【答案】C。传统上，危机管理主要采用“辩护或否认”的对抗战略推卸责任，但往往招致更强烈的对抗行动，如今更加具有建设性的危机处理方法是“化敌为友”，敢于面对暂时性的危机或挑战，勇于承担责任并与内外部利益持有者协商解决问题，以缓解利益持有者的持续对抗。因此，声誉危机管理应当建立在良好的道德规范和公众利益基础上，而且如果能够在监管部门采取行动之前妥善处理，将取得更好的效果。

8.【答案】A。商业银行致力于战略风险管理的前提，是理解并接受战略风险管理的基本假设：准确预测未来风险事件的可能性是存在的；预防工作有助于避免或减少风险事件和未来损失；如果对未来风险加以有效管理和利用，风险有可能转变为发展机会。

9.【答案】B。声誉是商业银行所有的利益持有者基于持久努力、长期信任建立起来的无形资产。声誉风险是指由商业银行经营、管理及其他行为或外部事件导致利益相关方对商业银行负面评价的风险。

10. 【答案】B。将商业银行的企业社会责任和经营目标结合起来，是创造公共透明度、维护商业银行声誉的一个重要层面。商业银行应当不仅在其内部广泛传播价值理念，也应当将这种价值观延续到其合作伙伴、客户和供应商用民务商，并在整个经济和社会环境中，树立富有责任感并值得信赖的机构形象。
11. 【答案】A。在商业银行内部经营管理活动中，战略风险可以从宏观战略层面、中观管理层面和微观执行层面进行识别。
12. 【答案】C。战略规划应当定期审核或修正，以适应不断发展变化的市场环境和满足利益持有者的需求，同时最大限度地降低战略规划中的战略风险。选项 C 属于不需要调整战略规划的情况。
13. 【答案】A。战略风险管理的最有效方法是制定以风险为导向的战略规划，并定期进行修正。首先，战略规划应当清晰阐述实施方案中所涉及的风险因素、潜在收益以及可接受的风险水平，并且尽可能地将预期风险损失和财务分析包含在内。其次，战略规划必须建立在商业银行当前的实际情况和未来的发展潜力基础之上，反映商业银行的经营特色。最后，战略规划始于宏观战略层面，但最终必须深入贯彻并落实到中观管理和微观操作层面。
14. 【答案】A。客户应当被看做是商业银行的核心资产，而不仅仅是产品或服务的被动接受者。如今越来越多的商业银行将产品研发、未来发展计划向客户/公众告知，并广泛征求意见，以提早预知和防范新产品用及务可能引发的声誉风险。
15. 【答案】A。战略风险中的行业风险是指商业银行之间的竞争日趋激烈，不可避免地出现收益下降、产品用民务成本增加、产能过剩、恶性竞争等现象。
16. 【答案】C。C 项，有效的声誉风险管理体系的内容包括努力建设学习型组织，有能力在出现问题时及时纠正。
17. 【答案】D。战略风险是指商业银行在追求短期商业目的和长期发展目标的过程中，因不适当的发展规划和战略决策给商业银行造成损失或不利影响的风险。美国货币监理署(OCC)认为，战略风险是指经营决策错误，或决策执行不当，或对行业变化束手无策，而对商业银行的收益或资本形成现实和长远的不利影响。
18. 【答案】B。国家风险是指经济主体在与非本国居民进行国际经贸与金融往来时，由于别国政治、经济和社会等方面的变化而遭受损失的风险。
19. 【答案】D。在法律风险管理体系中，法律风险管理部门应承担识别、评估和监测法律风险；拟定法律风险管理政策和程序，提交高级管理层和董事会审查批准；参与操作风险管理程序，并及时向董事会和高级管理层提供独立的风险报告。
20. 【答案】B。从内部控制的角度看，商业银行的风险控制体系可以采取从基层业务单位到业务领域风险管理委员会，最终到达董事会和高级管理层的三级管理方式。
21. 【答案】B。战略风险管理的基本做法包括：明确董事会和高级管理层的责任；建立清晰的战略风险管理流程；采取恰当的战略风险管理方法。A 项属于有效的声誉风险。
22. 【答案】A。战略目标决定实现路径，商业银行的各项工作必须紧紧围绕战略目标展开，风险管理过程本身就是实现风险管理目标以及整个战略目标的重要路径。战略目标一旦发生改变，商业银行的各项工作必须做出相应的改变。

23.【答案】D。清晰的战略风险管理包括战略风险识别，战略风险评估，监测和报告。不包括战略风险规划，选项 D 错误。

24.【答案】C。通常，战略风险识别可以从宏观战略层面、中观管理层面和微观执行层面三个层面入手。在中观管理层面，业务领域负责人应当严格遵循商业银行的整体战略规划，最大限度地避免投资策略、业务拓展等涉及短期利益的经营管理活动中存在的战略风险。如违背董事会和最高管理层的风险偏好原则，倾向于选择高风险、高收益的业务，甚至是投资组合中存在高风险、低收益的金融产品。AD 两项属于宏观战略层面的风险识别；C 项属于微观层面的战略风险识别。

25.【答案】D。声誉风险管理部门应当将收集到的声誉风险因素按照影响程度和紧迫性进行优先排序。为此，商业银行需要明确界定对不同利益持有者承担的责任，以及即将执行的决策可能产生的结果。

26.【答案】B。战略风险是指商业银行在追求短期商业目的和长期发展目标的系统化管理过程中，不适当的未来发展规划和战略决策可能威胁商业银行未来发展的潜在风险。一家银行的经营活动和盈利模式越依赖于外部环境，银行潜在的战略风险就越高。

27.【答案】A。在有些情况下，即使银行本身没有不当行为，也会由于银行客户的不当行为而导致对银行声誉的影响。

28.【答案】C。A 项，法律风险是指商业银行在日常经营活动或各类交易中，因为无法满足或违反法律要求，导致商业银行不能履行合同、发生争议诉讼或其他法律纠纷，而可能给商业银行造成经济损失的风险。B 项，战略风险是指商业银行在追求短期商业目的和长期发展目标的系统化管理过程中，不适当的未来发展规划和战略决策可能威胁商业银行未来发展的潜在风险。D 项，操作风险是指由于人为错误、技术缺陷或不利的外部事件所造成损失的风险。

29.【答案】A。法律风险是指商业银行在日常经营活动或各类交易中，因为无法满足或违反法律要求，导致商业银行不能履行合同、发生争议诉讼或其他法律纠纷，而可能给商业银行造成经济损失的风险。

30.【答案】A。声誉危机管理的主要内容包括：①预先制定战略性的危机管理规划；②提高日常解决问题的能力；③危机现场处理；④提高发言人的沟通技能；⑤危机处理过程中的持续沟通；⑥管理危机过程中的信息交流；⑦模拟训练和演习。D 项属于有效的声誉风险管理体系的主要内容

31.【答案】D。商业银行在识别国别风险的过程中，应当确保国际授信与国内授信适用同等原则。

32.【答案】A。目前国内外还没有开发出适合于声誉风险管理的量化技术，但普遍认为声誉风险管理的最好办法是：①推行全面风险管理理念，改善公司治理结构，并预先做好防范危机的准备；②确保各类主要风险被正确识别、优先排序，并得到有效管理。

33.【答案】B。商业银行通常采用定期(每月或季度)自我评估的方法，来检验战略风险管理是否有效实施。定期是指每月或季度。

34.【答案】C。美国货币监理署(OCC)认为，战略风险是指经营决策错误，或决策执行不当，或对行业变化束手无策，而对商业银行的收益或资本形成现实和长远的影响。

35. 【答案】C。战略规划始于宏观战略层面，但最终必须深入贯彻并落实到中观管理和微观操作层面。
36. 【答案】B。国家风险的评估指标主要包括三种：数量指标、比例指标和等级指标。数量指标、比例指标和等级指标是对国别风险关键因素的不同方面进行衡量。
37. 【答案】A。经济发展及市场环境变化必然导致商业银行的客户偏好逐渐发生转移，客户维权意识和议价能力也日益增强，商业银行如果不能根据客户需求的改变而“创造需求”，则有可能丧失宝贵的客户资源。本题答案是 A。
38. 【答案】C。A 项，品牌风险是指激烈的行业竞争必然形成优胜劣汰，产品用及务的品牌管理质量直接影响商业银行的盈利能力和发展空间。B 项，客户风险是指经济发展及市场波动同样导致客户风险广投资偏好发生转变，客户维权意识和议价能力也显著增强。D 项，竞争对手风险是指越来越多的非银行类金融服务机构在提供更加便利和多元化的金融服务，填补市场空白的同时，也在逐步侵蚀商业银行原有的市场份额。
39. 【答案】D。国家风险是指经济主体在与非本国居民进行国际经贸与金融往来时，由于别国政治、经济和社会等方面的变化而遭受损失的风险。国家风险通常是由债务人所在国家的行为引起的，已超出了债权人的控制范围。选项 ABC 都可能导致国家风险的产生。
40. 【答案】D。董事会和高级管理层负责制定商业银行的战略风险管理政策和操作流程，并在其直接领导下，独立设置战略风险管理/规划部门，负责识别、评估、监测和控制战略风险。董事会和高级管理层对战略风险管理的结果负有最终责任。
41. 【答案】A。战略风险管理能够最大限度地避免经济损失、持久维护和提高商业银行的声誉和股东价值。有效的战略风险管理流程应当确保商业银行的长期战略、短期目标、风险管理措施和可利用资源紧密联系在一起。
42. 【答案】C。商业银行的战略风险来源于其内部经营管理活动，以及外部政治、经济和社会环境的变化，主要体现在四个方面：商业银行战略目标缺乏整体兼容性；为实现这些目标而制定的经营战略存在缺陷；为实现目标所需要的资源匾乏；整个战略实施过程的质量难以保证。
43. 【答案】B。无论危机是否会发生，在系统规划声誉危机管理时，很多潜在的风险就已经被及时发现并得到有效处理，因此，声誉危机管理规划给商业银行创造了附加价值，选项 A 错误。传统上，危机管理主要采用“辩护或否认”的对抗战略推卸责任，但往往招致更强烈的对抗行动，现在，更加具有建设性的危机处理方法是“化敌为友”，选项 C 错误。制定危机管理规划是改善商业银行声誉风险管理的最佳操作实践之一，不是其主要内容，选项 D 错误。
44. 【答案】A。激烈的行业竞争必然形成优胜劣汰，产品用员务的品牌管理直接影响了商业银行的盈利能力和发展空间。特别是高度依赖公众信心而生存的商业银行，如果缺乏独特的品牌形象和吸引力，将可能遭遇严重的生存危机。
45. 【答案】D。声誉风险管理部门处在声誉风险管理的第一线，应当随时了解各类利益持有者所关注的问题，并且正确预测他们对商业银行的业务、政策或运营调整可能产生的反应。
46. 【答案】B。简言之，银行战略风险管理的作用主要是最大限度的避免经济损失，持久维护商业银行的声誉，提高银行的股东价值。

47.【答案】D。商业银行董事会承担监控国别风险管理有效性的最终责任；商业银行高级管理层负责执行董事会批准的国别风险管理政策。

48.【答案】D。有效的声誉风险管理是有资质的管理人员、高效的风险管理流程以及先进的信息系统共同作用的结果。

49.【答案】A。2009 年 1 月，《巴塞尔新资本协议(征求意见稿)》明确指出，银行应将声誉风险纳入其风险管理体系中，并在资本充足率评估和流动性应急预案中适当涵盖声誉风险。

50.【答案】B。不同层次和种类的报告应当遵循规定的发送范围、程序和频率。重大风险暴露和高风险国家暴露应当至少每季度向董事会报告。

二、多项选择题

1.【答案】BCDE。按诱发风险的原因，巴塞尔委员会将商业银行面临的风险分为信用风险、市场风险、操作风险、流动性风险、国家风险、声誉风险、法律风险以及战略风险八大类。

2.【答案】ABD。战略风险识别可以从宏观战略、中观管理和微观执行三个层面入手：①在宏观战略层面(总行)，董事会和高级管理层必须全面、深入地评估商业银行长期战略决策中可能潜藏的战略风险，②在中观管理层面，业务领域负责人应当严格遵循商业银行的整体战略规划，最大限度地避免投资策略、业务拓展等涉及短期利益的经营广管理活动存在的战略风险；③在微观执行层面，所有岗位员工必须严格遵守相关业务岗位的操作规程，同时具备正确的风险管理意识。

3.【答案】ABCDE。A 项为将商业银行的社会责任感和经营目标结合起来的方法。B 项为从投诉和批评中积累早期预警经验的方法。C 项为保持与媒体的良好接触的要求。D 项为强化声誉风险管理培训的方法。E 项为确保实现承诺的要求。

4.【答案】ABCD。声誉风险是指由商业银行经营、管理及其他行为或外部事件导致利益相关方对商业银行负面评价的风险。金融产品用及务存在严重缺陷；内控缺失导致违规案件层出不穷；缺乏经营特色和社会责任感等都可能诱发声誉风险。E 项违反用工法可能诱发操作风险。

5.【答案】AD。BC 项表述错误。风险管理部门和财务部门是相互合作关系；集中型的风险管理部门包含商业银行风险管理的所有核心要素。

6.【答案】ABDE。商业银行的战略风险来源于其内部经营管理活动，以及外部政治、经济和社会环境的变化，主要体现在四个方面：商业银行战略目标缺乏整体兼容性，为实现这些目标而制定的经营战略存在缺陷，为实现目标所需要的资源匮乏，以及整个战略实施过程的质量难以保证，即 ABDE。

7.【答案】ABCDE。声誉是商业银行所有的利益持有者通过持续努力、长期信任建立起来的宝贵的无形资产。声誉风险是指由商业银行经营、管理及其他行为或外部事件导致利益相关方对商业银行负面评价的风险。以上选项都可能带来声誉风险。

8.【答案】BCD。声誉风险管理的基本做法包括：①明确董事会和高级管理层的责任，②建立清晰的声誉风险管理流程，③采取恰当的声誉风险管理方法。A 项，声誉风险管理的基本做法并没有要求定期通过外部审计部门的审核；E 项，属于建立清晰的声誉风险管理流程。

9.【答案】ABCDE。国家风险是指由于某一国家或地区经济、政治、社会变化及事件，导致该国家或地区借款人或债务人没有能力或者拒绝偿付商业银行债务，或使商业银行在该国家或地区的商业存在遭受损失，或使商业银行遭受其他损失的风险。国家风险存在于授信、国际资本市场业务、设立境外机构、代理行往来和由境外服务提供商提供的外包服务等经营活动中。

10.【答案】ABCD。通常需要作出预先评估的风险事件包括：①市场对商业银行的盈利预期；②商业银行改革/重组的成本/收益；③监管机构责令整改的不利信息/事件；④影响客户或公众的政策性变化等(例如营业场所、营业时间、服务收费等方面的调整)。

11.【答案】AD。从现代商业银行管理特别是风险管理的角度来看，市场交易人员(或业务部门)的激励机制应当以经风险调整的资本收益率和经济增加值为参照基准。

12.【答案】BCD。商业银行面临的战略风险分为七种：行业风险、技术风险、品牌风险、竞争对手风险、客户风险、项目风险、其他(如财务、运营以及多种外部风险因素)。AE 两项与战略风险属于商业银行面临的八大风险。

13.【答案】ACE。商业银行应当根据本机构国别风险类型、暴露规模和复杂程度选择适当的计量方法。计量方法应当至少满足以下要求：①能够覆盖所有重大风险暴露和不同类型的风险，②能够在单一和并表层面按国别计量风险；③能够根据有风险转移及无风险转移情况分别计量国别风险。

14.【答案】ABCE。测试危机沟通方案以及应对措施属于声誉危机管理中提高解决问题的能力方面的内容。

15.【答案】ABD。C 项战略风险管理通常被认为是一项长期性的战略投资，实施效果需要很长时间才能显现，实质上，商业银行可以在短期内便体会到战略风险管理的诸多益处；E 项战略风险管理能够最大限度地避免经济损失、持久维护和提高商业银行的声誉和股东价值。

16.【答案】BCDE。建立良好的声誉风险管理体系，能够持久、有效地帮助商业银行减少各种潜在的风险损失，包括：①招纂和保留最佳雇员；②确保产品和服务的溢价水平；忠诚度；⑤创造有利的资金使用环境；⑥增进和投资者的关系；⑦强化自身的可信度和利益持有者的信心；⑧吸引高质量的合作伙伴和强化自身竞争力；③减少进入新市场的阻碍；④维持客户和供应商的；⑨最大限度地减少诉讼威胁和监管要求。

17.【答案】ABDE。战略风险管理的最有效方法是制定以风险为导向的战略规划，并定期进行修正。首先，战略规划应当清晰阐述实施方案中所涉及的风险因素、潜在收益以及可接受的风险水平，并且尽可能地将预期风险损失和财务分析包含在内；其次，战略规划必须建立在商业银行当前的实际情况和未来的发展潜力基础之上，反映商业银行的经营特色。最后，战略规划始于宏观战略层面，但最终必须深入贯彻并落实到中观管理和微观操作层面。

18.【答案】ADE。商业银行向多个国家的企业发放贷款，这应用了风险分散的方法，选项 A 正确。B 项是风险转移的方法，C 项中是风险对冲的方法。董事会在确定经济资本分配时，对某项业务配置非常有限的资本以限制其规模，应用了风险规避的方法。对于信用等级较低的借款客户，给予高于基准贷款利率的利率水平，应用了风险补偿，选项 E 正确。

19.【答案】ABCDE。都是战略风险管理应急方案。

20.【答案】ABE。战略管理/规划部门对评估结果的连续性和波动性进行长期、深入、系统化的分析和监测，非常有利干商业银行清醒地认识市场变化、运营状况的改变，以及各业务领域为实现整体经营目标所承受的风险。

21.【答案】ABCE。商业银行面临的项目风险类别包括：①产品研发失败；②系统建设失败；③进入新市场失败；④兼并/收购失败等。D 项属于竞争对手风险。

22.【答案】BDE。在评估战略风险时，应当首先由商业银行内部具有丰富经验的专家负责审核一些技术性较强的假设条件，例如整体经济指标、利率变化预期、信用风险参数等。

23.【答案】AC。建立良好的声誉风险管理体系，能够持久、有效地帮助商业银行减少各种潜在的风险损失，包括：(1)招募和保留最佳雇员；(2)确保产品和服务的溢价水平；(3)减少进入新市场的阻碍；(4)维持客户和供应商的忠诚度；(5)创造有利的资金使用环境；(6)增进和投资者的关系；(7)强化自身的可信度和利益持有者的信心；(8)吸引高质量的合作伙伴和强化自身竞争力；(9)最大限度地减少诉讼威胁和监管要求。AC 两项属于声誉风险管理的作用。

24.【答案】ACD。清晰的声誉风险管理流程包括：(1)声誉风险识别；(2) 声誉风险评估；(3) 监测和报告；据此可知本题答案是 ACD。

25.【答案】ADE。战略风险管理通常被认为是一项长期性的战略投资，实施效果需要很长时间才能显现。实质上，商业银行可以在短期内便体会到战略风险管理的诸多益处：(1)比竞争对手更早采取风险控制措施，可以更为妥善地处理风险事件；(2)全面、系统地规划未来发展，有助于将风险挑战转变为成长机会；(3)对主要风险提早做好准备，能够避免或减轻其可能造成的严重损失；(4)避免因盈利能力出现大幅波动而导致的流动性风险；(5)优化经济资本配置，并降低资本使用本；(6)强化内部控制系统和流程；(7)避免附加的强制性监管要求，减少法律争议/诉讼事件。简言之，战略风险管理能够最大限度地避免经济损失、持久维护和提高商业银行的声誉和股东价值。据此可知，本题答案是 ADE。

26.【答案】ABCDE。有效的声誉风险管理体系应当重点强调以下内容：(1)明确商业银行的战略愿景和价值理念；(2)有明确记载的声誉风险管理政策和流程；(3)深入理解不同利益持有者(如股东、员工、客户、监管机构、社会公众等)对自身的期望值；(4)培养开放、互信、互助的机构文化；(5)建立强大的、动态的风险管理系统，有能力提供风险事件的早期预警；(6)努力建设学习型组织，有能力在出现问题时及时纠正；(7)建立公平的奖惩机制，支持发展目标和股东价值的实现；(8)利用自身的价值理念、道德规范影响合作伙伴、供应商和客户；(9)建立公开、诚恳的内外部交流机制，尽量满足不同利益持有者的要求；(10)有明确记载的危机处理/决策流程。

27.【答案】ABC。在商业银行内部经营管理活动中，战略风险可以从宏观战略层面、中观管理层面和微观执行层面进行识别。

28.【答案】ABCDE。声誉危机管理的主要内容：①制定战略性的危机沟通机制；②提高解决问题的能力；③危机现场处理；④提高发言人的沟通技能；⑤危机处理过程中的持续沟通；⑥管理危机过程中的信息交流；⑦模拟训练和演习。

29.【答案】ABCDE。有效的声誉风险管理体系应当重点强调的内容除以上五项外. 还包括：

深人理解不同利益持有者(例如股东、员工、客户、监管机构、社会公众等)对自身的期望值；建立公平的奖惩机制，支持发展目标和股东价值的实现；利用自身的价值理念、道德规范影响合作伙伴、供应商和客户；建立公开、诚恳的内外部交流机制，尽量满足不同利益持有者的要求；有明确记载的危机处理/决策流程。

30.【答案】ABCD。普遍认为有助于改善商业银行声誉风险管理的最佳操作实践包括：①强化声誉风险管理培训；②确保实现承诺；③确保及时处理投诉和批评；④从投诉和批评中积累早期预警经验；⑤尽量保持大多数利益持有者的期望与商业银行的发展战略相一致；⑥增强对客户，公众的透明度；⑦将商业银行的社会责任感和经营目标结合起采，是创造公共透明度、维护商业银行声誉的另一个重要层面；⑧保持与媒体的良好接触；⑨制定危机管理规划。

三、判断题

1.【答案】B。战略规划是商业银行未来发展的行动指南，无法做到控制每个业务领域所承受的风险规模。

2.【答案】B。声誉风险识别的核心是正确识别八大类风险中可能威胁商业银行声誉的风险因素。八大类风险包括：信用风险、市场风险、操作风险、流动性风险、国家风险、声誉风险、法律风险以及战略风险。

3.【答案】A。战略实施方案执行之前，业务部门应当认真评估其是否与商业银行的长期发展目标和战略规划保持一致、对未来战略目标的贡献，以及是否有必要调整战略规划；战略实施方案执行之后，无论成功与否，商业银行都应当对战略规划和实施方案的执行效果进行深入分析、客观评估、认真总结并从中吸取教训。

4.【答案】A。战略风险管理的最有效方法是制定以风险为导向的战略规划，并定期进行修正。战略规划始于宏观战略层面，但最终必须深入贯彻并落实到中观管理和微观操作层面。题干，描述是正确的。

5.【答案】A。战略风险管理的另一重要工具是经济资本配置。利用经济资本配置，可以控制每个业务领域所承受的风险规模，它是战略风险管理的一个重要工具。

6.【答案】B。大型商业银行普遍擅长零售业务，有能力将更多资源和技术持续投入到大规模零售业务系统中；小型商业银行则可以在某些专业领域采用先进的信息系统或与第三方合作，在细分业务领域与大型商业银行展开竞争，或利用地域、专业优势，服务于要求相对复杂的企业/零售客户。

7.【答案】A。有重大国别风险暴露的商业银行，应至少每年对国别风险限额进行审查和批准，在特足国家或地区风险状况发生显著变化的情况下，提高审查和批准频率。

8.【答案】B。声誉风险可能产生于商业银行运营的任何环节，通常与信用、市场、操作、流动性等风险交叉存在、相互作用。声誉风险产生的原因非常复杂，有可能是商业银行内、外部风险因素综合作用的结果，也可能是非常简单的风险因素就触发了严重的声誉风险。管理和维护声誉需要商业银行综合考虑内、外部风险因素。

9.【答案】B。董事会和高级管理层应当定期审视和讨论战略风险分析/监测报告，对未来战略规划和实施方案进行调整。内部审计部门应当定期审核商业银行的战略风险管理流程。

10.【答案】B。声誉风险管理部门处在声誉风险管理的第一线，应当随时了解各类利益持有者所关心的问题，并且正确预测他们对商业银行的业务、政策或运营调整可能产生的反应。

11.【答案】A。经济资本配置是战略风险管理的重要工具之一，利用经济资本配置，可以有效控制每个业务领域所承受的风险规模。

12.【答案】B。危机现场处理是声誉危机管理的主要内容之一，包括：①根据预先制定的危机管理规划，迅速成立危机管理小组；②制定管理层的危机沟通机制；③开通危机时刻的救援席助热线；④正确区分并处理声誉危机和不可抗力事件（如自然灾害）；⑤选择律师或具有良好法律背景的人员作为危机发言人。

13.【答案】B。计量条件允许的商业银行应当建立正式的国别风险内部评级体系，反映国别风险评估结果。国别风险应当至少划分为低、较低、中、较高、高五个等级，风险暴露较大的机构可以考虑建立更为复杂的评级体系。

14.【答案】B。战略风险管理是基于前瞻性理念而形成的全面、预防性的风险管理方法，得到国际上越来越多的金融机构特别是大型商业银行的高度重视。

15.【答案】B。董事会和高级管理层负责制定商业银行最高级别的战略规划，并将其作为商业银行未来发展的行动指南。

16.【答案】A。商业银行应当从投诉和批评中积累早期声誉风险预警经验。风险管理人员应当有能力分析和判断投诉的起因、规模、趋势、规律与潜在风险之间的相关性，例如，大规模的投诉或批评等外部事件，可能预示即将发生严重的声誉风险，商业银行应及早采取应对措施。本题题干是正确的。

17.【答案】B。一般来说，商业银行规模越大，抵抗风险的能力越强，同时也意味着商业银行可能面临的风险因素越多，对其声誉的潜在威胁也越大。管理和维护声誉需要商业银行综合考虑内、外部风险因素。

18.【答案】B。战略规划是商业银行未来发展的行动指南，无法做到控制每个业务领域所承受的风险规模。

第八章　风险评估与资本评估强化训练题

一、单项选择题

1.【答案】A。《商业银行资本管理办法(试行)》规定，商业银行内部资本充足评估程序应实现以下目标：确保主要风险得到识别、计量或评估、监测和报告；确保资本水平与风险偏好及风险管理水平相适应；确保资本规划与银行经营状况、风险变化趋势及长期发展战略相匹配。不包括 A 选项。

2.【答案】D。国际银行业开展实质性风险评估主要采用打分卡方法。

3.【答案】B。资本充足率压力测试分为定期压力测试和不定期压力测试。原则上，定期压力测试至少一年一次。

4.【答案】C。商业银行可以采用多种风险加总方法，但应至少采取简单加总法，并判断风险加总结果的合理性和审慎性。

5.【答案】C。内部资本充足评估(ICAAF)是第二支柱的核心内容，银行的内部资本充足评估包括风险评估、资本规划、压力测试等内容。内部资本充足评估程序应当至少每年实施一次，在银行经营情况、风险状况和外部环境发生重大变化时，应及时进行调整和更新。

6.【答案】C。压力情景可以基于历史情景设置，或者通过专家判断的形式设置虚拟情景，也可以设置历史情景和虚拟情景相结合的混合情景。无论采用哪种方法设置，压力情景应充分体现银行的经营和风险的特征。

7.【答案】C。商业银行可根据自身的业务特点、风险状况和管理水平，自主选择使用相应复杂程度的压力测试方法论。同时应根据内外部经济形势变化，建立定期评估、更新压力测试方法论的机制，不断提高压力测试结果的科学性和可靠性。

8.【答案】C。商业银行可根据自身的业务特点、风险状况和管理水平，自主选择使用相应复杂程度的压力测试方法论。商业银行所选择的压力测试方法论应确保所设计情景能有效传导至各类实质风险，压力情景下各类风险间传导效应能有效加总。

9.【答案】C。对能够量化的风险，商业银行应当开发和完善风险计量技术，确保风险计量的一致性、客观性和准确性，在此基础上加强对相关风险的缓释、控制和管理。对难以量化的风险，商业银行应当建立风险识别、评估、控制和报告机制，确保相关风险得到有效管理。

10.【答案】B。在设计资本充足率压力测试框架时，需要注意以下几个问题：定量与定性相结合；合理整合现有资源；保证系统可延伸性。

11.【答案】C。风险评估主要包括两个方面的内容，一方面是对全面风险管理框架的评估，其中主要是对公司治理、风险政策流程和限额以及信息系统的评估；另一方面是实质性风险评估，对银行面临的所有实质性风险进行全面评估。

12.【答案】B。商业银行进行风险加总，应当充分考虑集中度风险及风险之间的相互传染。若考虑风险分散化效应，应基于长期实证数据，且数据观察期至少覆盖一个完整的经济周期。否则，商业银行应对风险加总方法和假设进行审慎调整。

13.【答案】D。根据风险评估结果，商业银行应当在资本充足性评估程序中评估资本充足水平，即进行资本评估。商业银行应基于上述风险评估过程中确定的当前风险轮廓、未来业务规划和发展战略确定资本需求。

14.【答案】C。经济资本又称为风险资本，是指在一定的置信度和期限下，为了覆盖和抵御银行超出预期的经济损失(即非预期损失)所需要持有的资本数额，是银行抵补风险所要求拥有的资本，并不必然等同于银行所持有的账面资本，可能大于账面资本，也可能小于账面资本。

15.【答案】B。监管资本是监管当局规定的银行必须持有的与其业务总体风险水平相匹配的资本。资本充足率是指商业银行持有的符合规定的资本与风险加权资产之间的比率，这里的资本就是监管资本，是在商业银行实收资本的基础上再加上其他资本工具计算而来。

16.【答案】A。资本充足率是指资本与风险加权资产的比率，这里的资本就是监管资本，是在商业银行实收资本的基础上再加上其他资本工具计算而来。资本充足率压力测试框架以单一风险的压力测试为基础。本题答案是A。

17.【答案】A。商业银行应在内部资本充足评估程序框架下建立全面的、审慎的、前瞻性的资本充足率压力测试工作机制，通过以定量分析为主的方法测算在某些不利情景下可能发生的损失及风险资产的变化，以评估对银行整体层面资本充足水平的影响。

18.【答案】D。账面资本是银行持股人的永久性资本投入，即资产负债表上的所有者权益，主要包括普通股股本、实收资本、资本公积、盈余公积、未分配利调、投资重估储备、一般风险准备等，即资产负债表上银行总资产减去总负债后的剩余部分。

19.【答案】D。对商业银行资本最传统的理解就是会计资本(也称账面资本)，是商业银行资产负债表中资产减去负债后的所有者权益部分，包括实收资本、资本公积、盈余公积、一般准备、信托赔偿准备和未分配利润等。账面(或会计)资本是商业银行可以利用的资本，虽然不与风险直接挂钩，但是风险造成的任何损失都会反映在账面上。账面资本是银行资本金的静态反映，反映了银行实际拥有的资本水平。

20.【答案】C。经济资本又称为风险资本，是指在一定的置信度和期限下，为了覆盖和抵御银行超出预期的经济损失(即非预期损失)所需要持有的资本数额，是银行抵补风险所要求的资本。

21.【答案】C。为了对未来一段实践的资本充足情况进行预测和管理，资本规划通常的做法是对未来三年或五年进行滚动规划。由于银行对于未来一年往往有更多的信息，因此规划的重点往往在第一年，第一年的预测也为后几年的预测提供了基础信息。

22.【答案】B。从保护存款人利益和增强银行体系安全性的角度出发，银行资本的核心功能是吸收损失，一是在银行清算条件下吸收损失，其功能是为高级债权人和存款人提供保护；二是在持续经营条件下吸收损失，体现为随时用来弥补银行经营过程中发生的损失。

23.【答案】B。监管资本是监管当局规定的银行必须持有的与其业务总体风险水平相匹配的

资本，一般是指商业银行自身拥有的或者能长期支配使用的资金，以备非预期损失出现时随时可用，故其强调的是抵御风险、保障银行持续稳健经营的能力，并不要求其所有权归属。在资本供给方面，一般情况下应以监管资本合格标准为准，适当考虑可以使用的资本工具等确定。

24. 【答案】B。监管资本是监管当局规定的银行必须持有的与其业务总体风险水平相匹配的资本，一般是指商业银行自身拥有的或者能长期支配使用的资金，以备非预期损失出现时随时可用，故其强调的是抵御风险、保障银行持续稳健经营的能力，并不要求其所有权归属。

25. 【答案】C。内部资本充足评估报告应至少包括以下内容：评估主要风险状况及发展趋势、战略目标和外部环境对资本水平的影响；提出确保资本能够充分覆盖主要风险的建议；评估实际持有的资本是否足以抵御主要风险。

26. 【答案】D。根据《巴塞尔新资本协议》规定，实施内部评级法高级法的商业银行必须自行估计每笔债项的违约损失率，而实施内部评级低级法的商业银行则由监管当局根据资产类别给定违约损失率。

27. 【答案】C。压力测试用于评估资产或投资组合在极端不利的条件下可能遭受的重大损失。敏感性分析和情景分析是压力测试通常使用的两种方法。

28. 【答案】A。在自我评估法中，应按照全员风险识别与报告，作业流程分析和风险识别与评估，控制活动识别与评估，制定与实施控制优化方案，报告自我评估工作与日常监控。

29. 【答案】C。A 项属于风险控制的主要内容：通过对风险诱因的分析，发现管理中存在的问题，以完善风险管理程序。BD 两项属于风险计量的主要内容：VAR 模型针对信用风险；高级计量法针对操作风险。

30. 【答案】D。与敏感性分析和压力测试对单一因素进行分析不同，情景分析是一种多因素分析方法，结合设定的各种可能情景的发生概率，研究多种因素同时作用时可能产生的影响。选项 AC 都是正确的。

二、多项选择题

1. 【答案】ADE。操作风险损失数据收集的内容包括：总损失数额信息；总损失中收回部分信息；损失事件发生的主要原因的描述信息；损失事件发生的时间、发生的单位信息。BC 两项不属于操作风险损失数据收集的内容。

2. 【答案】BDE。在建立风险评估体系时，一般要坚持三个基本原则：符合监管要求；符合银行实际；保证一定的前瞻性。

3. 【答案】ABD。资本规划是对正常和压力情景下的资本充足率进行预测，并将预测资本水平与目标资本充足率比较，相应调整财务规划和业务规划，使银行资本充足水平、业务规划和财务规划达到动态平衡。资本规划的核心是预测未来的资本充足率，预测资本充足率需要对分子监管资本以及分母风险加权资产进行正常情景和压力情景的预测。

4. 【答案】BDE。商业银行应当建立内部资本充足评估程序的报告体系，定期监测和报告银行资本水平和主要影响因素的变化趋势。报告应至少包括以下内容：评估主要风险状况及发展趋势、战略目标和外部环境对资本水平的影响；评估实际持有的资本是否足以抵御主要风险；提出确保资本能够充分覆盖主要风险的建议。

5.【答案】ACD。在设计资本充足率压力测试框架时，要确保整个框架的实用性和可操作性，需要注意以下几个问题：定量与定性相结合，没有一种定量方法可以替代管理层和风险专家对于风险的判断；合理整合现有资源，在设计资本充足率压力测试框架时，可以利用并整合银行现有的压力测试流程；保证系统可延伸性，需要考虑具备较好的延伸能力，考虑银行单一风险压力测试的未来发展。

6.【答案】BCDE。资本充足率压力测试框架的主要内容包括如下：情景选择；定量压力测试；定性压力测试及管理行动；结果输出。

7.【答案】ABCDE。资本充足率压力测试应涵盖商业银行表内外风险暴露的主要资产组合，包括公信贷组合、零售信贷组合、债券投资组合、买入返售资产、股权投资组合、金融衍生品组合、资产证券化组合及表外业务等。

8.【答案】ACDE。风险评估主要包括两个方面的内容，一方面是对全面风险管理框架的评估，其中主要是对公司治理、风险政策流程和限额以及信惠系统的评估；另一方面是实质性风险评估，对银行面临的所有实质性风险进行全面评估。

9.【答案】BCDE。资本充足率压力测试的输出结果应充分反映压力情景对全行造成的影响，包括对监管资本、风险加权资产、会计损益、资产价值等的影响。

10.【答案】ABCDE。商业银行资本是银行从事经营活动必须注入的资金，可以用来吸收银行的经营亏损，缓冲意外损失，保护银行的正常经营、为银行的注册、组织营业以及存款进入前的经营提供启动资金等。从保护存款人利益和增强银行体系安全性的角度出发，银行资本的核心功能是吸收损失。

11.【答案】BCD。商业银行制定资本规划，应当审慎估计资产质量、利润增长及资本市场的波动性，充分考虑对银行资本水平可能产生重大负面影响的因素，包括或有风险暴露，严重且长期的市场衰退，以及突破风险承受能力的其他事件。

12.【答案】BCD。根据不同的管理需要和本质特性，银行资本有账面资本、经济资本和监管资本三个概念。监管资本是监管当局规定的银行必须持有的与其业务总体风险水平相匹配的资本。经济资本又称为风险资本，是指在一定的置信度和期限下，为了覆盖和抵御银行超出预期的经济损失(即非预期损失)所需要持有的资本数额。账面资本是银行持股人的永久性资本投入，即资产负债表上的所有者权益。

13.【答案】ABC。监管资本的预测需要对核心一级资本、其他一级资本和二级资本分别进行预测。各级资本的细项如何变动受到投资计划、融资计划、拨备政策、利润增速、利润留存比例等的影响。

14.【答案】ABCD。E 项属于压力测试方法论方面的监管要求。其他选项属于压力测试覆盖范围方面监管要求。

15.【答案】BDE。根据风险评估结果，商业银行应当在资本充足性评估程序中评估资本充足水平，即进行资本评估。商业银行应基于风险评估过程中确定的当前风险轮廓、未来业务规划和发展战略确定资本需求。

16.【答案】BDE。商业银行风险评估的总体要求：首先，商业银行应当有效评估和管理各类主要风险；其次，商业银行应当建立风险加总的政策和程序，确保在不同层次上及时识别风险；最后，商业银行进行风险加总，应当充分考虑集中度风险及风险之间的相互传染。选项 BDE 都是商业银行风险评估的总体要求的内容。

17.【答案】ABD。内部资本充足评估报告是整个内部资本充足评估的总结性报告，内容涵盖内部资本充足评估的主要内容，即风险评估、资本规划和压力测试。

18.【答案】CE。ICAPF报告是整个内部资本充足评估的总结性报告，内容涵盖内部资本充足评估的主要内容。它有两方面的作用：(1)作为银行的自我评估过程和结论的书面报告，可以作为内部完善风险管理体系和控制机制，实现资本管理与风险管理密切结合的重要参考文件。(2)作为银行提交给监管机构的合规文件，当监管机构在评估后认为银行的ICAAF程序符合监管要求时，监管机构可以基于银行自行评估的内部资本水平来确定监管资本要求。

19.【答案】CD。压力测试方法论方面监管要求有：商业银行可根据自身的业务特点、风险状况和管理水平，自主选择使用相应复杂程度的压力测试方法论；商业银行应合理设计轻度、中度、重度等不同严重程度的压力情景。ABE三项属于压力测试应用和报告方面的监管要求。

20.【答案】ABD。商业银行可根据自身的业务特点、风险状况和管理水平，自主选择使用相应复杂程度的压力测试方法论。

21.【答案】AB。在设计资本充足率压力测试框架时，要确保整个框架的实用性和可操作性。

22.【答案】BDE。商业银行应建立经董事会或其授权委员会批准的压力测试政策，确保压力测试工作的全面性、规范性和有效性，并融入资本规划、资本应急预案等风险管理和资本管理体系中。

23.【答案】BDE。内部资本充足评估报告是整个内部资本充足评估的总结性报告，内容涵盖内部资本充足评估的主要内容，即风险评估、资本规划和压力测试。

三、判断题

1.【答案】A。关于压力测试的监管要求之一：商业银行应建立经董事会或其授权委员会批准的压力测试政策，确保压力测试工作的全面性、规范性和有效性，并有效融入资本规划、资本应急预案等风险管理和资本管理体系中。本题题干描述是正确的。

2.【答案】B。商业银行应当有效评估和管理各类主要风险。对能够量化的风险，商业银行应当开发和完善风险计量技术，确保风险计量的一致性、客观性和准确性，在此基础上加强对相关风险的缓释、控制和管理。对难以量化的风险，商业银行应当建立风险识别、评估、控制和报告机制，确保相关风险得到有效管理。

3.【答案】A。国际银行业开展实质性风险评估主要采用打分卡方法。银行通过建立打分卡，对第二支柱下各实质性风险的风险程度和风险管理质量(包括治理、政策、流程和内部控制等方面)进行评估，并在评估的基础上得出总体资本要求。该种方法可以覆盖所有实质性风险，是各国银行开展实质性风险评估中采用较多的方法。

4.【答案】B

【解析】定性压力测试及管理行动时，通过定性压力测试的方法，考虑第二支柱风险如集中度风险、声誉风险等对全行的影响。同时，还要考虑针对压力情景下可能产生的不利影响而实施的风险缓释管理行动。

5.【答案】A。商业银行应当将内部资本充足评估程序作为内部管理和决策的组成部分，并将内部资本充足评估结果运用于资本预算与分配、授信决策和战略规划。本题题干是正确的描述。

6.【答案】A。风险管理的技术、方法在不断地发展、演进中。在设计资本充足率压力测试框架时，需要考虑具备较好的延伸能力，考虑银行单一风险压力测试的未来发展。

7.【答案】B。在巴塞尔协议I框架下，由于各类风险加权资产计算方法的风险敏感程度较低，可以基于历史情况进行简单增长率预测来进行规划。在巴塞尔协议II框架下，引入了风险敏感程度更高的量化方法，因此需要更为复杂的预测方法，预测中的变量也大大增加。

8.【答案】B。商业银行应在内部资本充足评估程序框架下建立全面的、审慎的、前瞻性的资本充足率压力测试工作机制，通过以定量分析为主的方法测算在某些不利情景下可能发生的损失及风险资产的变化，以评估对银行整体层面资本充足水平的影响。

9.【答案】B。资本充足率压力测试应在统一情景下分析覆盖全行范围内的实质性风险，包括但不限于信用风险、市场风险、操作风险、银行账户利率风险、流动性风险、集中度风险。

10.【答案】B。账面资本是银行资本金的静态反映，反映了银行实际拥有的资本水平。

11.【答案】B。经济资本又称为风险资本，是指在一定的置信度和期限下，为了覆盖和抵御银行超出预期的经济损失(即非预期损失)所需要持有资本数额，是银行抵补风险所要求的资本，并不必然等同于银行所持有的账面资本，可能大于账面资本，也可能小于账面资本。

12.【答案】B。在进行资本评估中，商业银行应当优先考虑补充核心一级资本，增强内部资本积累能力，完善资本结构，提高资本质量。

13.【答案】B。监管资本是监管当局规定的银行必须持有的与其业务总体风险水平相匹配的资本，一般是指商业银行自身拥有的或者能长期支配使用的资金，以备非预期损失出现时随时可用，故其强调的是抵御风险、保障银行持续稳健经营的能力，并不要求其所有权归属。

14.【答案】B。经济资本是银行抵补风险所要求拥有的资本，并不必然等同于银行所持有的账面资本，可能大于账面资本，也可能小于账面资本。

15.【答案】B。内部资本充足评估是第二支柱的核心内容，银行的内部资本充足评估包括风险评估、资本规划、压力测试等内容。

16.【答案】B。资本规划的核心是预测未来的资本充足率，预测资本充足率需要对分子监管资本以及分母风险加权资产进行正常情景和压力情景的预测。

17.【答案】B。实质性风险评估体系必须要符合监管机构的相关要求，特别是不同国家的监管机构可能对同一风险提出不同的监管要求，对于有附属机构在不同国家的银行集团来说，就需要针对不同国家的监管要求制定不同的风险评估体系。

18.【答案】B。根据重要性和报告用途不同，商业银行应当明确各类报告的发送范围、报告内容及详略程度，确保报告信息与报送频率满足银行管理的需要。

19.【答案】B。商业银行的董事会和高管层应积极参与和推动银行资本：充足率压力测试的实施，明确风险偏好与压力测试目标，设计压力测试情景，了解压力情形下银行所面临的风险和资本充足情况，根据压力测试结果进行必要的战略调整，减少了可能的损失和对资本充足率的不利影响，提高商业银行对极端事件的风险抵御能力。

20.【答案】B。资本充足率压力测试的基本原则之一就是采用定性与定量相结合的方式。

第九章　银行监管与市场约束强化训练题

一、单项选择题

1.【答案】C。建立在审慎贷款风险分类、充足计提各类资产损失准备基础上计算的资本充足率，是衡量银行综合经营实力和抵御风险能力的重要指标。在银行监管实践中，资本充足率监管贯穿于商业银行设立、持续经营、市场退出的全过程，也是监管当局评估商业银行风险状况、采取监管措施的重要依据。

2.【答案】B。外部审计与监督检查的关系：(1)外部审计和银行监管侧重点有所不同。(2)外部审计和银行监管的方式、内容、目标存在共性。(3)外部审计与银行监管相辅相成。(4)外部审计和监管意见共同成为市场主体关注、评价、选择银行的重要依据。B 项，外部审计和监管意见共同成为市场主体关注、评价、选择银行的重要依据。

3.【答案】B。A 项，在信息披露不充分的条件下，为了达到有效银行监管的目的，监管当局必须强化信息披露监控机制。B 项，法律赋予监管当局的责任越大，监管者的能力越强，揭示商业银行信息披露的动机越强烈，商业银行在信息披露上造假的动机就越小，也就越有可能提供真实可靠的信息数据。C 项，日常监督机制主要针对商业银行信息披露的行为、特点，进行有效、稳定的信息披露监督，使其能自愿、真实、及时、准确地按照市场规则披露信息。D 项，惩罚机制。信息披露如果不符合要求，必要时可要求增加信息披露的内容甚至重新进行信息披露。

4.【答案】D。银行监管的依法原则是指监管职权的设定和行使必须依据法律、行政法规的规定。监管行为的法律性质是一种行政行为，依法行政是有效实施监管的基本要求。A 项为效率原则；B 项为公正原则；C 项为公开原则。

5.【答案】B。一般而言，管理信息系统包括两大基础模块，即业务运营系统和管理报告系统。监管部门对管理信息系统有效性的评判可用质量、数量、及时性来衡量，这些因素受信息需求分析和系统设计的影响。

6.【答案】A。资本监管是审慎银行监管的核心。建立在审慎贷款风险分类、充足计提各类资产损失准备基础上计算的资本充足率，是衡量银行综合经营实力和抵御风险能力的重要指标。

7.【答案】A。在总结和借鉴国内外银行监管经验的基础上，中国银监会提出了“管法人、管风险、管内控、提高透明度”的监管理念。这一监管理念内生于中国的银行改革、发展与监管的实践，是对当前我国银行监管工作经验的高度总结。

8.【答案】D。CAMELs 评级是国际通用的、系统评价银行机构整体财务实力和经营管理状况的一个方法体系。SOSA 是指对外国银行进行有效经营和背景支持的评估，这种评级体制的可借鉴之处在于：将外资银行分行和办事处作为其跨国机构的有机部分进行监管；对外资银行的全部业务进行统一监管，体现整体性；注重风险管理、内部控制、监管的安全与效益双重目标。ROCA 评级法（主要针对外资银行）由于外资银行的分行不是独立的法人，许多因素（如资本调控或资产流通等）都受制于总行，采取 ROCA 等级评估制比较合适，即对外资银行的风险管理（Risk Management）、操作调控（Operational Controls）、遵守法规（Compliance）、资产质量（Asset Quality）四个方面进行评估，将重点放在风险评估、风险跟踪、风险控制上。选项 ABC 是正确的，本题的答案是 D。

9. **【答案】**C。资本充足率 =（核心资本 + 附属资本）/风险加权资产 ×100% =（核心资本 + 附属资本）/（信用风险加权资产 +12.5 × 市场风险资本要求）×100% =（40 +30）/（400 + 12.5 ×6）×100% ≈15%。

10. **【答案】**C。表内信用资产风险权重分别为：对我国中央政府（含中国人民银行）的债权统一给予 0 的风险权重；对政策性银行债权的风险权重为 0；商业银行之间原始期限在 4 个月以内的债权给予 0 的风险权重，4 个月以上的风险权重为 20%，但商业银行持有的其他银行发行的混合资本债券和长期次级债务的风险权重为 100%。对国有金融资产管理公司为执行国务院规定按面值收购国有银行不良贷款而定向发行的债券进行了特别处理，风险权重为 0。对中央政府投资的公用企业的债权风险权重为 50%，而对省及省以下政府投资的公用企业视作一般企业，给予 100% 的风险权重。

11. **【答案】**A。在市场准入范围和标准中，中资商业银行行政许可的范围为：机构设立、机构变更、机构终止、调整业务范围和增加业务品种、董事和高级管理人员任职资格。

12. **【答案】**A。商业银行计算资本充足率时，应从资本中扣除以下项目：商誉应全部从核心资本中扣除；对未并表金融机构资本投资应分别从核心资本和附属资本中各扣除 50%；对向非自用不动产投资和企业投资，分别从核心资本和附属资本中各扣除 50%。

13. **【答案】**D。表内信用资产风险权重为：采用外部评级机构评级结果来确定对境外主权债权的风险权重。（1）对我国中央政府（含中国人民银行）的债权统一给予 0 的风险权重。（2）对中央政府投资的公用企业的债权风险权重为 50%，而对省及省以下政府投资的公用企业视做一般企业，给予 100% 的风险权重。（3）对政策性银行债权的风险权重为 0。对商业银行债权的风险权重规定为：商业银行之间原始期限在 4 个月以内的债权给予 0 风险权重，4 个月以上的风险权重为 20%，但商业银行持有的其他银行发行的混合资本债券和长期次级债务的风险权重为 100%。（4）对其他金融机构债权给予 100% 的风险权重，但对国有金融资产管理公司为执行国务院规定按面值收购国有银行不良贷款而定向发行的债券进行了特别处理，风险权重为 0，以体现政策性业务和商业性业务在风险程度上的差别。（5）对其他资产的风险权重：对商业银行的其他资产，包括对企业、个人的贷款和自用房地产等资产，都给予 100% 的风险权重。个人住房抵押贷款风险权重为 50%。

14. **【答案】**D。在我国，按照法律的效力等级划分，银行监管法律框架由法律、行政法规和规章三个层级的法律规范构成。

15. **【答案】**C。风险处置纠正贯穿银行监管始终，是指监管部门针对银行机构存在的不同风险和风险的严重程度，及时采取相应措施加以处置，包括：风险纠正、风险救助、市场退出。

16. **【答案】**C。以《贷款通则》《贷款风险分类指导原则》《银行贷款损失准备计提指引》《商业银行不良资产监测和考核暂行办法》《项目融资业务指引》《固定资产贷款管理暂行办法》

《商业银行并购贷款风险管理指引》《银团贷款业务指引》《银行开展小企业授信工作指导意见》等相关文件构成的制度框架，成为指导商业银行规范管理信用风险的主要依据。C 选项为市场风险管理领域的监管指引。

17. 【答案】A。按照《巴塞尔资本协议》的要求，商业银行的核心资本充足率指标不得低于 4%，资本充足率不得低于 8%，附属资本最高不得超过核心资本的 100%。

18. 【答案】B。盈利能力监管指标包括：①资本金收益率；②资产收益率；③净业务收益率；④净利息收入率；⑤非利息收入率；⑥非利息收入比率。B 项属于风险迁徙类指标。

19. 【答案】B。B 项，市场约束机制需要一系列配套制度得以实现，包括完善的信息披露制度、健全的中介机构管理约束、良好的市场环境和有效的市场退出政策，以及监管机构对银行业金融机构所披露的信息进行评估等。

20. 【答案】C。信息披露质量方面的要求一般应遵循六条标准：①银行应对各项业务和应并表机构的信息进行汇总和并表披露；②披露的信息、对使用者决策有用；③要使使用者尽早获得有关数据；④披露的信息要能如实反映实际情况，并遵循实质重于形式的基本原则；⑤要保证银行自身历史数据的可比性，以及与其他机构数据的可比性，并符合会计准则和有关政策要求：⑥披露的重要信息或重大事项要充分、完整。C 项，披露的信息要能如实反映实际情况，并遵循实质重于形式的基本原则。

21. 【答案】B。中国银监会于 2002 年制定的《商业银行信息披露暂行办法》强调，商业银行披露信息应真实、准确、完整、可比，其中年度财务会计报告须经会计师事务所审计，选项 AC 正确；商业银行董事会、行长(或主要负责人)应当保证所披露的信息真实、准确、完整，并就其保证承担相应的法律责任；商业银行应于每年 4 月底之前以年度报告的形式对外披露信息，并将年度报告置放在商业银行的主要营业场所，确保公众能方便、及时地查阅，选项 D 正确。《商业银行信息披露暂行办法》适用于在中华人民共和国境内依法设立的商业银行，包括中资商业银行、外资独资银行、中外合资银行、外国银行分行，B 项表达不准确。

22. 【答案】B。B 项，非现场监管是非现场监管人员按照风险为本的监管理念，全面持续地收集、检测和分析被监管机构的风险信息，针对被监管机构的主要风险隐患制定监管计划，并结合被监管机构风险水平的高低和对金融体系稳定的影响程度，合理配置监管资源，实施一系列分类监管措施的周而复始的过程。

23. 【答案】A。监管部门是市场约束的核心，其作用在于：①制定信息披露标准和指南，提高信息的可靠性和可比性；②实施惩戒，即建立有效的监督检查确保政策执行和有效信息披露，③引导其他市场参与者改进做法，强化监督；④建立风险处置和退出机制，促进市场约束机制最终发挥作用。

24. 【答案】A。现场检查实施阶段可分为五个环节：进点会谈、检查实施、分析整理、评价定性、结束现场检查作业，B 选项正确。现场检查的程序包括：现场检查准备阶段，现场检查实施阶段，现场检查报告阶段，现场检查处理阶段，检查档案整理，C 正确。现场检查是指监管当局及其分支机构派出监管人员到被监管的金融机构进行实地检查，D 正确。A 项，非现场监管对现场检查有指导作用。本题答案是 A。

25. 【答案】A。债权人通过债券的购买和赎回，对银行的资金调度施加压力，督促银行改善经营，控制风险。

26.【答案】C。商业银行的资本充足率不得低于8%，资本充足率应在任何时点保持在监管要求比率之上。则该银行为此贷款所需持有的资本应至少为：80×40%×8%=2.56(万元)。

27.【答案】A。市场准入是银行监管的首要环节，是指监管部门采取行政许可手段亩查、批准市场主体可以进入某一领域并从事相关活动的机制。

28.【答案】B。B选项，在进行信息披露时，某些项目若为专有信息或保密信息，银行可以不披露具体的项目，但必须对要求披露的信息进行一般性信息披露，并解释某些项目未对外信息披露的事实和原因。

29.【答案】C。风险评估是风险为本监管最为核心的步骤，其作用是认识和把握机构所面临的风险种类、风险水平和演变方向以及风险管理能力。风险评估环节包含四个阶段：首先要了解银行的业务和风险管理制度，其次要界定其主要的业务领域；再次要用风险矩阵对每一业务领域的八种潜在风险逐一进行识别和衡量；最后是形成风险评估报告。

30.【答案】D。信息披露的要求之一：必须保持合理频度。《巴塞尔新资本协议》规定，信息披露应该每半年进行一次。下列情况可以除外：一是每年披露银行风险管理目标及政策、报告系统等定性信息披露；二是国际活跃银行和其他大银行(及其主要分支机构)必须按季度披露一级资本充足率、资本充足率及其组成成分等信息，有关风险暴露或项目变化较快，银行也要按季披露这些信息。因此可知，ABC正确。D项，对于有关银行风险管理目标及政策、报告系统等定性信息披露每年一次。

31.【答案】A。A项，银行机构风险状况既包括银行整体并表基础上的总体风险水平，还包括其单一或部分分支机构的风险水平。

32.【答案】B。银行风险监管指标的监测评价的原则是准确性原则、可比性原则、及时性原则、持续性原则、法人并表原则、保密性原则。

33.【答案】A。等同于贷款的授信业务，包括一般负债担保、远期票据承兑和具有承兑性质的背书，其信用转换系数为100%。授信业务属于表外项目，商业银行首先将表外项目的名义本金额乘以信用转换系数，获得等同于表内项目的风险资产，然后根据交易对象的属性确定风险权重，计算表外项目相应的风险加权资产。

34.【答案】D。严格按照1988年《巴塞尔资本协议》的规定，对商业银行的其他资产，包括对企业、个人的贷款和自用房地产等资产，都给予100%的风险权重，个人住房贷款风险权重为50%。

35.【答案】C。风险评级的顺序为：收集评级信息、分析评级信息、得出评级结果、制定监管措施、整理评级档案。

36.【答案】B。利率和汇率合约的风险资产由两部分组成：一部分是按市价计算出的重置成本，另一部分由账面的名义本金乘以固定系数获得，A正确。对于汇率、利率及其他衍生产品合约的风险加权资产，使用现期风险暴露法计算，主要包括互换、期权、远期和贵金属交易，C正确。与贸易相关的短期或有负债，主要指有优先索偿权的装运货物作抵押的跟单信用证其信用转换系数为20%，D正确。商业银行首先将表外项目的名义本金额乘以信用转换系数，获得等同于表内项目的风险资产，然后根据交易对象的属性确定风险权重，计算表外项目相应的风险加权资产，B项中实际成本金额，所以错误。

37.【答案】D。承诺，其中原始期限在1年以下或原始期限在1年以上但随时可无条件撤销的承诺，其信用转换系数为0%。

38.【答案】B。在我国，按照法律的效力等级划分，银行监管法律框架由法律、行政法规和规章三个层级的法律规范构成，选项A正确。规章是银行监督管理部门根据法律和行政法规，在权限范围内制定的规范性文件，其效力低于行政法规，所以B项错误。，在我国还有行业自律性规范、司法解释、行政解释和国际金融条约四个部分作为法律框架的有效补充，所以选项C正确。法律是由全国人民代表大会及其常务委员会根据《宪法》，并依照法定程序制定的有关法律规范，是法律框架的最基本组成部分，选项D正确。

39.【答案】A。股东通过行使决策权、投票权、转让股份等权利给银行经营者施加压力，督促银行改善经营，控制风险。所以，选项A的说法是错的。

40.【答案】B。2004年6月，巴塞尔委员会颁布的《巴塞尔新资本协议》中明确提出，资本要求、监督检查、市场纪律形成三大支柱，它们相辅相成，不可或缺，共同为促进金融体系的安全和稳健发挥作用。

41.【答案】C。银行业监管机构对银行业实施监督管理，应该遵守的原则是依法、公开、公正、效率。

42.【答案】B。A项，流动性风险指标属于风险水平类指标；C项，风险迁徙类指标表示为资产质量从前期到本期变化的比率，属于动态指标；D项，风险迁徙类指标衡量商业银行风险变化的程度。

43.【答案】C。C项，行政法规是由国务院依法制定，以国务院令的形式发布的各种有关活动的法律规范，其效力低于法律。

44.【答案】B。在总结和借鉴国内外银行监管经验的基础上，中国银监会提出了“管法人、管风险、管内控、提高透明度”的监管理念。这一监管理念内生于中国的银行改革、发展与监管的实践，是对当前我国银行监管工作经验的高度总结。

45.【答案】B。根据中国银监会的监管规则，银行机构的市场准入包括三个方面：一是机构准入，指依据法定标准，批准银行机构法人或其分支机构的设立；二是业务准入，指按照审慎性标准，批准银行机构的业务范围和开办新的业务品种；三是高级管理人员准入，指对银行机构高级管理人员任职资格的核准或认可。

46.【答案】D。监管部门是市场约束的核心，其作用在于：一是制定信息披露标准和指南，提高信息的可靠性和可比性；二是实施惩戒，即建立有效的监督检查确保政策执行和有效信息披露；三是引导其他市场参与者改进做法，强化监督；四是建立风险处置和退出机制，促进市场约束机制最终发挥作用。D应为建立风险处置和退出机制，促进市场约束机制最终发挥作用。

47.【答案】D。效率原则是指银监会在进行监管活动中要合理配置和利用监管资源，提高监管效率，既要保证全面履行监管职责，确保监管目标的实现，又要努力降低监管成本，不给纳税人、被监管对象带来负担。由此可知，本题答案是D。

48.【答案】A。巴塞尔委员会于2006年10月重新修订并发布了新的《有效监管的核心原则》。本题答案是A。

49.【答案】B。期初可疑类贷款向下迁徙金额，是期初可疑类贷款中，在报告期末分类为损失类的贷款余额，所以A项正确。风险迁徙类指标是衡量商业银行风险变化的程度，表示为资产质量从前期到本期变化的比率，属于动态指标，期初正常贷款期间减少金额，是指期初正常类贷款中，在报告期内，由于贷款正常收回、不良贷款处置或贷款核销等原因而减少的贷款，所以 CD 项正确。期初关注类贷款向下迁徙金额，是期初关注类贷款中，在报告期末分为次级类/可疑类/损失类的贷款余额之和，所以 B 项错误。

50.【答案】D。管理信息系统的形式和内容应当与商业银行营运、组织结构、业务政策、操作系统和管理报告制度相吻合，构成商业银行成本核算、产品定价、风险管理和内部控制的有力支撑。一般而言，管理信息系统包括两大基础模块，即业务运营系统和管理报告系统。

51.【答案】D。外部审计和银行监管的方式、内容、目标存在共性。外部审计和银行监管都采用现场检查的方式。无论是外部审计还是银行监管，都将审查银行会计信息、管理信息以及相关记录，促进和保障银行经营管理信息的真实、准确、合规，并将其作为基本目标之一。

52.【答案】B。确保客观、公正地发表审计意见，有关法律赋予了外部亩计机构有以下权力：①要求被亩计单位按照规定提供预算或者财务收支计划、预算执行情况、决算、财务报告以及其他与财政收支或者财务收支有关的资料，被审计机构不得拒绝、拖延、谎报，②检查被审计单位的会计凭证、会计账簿、会计报表以及其他与财政收支或者财务收支有关的资料和资产，被审计单位不得拒绝、隐瞒；③有关单位和个人应当支持、协助亩计机构的工作，包括如实向外部亩计机构反映情况，提供有关说明材料；④及时向有关监管机构反映被亩计单位的严重连反国家规定的财政收支、财务收支行为和其他阻碍亩计工作的行为。由此，可知，本题答案是 B。

53.【答案】C。除 ABD 三项外，银监会提出的良好银行监管标准还包括：①促进金融稳定和金融创新共同发展，②努力提升我国银行业在国际金融服务中的竞争力，③鼓励公平竞争，反对无序竞争。

54.【答案】C。现金头寸指标 =（现金头寸 + 应收存款）÷ 总资产，该指标越高意味着商业银行满足即时现金需要的能力越强。

55.【答案】D。银行监管的基本目标可以概括为保护存款人利益，维护金融体系的安全和稳定。

56.【答案】A。核心负债比率不得低于 60%，所以 B 项正确。人民币超额准备金存款是指银行存入中央银行的各种存款中高于法定准备金要求的部分，所以 C 项正确。流动性比例 = 流动性资产余额/流动性负债余额 ×100%，所以 D 项正确。流动性缺口为 90 天内到期的流动性资产减去 90 天内到期的流动性负债的差额，所以 A 项错误。

57.【答案】C。正常贷款迁徙率 =（期初正常类贷款中转为不良贷款的金额 + 期初关注类贷款中转为不良贷款的金额）/（期初正常类贷款余额 - 期初正常类贷款期间减少金额 + 期初关注类贷款余额 - 期初关注类贷款期间减少金额）×100%。

58.【答案】D。期初次级类贷款向下迁徙金额，是指期初次级类贷款中，在报告期末分类为可疑类/损失类的贷款余额之和。

59.【答案】C。实施内部评级法高级法的商业银行必须自行估计每笔债项的违约损失率，而实施内部评级低级法的商业银行则由监管当局根据资产类别给定违约损失率。

60.【答案】A。管理的评价包括两个方面：董事会和管理层的能力和效率。在盈利性评级中，考虑的主要因素有：利润的水平、趋势和稳定性。流动性（Liquidity）评估流动性主要考虑的因素有：资金来源的构成、变化趋势和稳定性。在对资本充足性进行评级时，主要考虑的因素有：现有资本的水平，资本的构成和质量。

二、多项选择题

1.【答案】CDE。市场准入是指监管部门采取行政许可手段审查、批准市场主体可以进入某一领域并从事相关活动的机制。根据中国银监会的监管规则，银行机构的市场准入包括三个方面：①机构准入，指依据法定标准，批准银行机构法人或其分支机构的设立；②业务准入，指按照审慎性标准，批准银行机构的业务范围和开办新的业务品种；③高级管理人员准入，指对银行机构高级管理人员任职资格的核准或认可。

2.【答案】BCDE。信息披露主要是指公众公司以招股说明书、上市公告书，以及定期报告和临时报告等形式，把公司及与公司相关的信息，向投资者和社会公众进行披露的行为。

3.【答案】ACD。我国银行监管法律框架主要包括：①法律，指由全国人民代表大会及其常务委员会根据《宪法》，并依照法定程序制定的有关法律规范，是法律框架的最基本组成部分，法律的效力等级最高，②行政法规，指由国务院依法制定的，以国务院令的形式发布的各种有关活动的法律规范，其效力低于法律，③规章，指银行监督管理部门根据法律和行政法规，在权限内制定的规范性文件。E 项，司法解释是法律框架的有效补充。

4.【答案】BCDE。商业银行董事会负责本行资本充足率的信息披露，未设立董事会的，由行长负责。信息披露的内容须经董事会或行长批准，并保证信息披露的真实性、相关性、及时性、可靠性、可比性和实质性，以便市场参与者能够对商业银行资本充足率作出正确的判断。

5.【答案】ACE。风险抵补类指标主要衡量商业银行抵补风险损失的能力，包括盈利能力、准备金充足程度和资本充足程度。B 项，核心负债比例属于风险水平类指标中的流动性风险指标。D 项，不良货款迁徙率属于风险迁徙类指标。

6.【答案】ABE。外部审计意见和监管意见同样作为信息披露的内容，因此具有相对独立、客观、公正的立场，成为市场主体关注的重要依据，所以 A 项正确。外部审计和银行监管的实施方式统一于现场检查，所以 B 项正确。银行监管侧重于金融机构风险和合规性的分析、评价，而外部审计侧重于财务报表审计，所以 CD 项错误。外部审计的权限包括有权要求被审计单位按照规定提供预算或财务收支计划，所以 E 项正确。

7.【答案】ABCDE。全部属于中国银监会评估国有商业银行和股份制商业银行的资产质量指标。

8.【答案】AE。商业银行的存贷款比例不得超过 75%，外资银行单个机构从中国境内吸收的外汇存款不得超过其境内外汇总资产的 70%，预期损失是指信用风险损失分布的数学期望。是银行已经预计到将会发生的损失；累计外汇敞口头寸比率为累计外汇敞口头寸与资本净额之比，不得高于 20%；市值敏感度为修正持续期缺口乘以 1%/年。据此可知，本题答案是 AE。

9.【答案】BCD。风险迁徙类指标包括正常贷款迁徙率和不良贷款迁徙率，是衡量商业银行风险变化的程度，表示为资产质量从前期到本期变化的比率，属于动态指标。

10.【答案】AD。B 项公司治理是商业银行有效管理控制风险的内部保障。CE 两项为银行监管的具体方法。

11.【答案】ABCDE。除 ABCDE 五项外，风险监管的重要作用还包括：风险为本的监管把重心转移到银行风险管理和内部控制质量的评估上，理顺了监管者和银行管理层各自的职责，对银行管理层的风险管理责任提出了更高的期望和要求。

12.【答案】BDE。市场准入应当遵循公开、公平、公正、效率及便民的原则，其主要目标是：①保证注册银行具有良好的品质，预防不稳定机构进入银行体系；②维护银行市场秩序；③保护存款者的利益。

13.【答案】ABCDE。中国银监会现场检查的重点内容包括：业务经营的合法合规性、风险状况和资本充足性、资产质量、流动性、盈利能力、管理水平和内部控制、市场风险敏感度。

14.【答案】ABCD。适度发挥外部审计对银行的监督作用，有利于大幅降低监管成本，提高监管效率，所以 E 项说法不正确。

15.【答案】ABCDE。《核心原则》要求达到的目的，除 ABCDE 五项外，还包括：①评价商业银行会计和管理信息系统的完善程度；②评价银行各项资产组合的质量和准备金的充足程度；③其他历次监管中发现的问题。

16.【答案】ABCE。监管原则是对监管行为的总体规范，《银行业监督管理法》明确规定，银行业监督管理机构对银行业实施监督管理，应当遵循依法、公开、公正和效率四项基本原则。

17.【答案】ABCDE。银行盈利能力监管指标主要包括：资本金收益率、资产收益率、净业务收益率、净利息收入率、非利息收入率、非利息收入比率。

18.【答案】ABDE。C 项，巴塞尔委员会认为，如果商业银行能够建立一套完善的信息披露体系，并将相关的适用范围、资本和风险暴露及评估内容加以公布，那么市场上的利益相关者就可以利用自身力量通过市场手段来对银行进行评价，从而强化金融机构在安全性、流动性、盈利性上的平衡。

19.【答案】BCD。公开原则是指监管活动除法律规定需要保密的以外，应当具有适当的透明度，主要包括三个方面的内容：①监管立法和政策标准公开；②监管执法和行为标准公开；③行政复议的依据、标准、程序公开。

20.【答案】ABD。银监会提出的良好银行监管标准包括：①促进金融稳定和金融创新共同发展，②努力提升我国银行业在国际金融服务中的竞争力，③对各类监管设限做到科学合理，有所为有所不为，减少一切不必要的限制；④鼓励公平竞争，反对无序竞争；⑤对监管者和被监管者都要实施严格、明确的问责制；⑥高效、节约地使用一切监管资源。

21.【答案】ABD。广义上讲，银行业机构的市场准入包括机构准入、业务准入、高级管理人员准入。

22.【答案】AB。市场风险指标包括累积外汇敞口头寸比例、市值敏感性比率；CDE 属于信用风险监管指标。

23.【答案】ABCD。监管部门所关注的风险状况包括行业整体风险状况和区域风险状况、银行机构风险状况，其中，银行机构风险状况既包括银行整体并表基础上的总体风险水平，还包括其单一或分支机构的风险水平，银行监管部门通过现场检查和非现场监测等手段，对银行机构风险状况进行全面评估和监控；E 项内部控制是商业银行风险管理的第一道防线。

24.【答案】ABCD。风险为本的监管是一种计划性强、目标明确、提高效率和节省资源的监管模式。它代表着国际银行业监管发展的趋势和方向。

25.【答案】ABCD。监管部门是市场约束的核心，其作用在于：①制定信息披露标准和指南，提高信息的可靠性和可比性，②实施惩戒，即建立有效的监督检查机制确保政策执行和有效信息披露，③引导其他市场参与者改进做法，强化监督；④建立风险处置和退出机制，促进市场约束机制最终发挥作用。

26.【答案】ABDE。中国银监会在总结国内外银行业监管经验的基础上提出了四条银行监管的具体目标：①通过审慎有效的监管，保护广大存款人和金融消费者的利益；②通过审慎有效的监管，增进市场信心；③通过金融、相关金融知识的宣传教育工作和相关信息的披露，增进公众对现代金融的了解；④努力减少金融犯罪，维护金融稳定。

27.【答案】ABE。C 项，外部审计和银行监管的实施方式统一于现场检查。D 项，银行监管侧重于金融机构风险和合规性的分析，外部审计侧重于财务报表审计。

28.【答案】ABE。依据银监会颁布的《商业银行风险监管核心指标》(试行)，风险监管核心指标分为三个主要类别，即风险水平类指标、风险迁徙类指标和风险抵补类指标。

29.【答案】ABDE。CAMELS 评级是国际通用的、系统评价银行机构整体财务实力和经营管理状况的一个方法体系。属于 CAMELS 的是资本充足性、资产质量、管理、盈利性、流动性、市场风险敏感度六大因素。

30.【答案】ABDE。中国银监会提出的银行监管理念包括管法人、管内控、管风险、提高透明度。

31.【答案】ABD。良好的公司治理的特征包括银行内部有效的制衡关系和清晰的职责边界，完善内部控制和风险管理体系，科学的激励约束机制；建立良好的控制结构和具体控制措施，对经营中的各种风险有充分的认识和衡量属于完善健全的内部控制体系需要遵守的基本原则。

32.【答案】ABCDE。监管机构对风险计量模型的监督检查主要包括以下几个方面：(1) 建立各类风险计量模型的原理、逻辑和模拟函数是否正确合理；(2) 是否积累足够的历史数据，用于计量、监测风险的各种主要假设、参数是否恰当；(3) 是否建立对管理体系、业务、产品发生重大变化，以及其他突发事件的例外安排；(4) 是否建立对风险计量模型的修正、检验和内部审查程序；(5) 对风险计量目标、方法、结果的制定、报告体系是否健全；(6) 风险管理人员是否充分理解模型设计原理，并充分应用其结果。题中各项全部是风险计量模型监督检查的主要内容。

33.【答案】ABCE。经济资本是商业银行用于弥补非预期损失的资本，所以 D 项错误；资本监管是审慎银行监管的核心，资本监管是促使商业银行可持续发展的有效监管手段，资本监管是维护银行业公平竞争的重要手段，资本充足率监管贯穿于商业银行设立、持续经营、市场退出的全过程。

34.【答案】ABCD。信息披露是市场约束发挥作用的基础。我国银行监管部门于 2002 年制定的《商业银行信息披露暂行办法》规定，商业银行必须披露的信息包括财务会计报告、各类风险管理状况、公司治理信息和年度重大事项。

35.【答案】AD。监管部门监督检查与市场约束构成商业银行有效管理控制风险的外部保障。

36.【答案】BCD。银行业监督管理机构对银行业实施监督管理，应当遵循依法、公开、公正和效率四项基本原则。公开原则是指监管活动除法律规定需要保密的以外，应当具有适度的透明度。公开主要有三个方面的内容：一是监管立法和政策标准公开；二是监管执法和行为标准公开；三是行政复议的依据、标准、程序公开。

37.【答案】ABCE。在风险监管框架中，风险评估是风险为本监管最为核心的步骤，其作用是认识和把握机构所面临的风险种类、风险水平和演变方向以及风险管理能力。风险评估环节包含四个阶段：①了解银行的业务和风险管理制度；②界定其主要的业务领域；③用风险矩阵对每一业务领域的八种潜在风险逐一进行识别和衡量；④形成风险评估报告。

38.【答案】BCD。风险监管是指通过识别商业银行固有的风险种类，进而对其经营管理所涉及的各类风险进行评估，并按照评级标准，系统、全面、持续地评价一家银行经营管理状况的监管方式。这种监管方式重点关注银行的业务风险、内部控制和风险管理水平，检查和评价涉及银行业务的各个方面，是一种全面、动态掌握银行情况的监管方式。

39.【答案】ABC。资本监管有利于控制银行体系的风险，有利于增强银行系统的稳定性，约束银行扩张。资本监管的重要性主要体现在：资本监管是提升银行体系稳定性、维护银行业公平竞争的重要手段；资本监管是审慎银行监管的核心；资本监管是促使商业银行可持续发展的有效监管手段。

40.【答案】ABDE。风险评级应当遵循全面性、系统性、持续性和审慎性原则。

三、判断题

1.【答案】A。有效资本监管的起点是商业银行自身严格的资本约束。商业银行对维持本行资本充足率承担最终责任。

2.【答案】B。商业银行应予每年 4 月底之前以年度报告的形式对外披露信息，并将年度报告置放在商业银行的主要营业场所。时间不对，应该是 4 月份。

3.【答案】B。风险救助是针对有问题的银行业机构采取的救助性措施；风险纠正主要是针对正常或基本正常的银行业机构，以及存在潜在风险隐患的关注类机构多采取的措施。题干描述的是风险纠正的内容。

4.【答案】A。外部审计和银行监管的方式、内容、目标存在共性。无论是外部审计还是银行监管，都将审查银行会计信息、管理信息以及相关记录，促进和保障银行经营管理信息的真实、准确、合规，并将其作为基本目标之一。

5.【答案】B。《有效银行监管的核心原则》是巴塞尔委员会在总结国际银行监管实践与经验的基础上，归纳提出的银行监管最佳做法，是有效银行监管的最低标准，而不是最高要求或规范做法。

6.【答案】B。被认可的质押品分成两类：一类是现金类资产，另一类是高质量的金融工具。

7.【答案】B。非利息收入率 =（非利息收入 - 非利息支出）/资产总额，非利息收人率衡量银行的非利息纯收入占资产总额的比率。

8.【答案】B。在我国，按照法律的效力等级划分，银行监管法律框架由法律、行政法规和规章三个层级的法律规范构成。法律的效力等级最高，行政法规的效力低于法律。

9.【答案】B。外部审计和监管意见共同成为市场主体关注、评价、选择银行的重要依据。本题题干描述是错误的。

10.【答案】B。恰好相反，存款人计提存款是对银行业稳定的最大威胁。

11. 【答案】B。良好的注册准入不仅能创造一个高效和富有竞争性的银行经营环境，更是“关口前移”、防范银行风险的关键所在。
12. 【答案】B。商业银行流动性监管指标的核心监管指标，流动性比率=流动性资产余额/流动性负债余额×100%，该指标比例不得低于25%。
13. 【答案】B。我国银行的信息披露指上市银行信息披露和非上市银行信息披露。
14. 【答案】B。ROCA评级法主要针对外资银行。
15. 【答案】A。银行监管的有效事实上必须具备完善的法律法规体系，银行监管法律框架应由法律、行政法规和规章三个层级的法律规范构成，法律的效力等级最高。
16. 【答案】B。我国银行监管提出应当逐步从合规监管向风险监管的方向转变。
17. 【答案】B。审计师机构通过专业审计及与董事会、高级管理层、监管机构的沟通实现对银行机构经营活动的约束。
18. 【答案】B。经中国银监会认可，商业银行发行的普通的、无担保的、不以银行资产为抵押或质押的长期次级债务工具可列入附属资本。
19. 【答案】A。商业银行的董事会和高级管理层对维持本行资本充足率承担最终责任，并应建立完善的资本评估程序，识别、计量和报告所有重要的风险，系统、客观地评估这些风险和分配相应的资本，并制定保持资本水平的战略和相应的制度安排。因此有效资本监管的起点是商业银行自身严格的资本约束。
20. 【答案】B。为确保商业银行能够应付经营过程中的各种不确定性而导致的损失，监管部门可以根据商业银行的风险状况和风险管理能力，个案性地要求商业银行持有高于最低标准的资本，并按照商业银行资本充足率水平，对商业银行实行分类监管。
21. 【答案】A。风险监管是一种计划性强、目标明确、提高效率和节省资源的监管模式，在有限的资源约束下，采用风险为本的监管无疑是一种最具成本效益的选择，它代表着国际银行业监管发展的趋势和方向，并且在实践中发挥着重要作用。
22. 【答案】B。风险迁徙类指标属于动态的指标。
23. 【答案】B。贷款损失准备金率等于或大于不良贷款率，说明该行足额提取了拨付，风险较低。
24. 【答案】A。资本金是承担风险和吸收损失的第一资金来源，银行一旦破产首先消耗的是资本金，因此，资本金又被称为保护债权人，使债权人面对风险免遭损失的“缓冲器”。
25. 【答案】B。我国共设定了7个流动性监管指标。
26. 【答案】B。不良贷款率=(次级类贷款+可疑类贷款+损失类贷款)/各项贷款×100%。
27. 【答案】A。银行经营的八大类风险之一为法律风险，合规风险就是法律风险的一种重要表现形式。
28. 【答案】B。长期次级债务，是指原始期限最少在五年以上的次级债务。
29. 【答案】B。对中央政府投资的公用企业的债权风险权重为50%。
30. 【答案】B。风险是银行体系不可消除的内生因素，银行机构正是通过管理和经营风险获得收益。